Dear ______________________________

당신의 남은 꿈을 응원하면서
이 책을 선물로 드립니다.
언제나 건강하시고
행운이 함께 하시기를 기원드립니다.

다시 오지 않을 귀한 오늘
년   월   일

From ______________________________

행복한 삶의 비밀은 올바른 관계를 형성하고 그것에 올바른 가치를 매기는 것이다.

— 노먼 토마스

성공이란 열정을 잃지 않고 실패를 거듭할 수 있는 능력이다.

— 윈스턴 처칠

꿈을 실현시켜 주는

성공 이미지 메이킹

권혜영 지음

BM 성안당

꿈을 실현시켜 주는 성공 이미지 메이킹

2015. 12. 8. 초판 1쇄 인쇄
2015. 12. 16. 초판 1쇄 발행

지은이 │ 권혜영
펴낸이 │ 이종춘
펴낸곳 │ **BM** 주식회사 **성안당**
주소 │ 04032 서울시 마포구 양화로 127 첨단빌딩 5층(출판기획 R&D 센터)
       10881 경기도 파주시 문발로 112(제작 및 물류)
전화 │ 02) 3142-0036
       031) 950-6300
팩스 │ 031) 955-0510
등록 │ 1973.2.1 제13-12호
출판사 홈페이지 │ **www.cyber.co.kr**
ISBN │ 978-89-315-7888-1 (13320)
정가 │ **19,800원**

이 책을 만든 사람들
책임 │ 최옥현
편집 · 진행 │ 조혜란
교정 · 교열 │ 정지현
일러스트 │ 이미지공작소
본문 디자인 │ 앤미디어
표지 디자인 │ 앤미디어
홍보 │ 전지혜
국제부 │ 이선민, 조혜란, 신미성, 김필호
마케팅 │ 구본철, 차정욱, 나진호, 이동후, 강호묵
제작 │ 김유석

BM 성안당
꿈을 실현시켜 주는
성공
이미지
메이킹
권혜영 지음
BM 성안당

이미지 메이킹의 진정한 실용성을 알고 똑똑한 성공을 이루시길!

당신은 어떤 사람으로 기억되길 바라십니까?

작은 일에도 감사할 줄 아는 사람, 다른 사람에게 행복감을 느끼게 해주는 사람, 표정이 밝고 언제나 친절한 사람, 공정하고 믿음이 가는 사람, 예술과 멋을 아는 멋진 사람!

치열한 경쟁시대 다양한 분야에서 바르고 착한 마음을 가지고 진정으로 성공한 사람들의 공통분모는 무엇일까?

선한 마음, 성실함, 부지런함, 진정성, 배려, 경청, 포기하지 않는 끈기와 노력 등등…. 이와 같은 것들이 기본적인 큰 기둥 역할을 잘 해냈기 때문에 더 많은 일들과 큰 성공을 하나하나 성취해 나가는 것이라 생각된다.

많은 사람들과 부딪히면서 쓸모없는 에너지 낭비를 줄이고 다름을 인정하고 받아들여서 언제나 평온하고 아름다운 선한 마음을 갖는 것!

이미지 메이킹의 기본이 되는 예쁜 마음근육을 몸 근육보다 더 건강하게 키워나가도록 노력하는 사람이 되도록 하는 것이야 말로 가치 있는 이미지 메이킹의 바른 시작이다. 그것이 곧 건설적이고 진취적인 미래 지향적인 똑똑한 사람들의 공통분모인 것이다.

바른 인성과 건강한 정신적 이미지의 중요성을 되새기면서….

개인과 기업의 성공의 열쇠, 시각적 이미지!
성공을 위한 전략적 포장 기술!

멋진 예술작품이나 자연광경을 감상할 때 우리는 감탄사를 금치 못할 때가 있다. 누구나 움직이는 멋진 인간 예술작품으로 리모델링을 할 수 있다. 그리고 아직 이루지 못한 남은 꿈도 이루고 행복의 미소를 지을 수 있기를 누구나 늘 기대하며 살아간다.

똑같은 물건인데 포장을 고급스럽게 한 물건과 그렇지 않는 물건이 있다면…. 어느 쪽에 호감을 더 느끼게 될까? 물건과 같이 사람도 마찬가지이다. 겉으로 보이는 신체적 체형 특징, 얼굴형, 피부색, 표정, 의상스타일, 메이크업 및 헤어 스타일, 즐겨 사용하는 개인 선호 색상, 토탈 코디 스킬, 액세서리, 소품 디자인 등 호감을 주는 요소는 작은 것에서 큰 것 까지 다양하다.

이는 인생을 바꿀 전환점이 되는 입사를 위한 중요한 면접이나 평생 함께 할 배우자를 만나기 위한 맞선을 보는 자리에서 뿐만 아닌 비즈니스에 있어서나 한 기업의 생사가 달린 기로에 있어 큰 영향을 미치기도 한다. 1단계에서 아름다운 선한 마음이 기본이 된 성숙된 인품이 갖춰졌다면 다음으로는 자신을 시각적으로 멋지게 보이도록 하는 포장 기술이 필요하다.

멋지게 포장된 물건을 실제 사용해보니 실용성이 떨어진다?
외적 행동 이미지의 중요성과 연계해서 생각해보기

한 사람을 떠올릴 때 얼굴생김새와 인상뿐만 아닌 자세, 예절, 매너, 배려, 경청, 목소리, 발음, 감정표현, 스피치 및 커뮤니케이션 스킬, 제스처, 걸음걸이, 업무처리 능력, 적극성, 대인관계 리더십 등을 떠올리게 된다. 따라서 우리는 개인 고유의 가치를 높이기 위해서 끊임없이 학습의 기회를 늘리고 교양을 쌓으며 자신의 가치를 높여 나가는 노력을 아끼지 않아야 할 것이다. 자신의 그 가치를 알아주는 베스트타이밍을 꿈꾸며….

이 책에서는 위에서 설명한 바와 같이 이미지 메이킹의 이해 및 예쁜 마음 갖기, 성공을 부르는 좋은 인상 만들기, 운을 열어주는 개운(開運) 피부 관리, 컬러와 메이크업, 머리부터 발끝까지 토털 스타일링, 건강하고 아름다우면서 볼륨감 있는 명품 몸매 만들기, 나의 가치를 높여주는 고품격 매너, 당당하고 솔직하며 품격 있는 커뮤니케이션 노하우, 나의 멋진 미래 순으로 집필되었다. 이는 남, 여 모두 예쁜 마음 갖기를 위한 마음 정화에 필요한 마음 다스림의 내용을 시작으로 성공을 부르는 인상학, 피부, 메이크업, 얼굴형에 어울리는 헤어 스타일, 패션, 액세서리 등의 토털 스타일링, 요가, 10대 건강식품, 생활 속의 고품격 매너, 보이스와 매력적인 스피치, 몸짓언어, 환경 속에 조화되는 나의 이미지 메이킹, 나와의 약속 멋진 미래 이력서까지 폭넓은 내용을 압축해서 다룬 생활 속에서 누구나 거부감 없이 쉽게 배울 수 있는 자기계발 실용서이다.

이미지 메이킹의 정의와 같이 자신의 주어진 상황에 맞게 장점을 최대한 살려서 상대방에게 호감을 줄 수 있고 타인에게 보이고 싶은 대로 나를 만들어 가는 의식적인 노력이 생활습관이 되어 그 노력의 결과로 우리 모두가 꼭 이루어야할 남은 꿈과 행복을 모두 잡을 수 있기를 희망한다.

인성교육을 무엇보다 강조하는 국제대학교에서 전임교수로서 인성을 강조한 학생지도를 통해 쌓은 노하우, 아모레 퍼시픽 교육 강사 시절 우수 교육 강사 해외연수, LG생활건강 교육 강사 시절 전국 교육강사 연합 제 1회 성공사례 강의 경진대회에서 대상 수상과 성공사례집에 수록되는 영광의 경험, 그리고 다양한 피부관리실 등의 미용 전문 분야에서 다년 간의 경험을 통해 성공에 목마른 많은 분들을 접하면서 그분들의 성공을 돕는데 유용했던 내용들을 사례중심으로 이 책에 압축해 놓았으며 더 나은 미래를 꿈꾸는 많은 분들에게 꼭 필요한 성공바이블이 될 것이라 확신한다.

이 한 권의 책을 통해서 더 큰 성공을 준비하고 기다리는 마음으로 자신을 정확히 파악하고, 내적 정신적 이미지, 외적 시각적 이미지, 외적 행동 이미지까지 더 근사하고 럭셔리한 리모델링을 통해 귀하고 가치 있는 사람으로 당당하고 멋진 정상 서기에 성공하시길 바란다. 또한, 당신의 가치를 알아주는 사업파트너, 평생 동행자, 성공의 계단을 함께 오를 진정한 친구들을 많이 만나는 행운을 잡으시길 기원드린다.

끝으로 이 책이 출판되기까지 많은 도움을 주신 분들과 사랑하는 제자들, 그리고 아낌없는 지원과 도움을 주신 도서출판 성안당 관계자 분들께도 감사의 인사를 드린다.

저자 권 혜 영

$\mathcal{C}$ontents

Part 3

운을 열어주는 개운開運 피부 관리 · 컬러와 메이크업

Part 4

머리부터 발끝까지 토털 스타일링

Part 5

건강하고 아름답게! 볼륨감 있는 명품 몸매 만들기

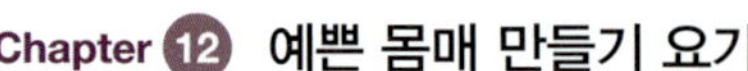

Part 6

나의 가치를 높여주는 고품격 매너

Part 7

당당하고 솔직하게! 품격있는 커뮤니케이션 노하우

Part 8

나의 멋진 미래

이미지 메이킹의 이해 및 예쁜 마음 갖기

❶ 이미지 메이킹의 이해

이미지 메이킹이란
이미지 메이킹의 3단계
개인과 기업의 성공의 열쇠, 이미지 메이킹

**❷ 성공적인 이미지 메이킹을 위한
나 바로 알고 예쁜 마음 갖기**

이미지 메이킹의 시작! 다름을 인정하고 좋은 생각하기
패러다임을 바꾸기

이미지
메이킹의
이해

이미지 메이킹이란

이미지Image의 어원은 라틴어의 '모방하다'의 의미를 가진 이마고Imago에서 유래되었다. 이미지란 한 감각 대상으로부터 지속적으로 감지된 정보가 사람의 마음속에서 그려지는 심상, 상, 영상 등의 뜻을 가졌으며, 대상으로부터 전달되고 느껴지는 전체적인 느낌이나 분위기, 색깔, 향취, 감각이나 연상 등의 커뮤니티Community 형성의 하나이다.

〉〉 이미지 메이킹의 사전적 정의

이미지의 사전적 정의는 어떤 사물이나 사람에 대하여 마음에 떠오르는 직관적 인상을 말한다. 시각, 청각, 미각, 후각, 촉각의 오감을 통한 종합적인 사람에 대한 인상의 총합이며, 사람의 성격이나 외모를 포함한 개인 특성을 짧은 시간에 주관적으로 기억하고 인식되는 것을 이미지라 한다.

또한 '이미지 메이킹Image Making'이란 개인의 개성과 직업, 추구하는 스타일에 따라서 내적 이미지와 외적 이미지를 종합적으로 자신의 주어진 상황에 맞게 장점을 최대한 살려서 상대방에게 호감을 줄 수 있도록 의식적으로 만들어 가는 과정을 말한다. 자신의 참 자아를 제대로 인식하여 불필요한 열등감이나 자신을 무가치한 존재로 전락시키는 일없이 개인 고유의 특징과 개성을 최대한 살린 이미지 메이킹은 자신감을 갖게 하고 긍정적인 효과를 가져 올 수 있는 자신만의 종합적인 표현이라 할 수 있다.

　이미지 메이킹은 현실적 자아 상태에서 이상적 자아 상태로 성공적으로 끌어올리는 것을 말하며 이를 위해서는 무엇보다 자신에 대해 정확히 파악하고, 신분과 직업에 어울리는 최상의 이미지를 찾아서 최적화된 자신만의 가치를 살려서 브랜드화시키는 끊임없는 노력이 필요하다. 성공적인 이미지 메이킹을 통해서 자아존중감과 대인관계 능력을 향상시킬 수 있고 자신감 상승으로 자신의 가치와 능력을 최대한 발휘할 수 있게 된다.

》 이미지 메이킹은 개인이나 기업의 매우 큰 자산

　치열한 경쟁의 이미지 커뮤니케이션 시대를 살아가고 있는 현대인들은 사회생활을 통해서 접하는 많은 사람들 가운데 어떤 한 사람을 떠올릴 때 그 사람의 얼굴 생김새와 인상뿐만 아니라 표정과 자세, 예의 정도, 목소리와 음색, 말투, 제스처, 매너, 피부, 체취, 메이크업 스타일, 헤어 스타일, 의상 및 액세서리 연출, 감성 정도, 걸음걸이, 성격과 성향 등 다양한 것들을 종합적으로 생각하게 된다. 한 개인에 있어 내면의 긍정적 혹은 부정적 생각이나 그 생각과 함께 겉으로 드러나는 외적인 요인들이 개인의 최종 이미지의 결정체가 된다. 짧은 시간에 결정되는 첫인상에 대한 개인의 이미지는 한 개인이 지금까지 살아오면서 겪은 환경에 따른 개인 성품, 성격, 교양, 개인의 생각, 지적 수준이나 사회적 경험 등이 기본이 되어 얼굴 표정과 자세 등의 외적 이미지로 표출되고 상대방에게 비춰지게 되는 것이다.

　내적 이미지를 결정짓는 성격이나 인품, 가치관, 자존감 등은 형성되기까지 많은 시간이 소요되는데 반해 겉으로 보여지는 의상이나 메이크업, 헤어연출, 액세서리 등의 토탈 스타일의 외적 이미지는 변화되는 시간이 비교적 짧고 시각적으로 확연이 드러나는 것이 특징으로 이미지 메이킹에 있어서 매우 효과적인 방법이 될 수 있다.

　나를 정확하게 알고 나에게 맞는 외적 이미지를 감각적으로 잘 연출해야 하는 분야, 이미지 메이킹. 이를 위해서 나는 어떤 성격의 소유자이며 어떤 느낌의 인상을 가진 사람인지, 어떤 체형을 가진 사람이고, 피부 상태와 머리카락의 색상, 눈동자의 색상, 나에게 잘 어울리는 색상은 어떤 색인지, 나에게 어울리는 의상 스타일과 액세서리는 어떤 것인지 등 나의 머리에서 발끝까지 나의 모든 것을 정확히 아는 것이 가장 중요하다. 작품전시회에 가서 하나의 멋진 작품을 감상하듯, 표정이나 말투, 자세, 의상, 매너 등 종합적인 요소를 잘 갖춘 움직이는 멋진 인간 작품으로 서로가 서로에게 의식적이거나 무의식적으로 보이는 이미지는 본인만의 색깔과 개성을 상대방에게 보여주게 되는 것이다.

실제로 월터리프만[Walter Lippmann, 1922]이라는 미국의 유명한 언론인은 자신의 저서 『*Public Opinion*』에서 이미지는 자신의 변화된 상상의 그림으로 자신의 노력과 이미지 메이킹을 통해서 보다 발전적이고 멋진 모습으로 변화될 수 있다고 하였다. 또한 Dollinger. M, P. Golden[1997]은 개인뿐만 아닌 기업이 가지고 있는 좋은 이미지는 매우 큰 자산이며, 기업의 좋은 이미지의 영향은 소비자의 소비행동에 영향을 미칠 수 있을 뿐만 아니라 잠재적인 사업파트너와 제휴 시에도 파트너의 의사결정에 매우 중요한 요인으로 작용하게 된다고 하였다.

》 첫인상을 결정짓는 시간

이렇게 중요한 이미지 메이킹에서 빼놓을 수 없는 것이 첫인상이다. 첫인상을 결정짓는 시간은 학자들마다 약간의 차이는 있지만, 미국 펜실베이니아 대학교 심리학과의 잉그리드 올슨 교수는 0.13초만에 호감과 비호감이 결정된다고 하였고, 생물학자 사와구치 도시유키[澤口俊之] 박사는 0.5초 만에 상대방에 대한 첫인상이 결정된다고 하였다. 일반적으로 심리학적 연구에서는 누군가를 처음 만났을 때 첫인상을 결정짓는 시간이 3~4초 정도로 밝혀진 바 있다. 미국의 심리학자 메라비안[Mehrabian]은 55%의 시각적 요소, 38%의 청각적 요소, 7%의 말하는 내용을 의미하는 언어적 요소가 첫인상을 결정짓는다고 주장하였다.

처음 누군가를 만나서 짧은 시간 동안 몇 마디의 대화도 하지 않았음

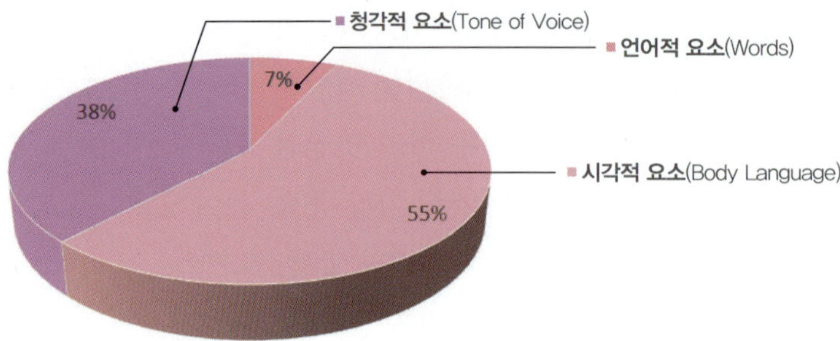

▲ [그림 1-1] 메라비안의 법칙

에도 자꾸 보고싶고, 궁금하고, 생각만 해도 기분이 좋아지는 사람이 있다. 우리는 업무처리를 하다보면 동성임에도 불구하고 무척 끌리고 호감 가는 사람을 가끔 만나게 되는데 그 사람에 대한 여운은 생각보다 무척 오래 남기도 한다. 특별한 이유 없이 자꾸 생각나고, 왠지 모를 끌림과 호감을 갖게 하는 사람. 우리에게 업무적으로든 개인적으로든 좋은 이미지의 사람을 만나는 것은 행복한 일이다. 좋은 이미지를 가진 사람이 되기 위해서는 자신의 내면과 외면의 좋은 이미지를 최대한 살려서 무엇을 어떻게 표현할 것인가에 대해 자신의 최상의 모습을 생각하고 외적으로 표현하며 품격 있는 행동으로 옮기도록 끊임없이 노력해야 한다.

이미지 메이킹의 3단계

    성공적인 이미지 메이킹을 위한 저자가 생각하는 이미지 메이킹의 1단계는 내적 정신적 이미지이고, 2단계는 외적으로 보여지는 시각적 이미지이며, 3단계는 겉으로 보이는 외적 행동 이미지이다.

1단계 내적 정신적 이미지는 가정 환경, 성장 과정을 통한 자아 존중감 및 목표에 대한 성취도, 성격, 인품, 가치관, 사고 등을 들 수 있다.

2단계 외적 시각적 이미지는 겉으로 보여지는 신체적 체형 특징, 얼굴형, 피부색 및 피부타입, 표정, 의상 스타일, 메이크업 및 헤어 스타일, 즐겨 사용하는 색상, 토탈 코디스킬, 액세서리, 소품 전체적인 스타일을 들 수 있다.

3단계 외적 행동 이미지는 자세, 예절, 매너, 배려, 경청, 목소리, 발음, 감성표현, 스피치 및 커뮤니케이션 스킬, 제스처, 프리젠테이션 스킬, 걸음걸이, 업무처리 능력, 적극성, 대인관계, 리더십 등을 들 수 있다.

고급스럽고 멋지게 포장된 상품을 구입해서 포장을 뜯어서 사용하고 계속해서 오래 사용할수록 만족감이 높아지며 더욱 애착이 가는 물건이 있는 것처럼 사람도 성숙된 내적 정신적 이미지를 기본으로 개개인의 정확한 스타일 분석을 통해서 비춰지는 다양한 외적 시각적 이미지 그리고 세련되고 교양 있는 외적 행동이미지를 갖춘 사람으로 자리매김하는 일은 중요하다. 이와 같이 성공적인 이미지 메이킹을 위해 내적으로 자기계발을 위해 노력하고 외적으로는 호감가는 외모를 갖추기 위한 꾸준한 노력이 병행되었을 때 우리는 보다 더 짧은 시간 안에 성공으로 갈 수 있게 된다.

개인과 기업의
성공의 열쇠, 이미지 메이킹

성공한 많은 사람들은 스스로 또는 외부의 도움을 받아 호감가는 이미지 메이킹을 배우고 생활 속에서 실천하고 있다.

만약 이 책을 읽고 있는 독자가 배우가 되어 드라마 속에 나오는 배역을 맡았다고 했을 때 올바른 이미지 메이킹의 이해를 통해 비로소 가정환경이나 외부환경, 나이, 성향, 직업, 교양 정도, 교육 수준, 성격 등에 따라서 얼굴 표정, 목소리, 말투, 의상, 헤어 스타일, 메이크업 등 배역에 잘 맞는 외적 행동 등의 종합적인 창조적 접근을 통해서 멋진 이미지의 배우로 관객들에게 인상적으로 비춰질 수 있을 것이다.

〉〉 성공적인 자기 표현과 자아 실현의 열쇠

우리도 현재의 생활 속에서 내·외부적 환경, 직업, 나이, 성향, 선호하는 스타일, 특기, 취미 등 다양한 부분에서 종합적인 이미지 메이킹을 발전적으로 실천해나갈 때 자신을 대하는 사람들의 태도가 달라지는 등 인간관계에 좋은 영향을 미칠 수 있게 된다. 한 개인의 성공적인 이미지 메이킹으로 인한 대인관계를 통한 사회생활에 있어서의 그 효과는 금액으로 환산할 수 없을 만큼 고부가가치를 갖는다.

요즘과 같이 다양한 매스미디어 시대를 살고 있는 현대인들에게 있어 건강하고 바른 정신적 이미지를 기본으로 신체적 특징이나 인상, 메이크업, 헤어 스타일, 의상스타일, 액세서리 등의 외적으로 보이는 시각적 이미지는 매우 중요해졌다. 또한 멋진 시각적 이미지와 함께 자세, 매너, 목소리, 발음, 감정표현, 커뮤니케이션 스킬 등의 외적 행동이미지의 긍정적이고 건설적인 접근으로 효과적인 성과를 창출할 수 있는 반복된 학습과 준비 그리고 생활 속 실천이 필요하다. 이는 무한 경쟁시대를 살고 있는 우리 현대인에게 있어서 개인뿐만 아닌 소속된 기관에도 성공을 이끄는 중요한 역할을 하게 되기 때문이다.

이미지 메이킹은 말을 하지 않고 침묵하고 있는 것만으로도 무언의 메시지 전달과 많은 의사표현을 할 수가 있다. 이는 앞에서 정신적 이미지를 바탕으로 시각적 이미지와 외적 행동 이미지를 통해 상대방에게 비춰지는 모습이 계속해서 많은 메시지를 전달하고 있는 것과 같은 의미이며, 경험을 기본으로 충분한 교육과 실천을 통해 상대방에게 호감을 술 수 있는 긍정적인 이미지를 계속해서 자연스럽게 실천할 수 있도록 노력해야 한다.

성공적인 이미지 메이킹은 직업에 맞는 고급스러운 이미지를 T.P.O^{시간}—Time, 장소–Place, 상황–Occasion에 맞게 설득력 있는 접근이 가능하도록 할 수 있으며, 이 세상에 존재하는 단 하나의 움직이는 인간 예술 작품으로 재구성된다는 점에서 이미지 메이킹의 효과는 매우 크다고 볼 수 있겠다. 또한 이미지 메이킹은 자신이 상대방에게 비춰지고 싶은 대로 내적으로 마음을 다스리고 교양을 쌓아가는 노력과 외적으로 자신의 체형과 얼굴형 등의 종합적인 자기이해를 통해서 다양한 변화를 시도하고 자신의 직업이나 연령, 소속되어 있는 환경에 맞게 성공적인 외적 행동 및 자기표현을 함으로써 희망하는 자신의 이미지를 현실로 실현시키는 기술의 결과를 바로 나타낼 수 있는 흥미로운 분야이다.

≫ 생활 속의 실용 학문

성공적인 이미지 메이킹은 자신감을 갖게 하고, 가치 있는 존재로 인식되며, 개개인의 인간관계와도 깊은 관련이 있기 때문에 더불어 살아가는 인간관계 속에서 개인의 행복과 삶의 질을 향상시키는 데 큰 영향을 미치게 된다. 성공적인 이미지 메이킹은 개인뿐만 아니라 개인이 속한 조직이나 단체, 국가차원에서도 긍정적인 효과를 끌어낼 수 있는, 아무리 강조해도 지나치지 않은 중요한 요소이다. 이미지 메이킹은 겉에서 보이는 것 이외에 예쁜 마음가짐이 무엇보다 중요하다. 한 개인의 내적 성숙 및 외적 이미지의 향상뿐만 아닌 성공적인 사회생활을 가능하게 하고, 더 나아가 국가적 발전을 가져올 수 있게 하는 이미지 메이킹은 깊이 있는 학문연구와 실생활의 실천이 중요하며 소수가 아닌 모든 사람들이 꾸준히 실천해야 하는 생활 속의 실용 학문인 것이다.

이를 위해 이미지 메이킹의 폭넓은 과정 개설 및 교육을 받을 수 있는 기회가 더욱 많이 마련되어야 하며 실생활에서 성공적인 이미지 메이킹의 실천은 한 개인의 성공뿐만 아닌 기업의 성공에 있어서도 중요한 역할을 하게 된다.

2

성공적인 이미지
메이킹을 위한
나 바로 알고
예쁜 마음 갖기

이미지 메이킹의 시작!
다름을 인정하고 좋은 생각하기

예쁜 마음가짐이 기본이 되지 않은 상태에서 진정성이 느껴지는 아름다운 이미지 메이킹이 가능할까? 주변에 유쾌하지 않은 사람이 많거나 본인 스스로 부정적인 생각을 많이 하게 되면 자신도 모르게 표정이 굳어지게 되고, 말을 별로 하고 싶지 않으며 더 나아가 두통에 시달리는 경우가 생기기도 한다. 넬슨 만델라^{Nelson Mandela}는 "분개하는 것은 자신이 독을 마시면서 적이 죽기를 희망하는 것이다"라고 하였다.

진정으로 본인을 사랑할 줄 아는 사람은 대인관계 속에서 복잡한 관계 형성을 슬기롭고 긍정적으로 풀어서 밝게 웃으며 성공적인 이미지 메이킹을 해나가는 사람들이다. 그것은 싫은 사람을 좋게 만들기 위한 노력이라기 보다는 몇십 년을 다른 환경에서 살아온 사람들과 부딪히며 살아가는 가운데 상대방이 틀린 것이 아닌 본인과 다름을 인정하고, 내 자신의 스트레스를 줄여서 서로의 건강을 생각하기 위함 이라는 표현이 맞을 것이다. 누군가를 이해하거나 상대방의 잘못을 용서하는 것이 쉬운 일은 아니지만, 아름다운 이미지 메이킹과 건강을 위해서라도 상대방을 예쁜 마음으로 끌어안고 많이 웃도록 노력해야 한다.

》》 나와 다름을 인정함으로써 스트레스를 줄이는 지혜를 갖자!

인간관계에 있어서 생각을 행동으로 옮기기란 결코 쉬운 일은 아니다. 그렇지만 예쁘고 선한 마음이 기본이 되지 않고서는 진정한 의미의 아름다운 이미지 메이킹은 성립되기 힘들다. 마음을 편하게 하고 천진난만한 아이의 미소를 지으며, 아름다운 실천을 해나가도록 노력하자.

살아있으니까 크든 작든 아픈 것이고, 살아있는 사람이 힘든 것은 당연한 것이다. 살아있으니까 오늘 하루도 내 할 일을 다 하면서 성실하고 밝게 살아내야 하는 것이다. 죽은 나무는 도끼로 찍어도 진액이 나오지 않고, 마른수건은 아무리 짜도 물이 나오지 않는다. 여유있게 늘 따뜻한 마음을 가진 사람이 되자. 사람들로 인해 많이 힘들다면 비온 뒤에 땅이 더 굳어지듯이 인간관계의 기본을 다질 수 있는 좋은 기회로 생각하자.

건강한 몸과 아름다운 이미지 메이킹을 위해 꾸준한 운동을 하며 근본적으로 자신의 마음가짐의 대수술이 필요하다면 곧바로 예쁜 마음을 위해 아름다운 마음근육이 튼튼하게 자리 잡을 수 있도록 용서하고 내려놓고, 울퉁불퉁하지 않은 매끈하고 예쁜 마음이 되도록 본인부터 먼저 실천하도록 하자.

〉〉 성공적인 자기 진단부터

정확한 자기 진단을 통해 나 자신을 돌아보고 진정한 자아를 앎으로써 우리의 이미지 메이킹은 보다 현실적이고 성공적인 결과를 낳을 수 있지 않을까!

프랑스의 소설가 발자크^{Honore de Balzac}는 "사람의 얼굴은 마음의 거울"이라고 말했다. 사람의 얼굴에는 그 사람의 성장과정이나 현재의 심리상태가 자연스럽게 그려지게 마련이다. 내가 좋아하는 것이나 존경하는 사람의 이름을 종이에 적어보고 나의 얼굴 표정을 거울로 보자. 내가 싫어하는 것이나 증오하는 사람의 이름을 적어보고 나의 얼굴표정을 거울로 보자. 사람의 얼굴표정은 결코 거짓말을 하지 않는다. 그만큼 얼굴은 한사람의 모든 특징을 잘 나타내는 중요한 부분이다. 나의 얼굴을 아름답게 만들 수 있는 요소들을 찾아내고 이를 이미지 메이킹을 위해 적극 활용하는 지혜를 갖자.

 ## 셀프코칭 | 이미지 메이킹을 위한 자기 진단, 나 바로알기!

● 현재 내게 가장 힘든 일은 무엇인가? (대표적인 5가지를 적어보자)

   1.

   2.

   3.

   4.

   5.

● 현재의 힘든 상황을 이겨내기 위해 내가 할 수 있는 것은 무엇인가? (5가지를 적어보자)

   1.

   2.

   3.

   4.

   5.

● 스스로에게 몇 가지 질문을 던져보도록 하자.

1. 나는 지금 행복한가?

2. 행복하다면 그 이유는 무엇인가?

3. 행복하지 않다면 가장 주된 이유는 무엇인가?

4. 내가 하고 싶은 일은 무엇인가?

5. 나는 언제 기분이 좋아지는가?

6. 가장 나다운 모습을 보일 때는 누구와 있을 때인가?

7. 가장 편안하게 느끼는 곳은 어디인가?

8. 나를 힘들게 하는 것들을 잊게 하는 방법은 무엇인가?

9. 나를 행복하게 해주는 사람은 누구인가?

10. 나를 행복하게 해주는 사람에게 나는 어떤 보답을 하고 싶은가?

11. 나를 괴롭고 힘들게 하는 사람은 누구인가?

12. 나는 언제 불쾌해지는가?

13. 내가 슬프거나 외로울 때 가고 싶은 곳, 발길이 닿는 곳은 어디인가?

14. 나의 가장 큰 문제점과 바꿨으면 하는 것은 무엇인가?

우리는 생활하면서 "그 사람 어때요?"라는 질문을 자주 접하게 된다. 그때 본인은 어떤 평을 들을 수 있으며, 본인 주변에는 어떤 평을 듣는 사람들이 주로 많은지 생각해 보자.

- 마음이 따뜻하고 순수한 사람

- 긍정적이고 주인정신이 강한 열정적인 사람

- 본인은 머리 아픈 일 안하려고 하고 상대방에게 미루면서 포장만 잘 하는 사람

- 시기·질투가 심하고 본인이 늘 최고라고 생각하며 겸손하지 못한 사람

- 느리고 업무소통이 잘 되지 않으며 말이 없는 것 같지만 뒷말이 많고 고마운 사람에게 자신의 이익을 위해서 은혜를 원수로 갚는 사람

- 아주 스마트하고, 샤프하며 업무 추진력 및 시간 관리와 대인관계를 성공적으로 잘하고, 의상도 때와 장소에 맞게 감각적으로 잘 입는 사람

- 진정성이 없고, 하는 일은 별로 없으면서 요란하기만 한 사람

- 정작 자신이 해야 할 가장 중요한 일은 열심히 안하고 다른 일에 더욱 몰입하는 사람

- 도덕적이지 못하고 공과 사의 구분이 안 되며 투명하지 않고 신뢰할 수 없는 사람

- 출근도 제일 먼저 하고 부지런하며 책임감이 강하고 끈기가 있으며 주인정신을 가지고 성실하고 진정성 있는 인품을 갖추고 업무를 수행하는 사람

- 본인의 의사표현을 눈치 보지 않고 정확히 하며 소속된 기관의 발전을 위해서 큰소리 낼수 있는 사람

- 상사에게 발전적인 발언을 하지 못하고 비위 맞추기만 잘 하며 강자에게 약하고 약자에게 강한, 인품이 부족한 사람

- 누가 보든 보지 않든 자신의 일에 충실하게 묵묵히 열심히 일하는 사람

- 본인의 근본에 충실하며 가까운 사람들과 작은 기쁨을 나누며 행복하게 인생을 살아가는 사람

- 우리는 행복을 배운 적이 없다. 그렇지만 몸을 병들게 하고 스트레스를 받게 하는 것 또한 자신이 늘 하고 있는 생각 때문이다.
- 지금 당신의 모습과 현재 위치는 모두 당신이 과거에 선택한 것들이며, 그 결과물의 전체이다.
- 지금 당신이 있는 곳에서 당신이 가진 모든 것들을 이용하여 당신이 할 수 있는 일, 하고 싶은 가치 있는 일을 지금 당장 시작해보자.
- 당신 인생의 연주회는 어떤 선율, 어떤 색깔의 연주회인지, 단 한 번뿐인 인생에서 지금 당신은 인생의 지휘자 역할을 어떻게 하고 있는지 생각해 보자.

» 다시 오지 않을 소중한 시간, 성공 이미지 메이킹을 위한 첫걸음: 긍정적인 마음을 갖자

우리가 매일 보는 강물의 물은 그 자리에 다시 흐를 수 없듯 지금 이시간도 행복하든 그렇지 않든 다시 올 수 없는 값진 시간이다. 지금까지 어떤 모습으로 살아왔고, 이 시간 이후에 어떤 사람으로 살아가고 싶은지 생각해 보자.

삶 가운데 본인을 힘들게 하는 사람들이 주변에 한두 명씩은 꼭 있게 마련이다. 그들을 미워하지 말고 내가 생각하지 못했던 다른 방향을 알려주는, 나를 보다 더 강하고 다른 각도로 더 열심히 할 수 있는 사람으로 만들어 주는 고마운 사람으로 생각해보자. 강한 비바람에도 더 깊고 강하게 뿌리내리는 식물과 같이 자기 안에 한계선을 그어놓지 말고 끊임없이 도전하고 부딪히며 목표를 위해 계속 노력해 나가자.

긍정적인 마음을 가지고 많이 웃는 사람이 성공한다. 성공을 위해 어떤 이미지 메이킹이 필요하며 어떻게 행동할지를 결정하고 긍정적인 마음으로 노력한다면 꿈을 이루는 멋진 삶을 맞이할 수 있게 될 것이다. 비록 지금 당신이 목표의 시작점에 있거나 혹은 중간 부분

정도의 정거장에 있을 수도 있으나 결국에는 목표 달성의 최종 종착
점에 도착하는 행복한 사람이 될 수 있을 것이다.

생각해 보기 | 나의 성공을 위한 매일매일의 마음가짐

- 매일 아침마다 마음을 가다듬고 온몸의 세포가 건강하게 살아나도록 리셋팅시키도록 한다.
- 인연의 소중함을 알고 서운함보다 감사함으로 따뜻한 표정을 모든 이에게 전하도록 한다.
- 생긴 그릇의 크기와 모양대로 각기 다른 성격과 성향을 파악하고 배울 점을 눈여겨 보며 인생의 정면교사(正面敎師)와 반면교사(反面敎師)를 통해 배우고 본인의 좋은 교훈으로 삼아 실천하도록 한다.
- 겸손하지만 당당하고 자신감 있게 행동하도록 한다.
- 몸의 장애보다 마음의 장애가 없이 자신이 만들어놓은 좁은 틀에 구속되지 않으며 비상할 수 있는 자신감을 가지도록 한다.
- 강한 정신력과 목표 달성을 위한 끊임없는 실천으로 본인의 성공을 이루도록 한다.
- 성공한 뒤에도 초심을 잃지 않고 스스로를 갈고닦아 개선하여 실천해 나가며 더욱 교양있고 지적인 사람으로 발전해 나가도록 한다.
- 질투와 분노는 마음의 암덩어리 같은 존재 임을 알고 마음의 정화를 위해서 마음이 튼튼하고 잘 생긴 사람이 되도록 노력한다.
- 다시 오지 않을 소중한 시간에 일어나지도 않은 일에 대해서 고민하는 것은 흔들의자에 앉아서 계속 흔들거리고 있는 것과 같다. 인간관계, 마음다스림, 주변환경 모두 정리정돈을 잘 하는 사람이 되도록 한다. 환기를 시키고 버릴 것을 과감하게 버리도록 한다.
- 입으로만 하는 것이 아닌 진정성 있는 행동과 실천으로 보여주는 멋진 대인관계를 만들어나가도록 한다.
- 모래 위에 지은 집과 같은 어리석은 인간관계를 만들지 않도록 한다.
- 성공이든 실패든 결국은 사람을 통해 이루어진다는 것을 늘 생각하며 살아가도록 한다.
- 사람을 귀하게 여기는 사람, 좋은 이미지로 성공과 행운의 기회를 많이 늘려 나가도록 한다.
- 자연처럼 진지하고 진실되며 아름다운 이미지 메이킹을 하도록 한다.
- 가치가 있는 모든 일에는 많은 시간과 정성이 필요하다는 것을 생각하며 살아가도록 한다.
- 시간이 흐르면서 성실성, 정직성, 진정성으로 더 높이 평가받을 수 있는 사람이 되도록 한다.
- 되고 싶은 사람의 이미지를 늘 생각하고, 상황을 상상하고, 비슷한 분위기의 사진을 자주 보며 실천하도록 한다.
- 타인의 행동에 의해서 내가 행복해지기 보다는 스스로를 사랑하고 진정으로 아끼도록 한다.
- 인생의 반평생을 사람들과 부딪히며 인품을 갈고 닦으며 인생을 살아왔어도 인격적으로 문제가 있는 사람들이 있다. 인격수양에 인생 전체가 소요된다고 해도 인격을 변화시키고 싶다면 무엇보다 인격을 올바르게 바꾸어 나가는 일이 얼마나 가치있는 일인지를 먼저 느껴야 실천할 수 있을 것이다.

많은 사람들은 자기 자신에 대해 얼마나 잘 알고 주어진 상황에 대처하며 살아가고 있을까? 자신에게 있어서 지금 가장 중요한 것이 무엇이고 지금의 목표는 무엇인가? 자신을 어떻게 다듬고 채워나갈 것인가, 어떤 일을 하든 본인이 인품을 갖추어 보다 더 친절하고 따뜻한 성공적인 이미지를 만들어 나갈 것인가? 내 상사, 내 후임, 내 동료들에게 나라는 사람은 어떤 사람으로 마음속에 자리매김 되도록 행동해야 되는지 깊이 있게 생각해 보자.

≫ 행복한 나를 위한 마음가짐

오늘도 당신을 위해 태양은 떠올랐다. 나는 오늘도 건강하게 일어나서 아름다운 자연을 볼 수 있고, 새 소리를 들을 수 있으며, 맛있는 음식을 먹으며 맛볼 수 있고, 아침운동을 하며 걸을 수도 있고, 뛸 수도 있다. 아침이슬이 맺힌 풀잎을 만질 수도 있고, 행복함을 느낄 수 있는 따뜻한 가슴도 있다.

평화롭고 아름다운 삶을 꿈꾸는 똑똑한 사람이라면 타인과의 관계에서도 긍정적이고 슬기롭게 대인관계를 해 나가겠지만, 만약 당신을 너무 괴롭히고 힘들게 하는 누군가가 있다면 그 사람을 떠올린 다음 그 사람이 병에 걸려서 머지않아 하늘나라로 가야할 가족도 없는 외롭고 너무나 불쌍한 힘없는 노인이라고 상상해보자. 증오했던 자신의 좁은 마음을 후회하게 되거나 과거의 그의 실수를 용서하게 될 것이다. 이렇듯 마음가짐을 바꾸게 되면 타인과의 관계에서 오는 스트레스를 줄일 수 있을 뿐 아니라 당신의 몸도 건강히 유지할 수 있게 된다. 당신의 몸은 당신 혼자만의 몸이 아니며 당신을 사랑하는 가족 모두의 몸이고, 친한 친구들의 몸이기도 하며, 사랑하는 사람의 소중한 몸이라는 것을 잘 인식하고 행복한 당신 자신을 위한 올바른 마음가짐을 위해 미운 마음이 싹트지 않도록 마음운동을 열심히 하며 노력한다.

노먼 빈센트 필Norman Vincent Peale의 명언 중에 다음과 같은 말이 있다. "평화롭고 만족스러우며 행복한 마음가짐으로 하루를 시작하라. 그러면 즐겁고 성공적인 날들이 펼쳐질 것이다." 평화롭고 만족스러우며 행복한 마음가짐을 위해 우리가 무엇을 할 수 있는지 생각해 보고 실천해 보자.

- 매일 일어나는 일상에서의 일들과 우리가 살면서 펼쳐지는 인생의 모든 일들은 교육받지 않은 처음 경험하는 삶의 현실적인 무대이다. 생방송으로 실시간 타인에게 보여지고 이미지가 각인되는 삶의 무대, 내가 아닌 전혀 다른 내가 다른 사람들의 입을 통해 소문으로 돌아다니기도 하고, 진실도 아닌 작은 소문들이 눈덩이 처럼 부풀려지기도 하지만, 진실은 밝혀지며 선한 마음의 끝은 늘 아름답다는 것을 기억하자.

- 어떤 사람의 말 한마디로 기분이 상할 때 '아 저 사람 몸이 아픈 사람이구나', 혹은 '행복하지 않아서 저런 말투로 자신의 감정을 드러내는 안쓰러운 사람이구나'라고 생각하며 더 따뜻하게 대하도록 노력하자.

- 악을 악으로 갚지 않고 감동적인 선으로 갚는 마음이 예쁜 아름다운 사람이 되자!

- 인생 반 이상을 살아온 50, 60이 넘은 사람임에도 도덕적으로, 인격적으로 미성숙된 사람이 있다면, 인생 반도 더 살아온 그 사람의 그럴 수 밖에 없는, 어쩔 수 없는 안타까운 그 사람의 주변 환경을 가엾게 생각하고 이해하자.

- 인간관계에서 안전거리 유지는 매우 중요하다. 너무 가깝지도 멀지도 않은 거리에서 오랜시간 마음을 나누면서 더욱 좋은 관계로 발전시켜나가도록 하자!

- 한 번 배신한 사람은 언젠가 또 다시 배신한다. 깔끔하고 현명한 인간관계로 행복한 날을 만들어 나가도록 하자.

- 건강을 택할 것인가? 현실과 너무 동떨어진 가지지 못한 것에 대한 집착과 욕심으로 힘든 몸과 마음을 포함한 편안하지 못한 인생을 택할 것인가?

- 그래서 그를 사랑하고, 그러니까 그가 미운 것이고, 그럼에도 그를 사랑한다. 사랑에는 댓가가 주어진다. 남이라도 계속 가야하는 인연이니 아껴주고 마음으로 끌어안아야 하며 서로의 건강을 위해서라도 내가 먼저 변해야 아름다운 관계를 오래 유지할 수 있다.

- 작고 사소한 것에 신경쓰고 싶지 않다면, 정말 고민해서 언쟁을 해야 할 때를 현명하게 판단하는 지혜를 기르고, 가능하면 언쟁을 하지 않고 평화롭게 살아가도록 노력하자.

- 업무적인 부분이든, 대인관계든 힘든 일이 생길 때 이렇게 생각하라. '이 또한 지나가리', '우리가 걷는 길에서도 힘들게 올라가야 하는 오르막 길이 있다면, 내리막길이 있듯이 우리 인생도 힘든 일이 있으면 행복하고 기쁜 일도 기다리고 있을 것이다'라고. 죽음 앞에 닥친 절망과 좌절만큼 슬프고 힘든 일이 또 있을까? 다 지나간다는 생각으로 현명하게 살아가자.

▶ 나는 창의적이며 어느 누구도 대신할 수도 없는 소중한 존재이다.

▶ 나를 힘들게 하는 중요하지 않는 일들에 대한 고집스런 집착과 마음을 버리고, 자유롭고 평화로운 일상을 통해 인생을 아름답게 수놓아 갈 것이다.

▶ 나는 내가 좋아하는 취미생활을 통해 아직 이루지 못한 나 스스로도 자세히 몰랐던 나의 잠재 능력을 이 세상 살아가는 날까지 계속 찾을 것이고 그 꿈을 이룰 것이다.

▶ 삶이 나의 뜻대로 되지 않고 힘들고 지칠 때도 있겠지만 내가 이 세상에 태어나 지금 이곳에 있는 이유를 깊이 있게 생각하며 시간을 헛되이 쓰지 않을 것이다.

▶ 평생교육을 실천하며 완전한 존재로 완성되도록 지식과 지혜, 교양 있는 사람이 되도록 부단히 노력할 것이다.

▶ 나는 많은 것을 가지고 있으며 현재에도 만족한다.

▶ 한번뿐인 인생에서 병들어 죽음 앞에 서기 전까지 나는 꿈을 절대 버리지 않으며, 서로 다른 사람들로 하여금 상처받기를 두려워하지 않을 것이다.

▶ 큰 컵은 작은 컵 속으로 들어갈 수 없다. 큰 컵과 같이 마음이 넓고 따뜻한 사람이 되도록 노력하여 모두를 내 마음 안에 끌어안을 것이다.

▶ 영원한 미움은 성립하지 않는다는 믿음으로 악을 선으로, 선을 더 감동적인 선으로 되갚으며, 멋지게 살아갈 것이다. 나는 대인이니까….

패러다임을 바꾸기

직장에서 혹은 주변에서 본인을 무척 힘들게 하는 사람이 있다면 그 스트레스로부터 해결하는 방법은 두 가지가 있다. 첫 번째 방법은 둘 중에 한 사람이 떠나는 것이고 두 번째 방법은 힘든 과정이지만 한 사람이 패러다임을 바꾸는 것이다.

>> 대인 관계 스트레스에서 벗어나려면

패러다임Paradigm은 미국의 과학자 쿤Kuhn, T. S.이 그의 책 『과학 혁명의 구조』1962에서 제시한 개념으로, 한 시대의 사람들의 견해나 사고를 근본적으로 규정하고 있는 인식의 체계, 또는 다양한 사물에 대한 이론적인 틀이나 구조를 말한다.

지극히 정상적인 생활을 하고 있는 사람에게 상식적으로 이해가 되지 않는 험담이나 비하 발언을 하며 주위 사람을 힘들게 하는 경우를 종종 볼 수 있다. 보통의 경우 겉으로는 드러나지 않지만 그 사람만의 깊은 아픔이나 상처를 가지고 있는 사람들일 가능성이 크다. 그것이 아니라면 외적으로 볼 때는 화려한 프로필에 행복한 삶을 살고 있는 것처럼 보이지만 자신이 스스로 느끼기에 엄청난 열등감이 있거나 자격지심, 심한 외로움 등으로 우울증을 겪고 있는 사람일 수도 있다. 대부분 그런 사람들의 특징이 자신보다 힘있는 자에게는 과잉친절과 칭찬을 하고 자기보다 배우지 못했거나 가지지 못한 사람은 심하게 무시하고 짓밟으려는 성향이 강하다.

패러다임을 바꾼다는 것의 큰 의미는 상대방이 어리석은 행동과 상처주는 행동을 계속한다 해도 본인은 스트레스를 받지 않는 것이다. 이유는 동일한 행동을 바라보는 본인 스스로가 괴롭힘을 주기 위한 특정인의 동일한 행동을 바라보는 내면의 안정을 찾고 상대방보다 더 여유있게 지켜볼 수 있게 되기 때문이다. 얼굴표정으로 내색할 수는 없지만 마음속으로 '겉으로는 정상인처럼 보이는데 참 불쌍한 사람, 안된 사람, 어쩌다 어린 나이도 아니고 저렇게 많은 나이까지 살면서 저렇게밖에 못살까?'라고 가엾게 생각하면 더 이상 상처 받을 이유가 없어지게 되는 것이다. 결국은 내면의 안정을 찾아가는 성숙의 단계인 것이다.

패러다임을 깨트리고 바꾸어가는 좋은 방법은 외부에서 벌어지는 일들을 바라 볼 때 생각의 틀을 활용해서 찾아가는 안정, 내가 나를 바라보는 편안한 안정감을 통해서 자신도 다시 돌아보는 삶, 그런 사람을 통해서라도 상대방과의 입장을 바꾸어 생각 해보고 더 멋있는 사람으로 자신을 디자인해 나가는 것이다. 어찌보면 남을 힘들게 하는 사람들은 인생의 좋은 반면교사反面教師라고 할 수 있겠다. 이와 같은 성공과 실패의 많은 과정과 경험들을 통해서 자신의 내면의 안정을 만드는 많은 재료들을 긍정적인 요소들로 가득 채우고, 외부에서의 부정적인 것들과 타인의 영향권에서 벗어난 진정으로 자유롭고 행복한 삶을 살 수 있게 스스로 만들어 나가는 것이다.

본인의 성공에 걸림돌이 되는 것들, 보다 더 적극적인 행동을 옮기지 못하는 이유인 타인을 너무 많이 의식하는 나쁜 습관들을 버리고 현명한 사람으로 아픔을 통해서 깨달음을 얻고 힘든 과정을 통해서 내면의 그릇을 키우고 성숙한 삶을 사는 현명한 사람이 되도록 예쁜 마음을 키워나가도록 노력하는 것이다.

》 나이 마흔이 넘으면 자기 얼굴에 책임

어리석은 사람은 아픔을 겪어도 깨달음을 얻지 못하고 상처만 생각하는 사람으로 결국은 똑같은 실수를 계속해서 되풀이하고 남의 험담과 안 좋은 말을 만들어서 많이 하고 다니지만 본인에 대한 더 안 좋은 말들이 많다는 현실 파악을 하지 못하는 사람이다. "나이 마흔이 넘으면 자신의 얼굴에 책임을 져야한다"는 아브라함 링컨의 말처럼 나이 마흔이 넘어서 타인으로부터 인격적으로 손가락질 받는 품위 없는 행동을 하는 일은 없어야 할 것이다.

생활 속에서 실천하기 ┃ 곱게 나이들기 위한 마음가짐과 태도

▶ 따뜻하게 경청하기

▶ 사랑으로 베풀기

▶ 다름을 인정하고 존중하기

▶ 화합하고 나누기

▶ 상대의 행복을 나의 기쁨으로 받아들이기

▶ 나이 들어서 진정한 친구도 한 명 없는 외로운 사람이 되지 않기 위해 진실된 친구 사귀기

▶ 누가 먼저 생을 마감할지 모르는 단 한번뿐인 인생에서 죽음 앞에서 후회 없이 여유있게 웃을 수 있도록 곱게 나이 들어가기

하루하루가 매일 새롭고 다른 희망찬 나날을 맞이할 수 있도록 준비하고 자신만이 잘 할 수 있는 독자적인 경쟁력을 만들어 나가는 것이다. 선명한 비전을 갖고 실천을 통해서 꿈을 향해 행복한 발걸음을 옮겨 나가는 것이다. 썩은 물고기가 탁류에 쓸려 내려가듯이 무기력하고 수동적인 움직임이 아닌 적극적이고 열정적인 사람으로 멋진 하루의 그림을 계속 그려나가야 할 것이다. 행복하고 멋진 내일을 위해….

생각해 보기 | 나는 오늘 이 순간 최선을 다해 살고 있는가?

- 가정뿐만 아니라 직장이나 사회에서의 모든 인간관계도 진정한 인간적 정과 사랑을 성립시켜 나갈 수 있다면 그보다 더 행복한 사람이 있을까?

- 노력하자. 사랑하는 당신을 위해서 남에게 베풀고, 배려하고, 덮어주고, 이해하고, 용서하자. 언젠가 우리는 한 줌의 재가 되어 자연으로 돌아갈, 영원히 살지 못하는 존재임을 단 한 순간도 잊지 말고 최선을 다해 살아가자.

- 많은 것을 가졌어도 감사할 줄 모르고 마음을 힘들게 괴롭히며 살아가는 안타까운 사람이 되어서는 안되겠다.

- 내 생각이 맞고 상대방이 틀린게 아니라 서로의 다름을 인정하면서 멋지고 아름다운 인생을 위하여 귀하고 여유있는 모습으로 곱게 나이 들어가야 한다.

- 내가 되고 싶은 사람이 된 것처럼 행동해보자(미소짓고, 말하고, 걷고 – 원하는 직업, 살고 싶은 지역, 추구하는 배경, 희망하는 물질적인 여유와 평온한 마음 상태).

- 오늘 당신이 행복한 경험을 하고 있고, 최고의 순간에 있다는 상상을 하며 웃어보자.

- 직장이나 사회생활을 하면서 힘들게 하는 한 두 명의 사람들이 하는 말이나 행동, 뒷이야기 등 여러 가지를 통해서 그들이 밉고 너무 힘들다고만 생각할 것이 아니라 지금 나는 만나기도 무척 힘든 사람들과 함께 지내며 인생 수업을 받고 있는 것이고, 그들의 상처되는 말과 행동 그리고 제 3자를 통해서까지 주는 아픔들은 더 단단하고 잘 다듬어진 나로 완성시켜주는 과정이라 생각하고 여유있게 웃자. 어찌보면 반면교사들이지만 정말 고마운 존재들인지도 모른다.

- 인생은 부메랑이다. 반드시 준 만큼 받게 되어있다. 어떤 형태로든 아픔을 주었으면 본인과 가족의 아픔으로, 기쁨을 주었으면 본인과 가족의 기쁨으로 되돌아오는 것이 인생이다.

- 예쁜 것을 많이 주는 아름다운 사람이 되자.

- 죽음 앞에서 후회하지 않고 그동안 잘 살았다고 여유있게 웃으며 죽음의 시간을 따뜻하게 맞이할 수 있도록 열심히 예쁘게 살자.

PART 2

성공을 부르는 좋은 인상 만들기

❸ 성공을 부르는 인상학

인상학의 정의
좋은 인상을 위해 웃도록 노력해야 하는 이유
얼굴의 삼정론(三停論)
인상학에 따른 십이궁(十二宮)

❹ 얼굴 근육의 이해와 좋은 인상 만들기

웃어야 산다! 성형으로 할 수 없는
얼굴 표정 트레이닝

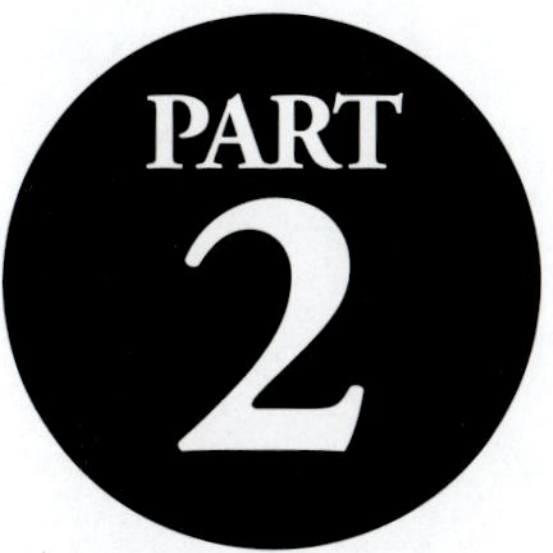

3

성공을
부르는 인상학

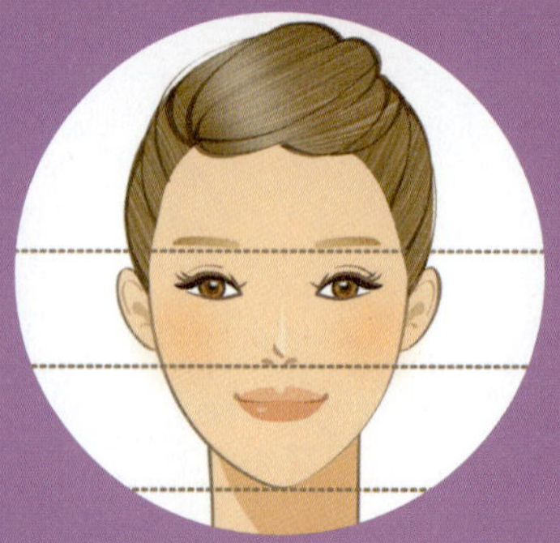

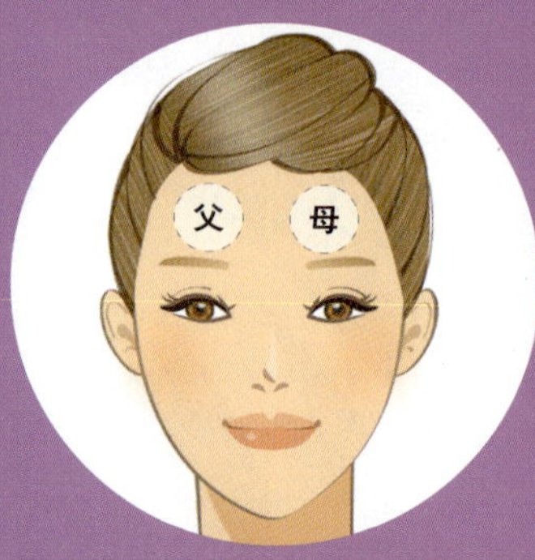

인상학의 정의

　인상학이란 외모의 구성 및 얼굴의 인상을 관찰하여 사람의 성격이나 운명 따위를 연구하는 학문을 말한다. 관상학이 외적 생김새에 따른 삶을 살 수밖에 없는 운명적인 면으로 해석하여 접근한다면 인상학은 살면서 겪어가는 다양한 외부 환경, 대인관계, 문제해결 과정 및 결과 등을 통해서 형성되는 본인의 마음 씀씀이와 긍정적 혹은 부정적인 행동 실천에 따른 인생관과 철학으로의 변화와 완성을 반영하는 표정의 결정체인 실용학문이라 할 수 있겠다.

》 건강하고 미래지향적인 실용학문, 인상학

　외형에 따라서 삶이 결정되는, 이른바 생긴대로 살 수밖에 없는 것이 관상학적 측면이라면 개인의 생각과 마음가짐 등의 인생관을 어떻게 설정하고 실천하며 살아가느냐에 따라서 얼굴이나 전반적인 외형이 변해갈 수 있다는 긍정의 미래지향적인 학문이 인상학인 것이다.

　인상학은 인간 내면의 정신과 마음 상태가 인상으로 드러난다는 전제를 바탕으로 개인의 정서나 성격, 성품 등을 해석할 수 있는, 어떤 측면에서 보면 우리 인간의 일상생활과도 밀접한 관계가 있는 학문이다.

　인간에게 있어서 정신건강은 신체의 건강과도 밀접한 관계를 가지고 있다. 소크라테스는 "영혼의 아름다움이 외형의 아름다움과 일치한다"고 주장하면서 개인의 노력 여하에 따라서 인상으로 비춰지는 개인의 특성이 정해진 숙명적인 것이 아닌 개인의 마음 다스림과 행동에 따라서 얼마든지 바뀔 수 있다고 주장하였다. 또한 플라톤은 소크라테스의 영혼의 아름다움과 외형의 아름다움은 일치한다는 이론을 받아들여 거울을 보며 자신의 외모 변화를 자주 확인하라고 젊은이들에게 충고한 바 있다.

시각적으로 드러나는 얼굴의 색이나 표정, 행동 등을 통해서 상대방이 현재 마음이 편안한지 불안한지 혹은 어떤 마음을 가지고 있는지 등 전체적인 분위기를 알 수 있으며, 이와 같은 표정이나 행동은 개인의 마음 다스림과 노력 여하에 따라 달라질 수 있는 것이다. 그러나 시각적으로 드러나지 않는 영혼의 경우에는 타고난 선천적인 부분을 무시할 수 없다. 인간은 역경을 극복하는 과정에서 엄청나게 성숙하기도 하며, 이와 같은 인생의 역경과 고난을 극복하고 성공에 도달한 사람들의 사례는 많은 이들의 입에 오르내리는 멋진 무용담이 되기도 한다. 성공하고 싶으면 웃어야 한다. 본인의 건강을 위해서라도.

지금 이 책을 읽고 있는 독자는 행복한가? 거울에 보이는 자기 자신의 얼굴을 한 번 살펴보자. 인상이 어떤지, 똑같은 능력을 갖추고도 손해 보는 인상을 하며 살아가고 있지는 않은지, 온갖 개인적인 욕심과 시기 질투로 꽉 차 있는 마음을 그대로 드러내어 험상궂고 심술궂은 성난 사자와 같은 표정을 하면서 "저 행복하지 않아요"라고 말하는 듯 슬픈 눈과 축 쳐진 입꼬리를 강조한 편해보이지 않는 표정과 인상을 하고 생활하진 않는지.

》 자기 긍정과 배려로 좋은 인상 만들어야

주변에 수많은 사람들은 제각기 얼굴 생김새도 다르고 살고 있는 환경도 다르다. 남들로부터 성실하고 일 잘한다고 인정받는 사람, 회사에서 고속 승진 하는 사람, 열심히 노력해서 목표를 이룬 사람, 반면에 조기 퇴직한 사람, 부도 위기에 있는 사람, 돈 때문에 늘 힘든 사람 등 다양한 부류의 사람들이 살아가고 있다. 그러나 자신의 삶에 100% 만족하고 행복감으로 편안한 삶을 사는 사람들을 만나기란 그리 쉬운 일이 아니다. 많은 것을 얻고 또 이루었음에도 늘 여유를 갖지 못하는 사람들을 만날 수도 있고, 시기 질투에 내뱉는 험담과 비하로 듣는 사람의 기분을 언짢게 하는 사람들을 만날 수도 있는데 그들의 인상을 보면 하나같이 눈빛이 맑지 못하고 무언가에 쫓기는 사람처럼 초조하며 정서적으로 불안정해 보이는 경우가 많다.

많이 배우고 높은 자리에 있다 해도 도덕적이지 못하고 신뢰할 수 없거나 자질 면에서 심각한 문제가 있는 사람이라면 좋지 못한 이미지로 주변 사람들로부터 소외와 무시를 받겠지만 스스로에게 부끄럽지 않게 행동하고 윗사람을 예우하고 믿고 따르며 아랫사람을 아끼는 사람은 좋은 인상으로 윗사람의 신뢰와 아랫사람의 존경을 받을 것이다. 그렇기 때문에 늘 밝은 표정으로 믿음을 쌓아가는 일은 개인의 인상을 좋게 할 뿐만 아니라 성공으로 함께 가야할 조직이나 기업문화에 있어서도 매우 중요한 부분이라고 할 수 있다.

마음을 잘 다스리는 것은 눈으로 보이지는 않지만 맑은 영혼을 유지하고, 덕을 쌓아 모든 일에 긍정적이고 감사할 줄 알며, 여유롭고 늘 편안한 사람이 되도록 노력하는 것이다. 옷 입는 스타일을 바꿔서 다른 이지미의 옷으로 바꿔 입는다거나 헤어 스타일과 메이크업 등 시각적 이미지를 바꾸어 짧은 시간에 큰 변화를 줄 수 있는 것에 비해서, 인상을 바꾸는 일은 삶의 많은 경험을 통한 자기긍정과 시행착오 등을 통해 예쁜 마음가짐으로 자리매김된 상태에서 자연스럽게 보이게 되는 것이므로 많은 시간과 노력을 필요로 한다.

따라서 우리의 마음을 잘 다스려 편안하고 여유 있는 삶을 살아가도록 노력하며, 대인관계에서도 배려와 겸손으로 많은 덕을 쌓고, 따뜻한 하루하루를 지내다 보면 억지로 만들기 위해 노력하지 않아도 자연스럽게 좋은 인상을 만들 수 있을 것이다.

이처럼 인상학은 본인을 힘들게 하는 부정적인 생각을 차단시키고 마음을 평화롭게 다스려서 인상을 바꾸고 운명까지 바뀌도록 노력하는 건강하고 미래지향적인 생활 속 긍정의 실용학문이다.

좋은 인상을 위해 웃도록 노력해야 하는 이유

》 건강한 행복, 성공을 위하여

:: 서로의 건강을 위하여

남에게 보기 좋게 하기 위해 혹은 성공하기 위해 좋은 인상을 유지해야 하는 것이 아니다. 사랑하는 자신의 건강을 위해, 진정한 웃음을 위해 노력하는 것이고 긍정적 자기 암시를 통해서 좋은 인상을 유지하기 위해 노력하는 것이다. 눈까지 웃으면 더욱 좋겠지만 입만 웃는 억지웃음도 90%의 효과가 있으니 건강하게 살기 위해 입꼬리를 올려서 웃고 늘 좋은 인상을 유지하도록 노력하자.

:: 스스로의 행복을 위해서

한 번 뿐인 인생 스스로에게 부끄럽지 않기 위해서 구기적거리는 인생을 만들어서는 안 된다. 부도덕한 행동을 하는 사람이나 부정적인 생각을 많이 하는 사람은 인상이 좋지 않다. 눈빛이 탁하거나 인상이 나쁘거나 덕이 없이 계산적으로 보이는 경우가 많다. 기본 인성이 안된 사람이 많이 배워서 좋은 자리에 있는 것만큼 위험한 일은 없다고 생각한다. 가끔 뉴스에서 접하게 되는 일들을 보면 병원에서의 음주 상태에서 수술을 하거나 각종 기관에서의 금전 관련 비리, 하지 말아야 할 다양한 행동, 온갖 거짓과 험담, 성추행 등 일어나지 말아야 할 일들이 수면 위에 드러나는 것만 해도 엄청나다. 참 서글픈 현실이다. 스스로를 진정 사랑하느냐고 묻고 싶은 부분이다.

이 세상을 마감할 때 '참 예쁘게 이 한 세상 잘 살다가 후회 없이 떠나네' 이런 생각으로 편안히 미소 지으며 눈감을 수 있도록 스스로에게 떳떳한 마무리가 된다면 진정 행복한 사람이 아닐까?

:: 성공하기 위해서

문제없이 부족하지 않은 완벽한 삶을 상상해 보았는가? 문제는 누구에게나 있다. 살아있기 때문에 생기는 일이고 그렇게 하나하나 문제를 풀어나가면서 성숙해가는 것이다. 그 과정을 긍정적인 마음으로 웃으며 현명하게 극복해가다 보면 얼마의 시간이 지나 더욱 성숙된 자신의 모습을 발견하게 될 것이다.

대인관계에서의 갈등과 문제 해결 과정 등을 통해서 성숙하고 여유 있는 멋진 인상을 유지할 수 있는 것은 그 무엇과도 바꿀 수 없는 가치가 있는 일이다. 우리가 일을 할 때 생계를 위해서 어쩔 수 없이 돈을 벌어야 하기 때문에 일을 하는 사람도 있고, 그 일이 행복해서 하는 경우도 있다. 무엇이 되기 위해서가 아닌 무엇을 어떻게 하기 위해 집중하고 그 일을 즐기는 사람만큼 행복한 사람은 없는 듯 싶다. 혼자 사는 것이 아닌 만큼 누구에게나 크든 작든 갈등이 있기 마련이며, 엉킨 실타래를 풀어나가는 과정을 보다 여유 있는 마음과 편안한 인상으로 차분하게 해결해 나가는 사람이 스스로 행복감을 느낄 수 있는 진정한 성공에 이를 확률이 높은 것이다.

〉〉 인상학의 기원

'인상학Physiognomik–Ausdrucksdeutung'의 어원은 그리스어의 자연Physis과 생각, 의지Gnome의 합성어이다. 인상학은 유럽의 그리스와 아시아의 중국, 인도에서 비롯되었으며 과거에는 얼굴을 읽는 협의狹義의 개념으로 인상학을 관상학이라 하였으나, 현대에 이르러서는 사람의 마음가짐과 인생관에 따른 생활 속 실천 여부에 따라서 외형의 모습이나 인상을 가꾸어 갈 수 있고 개인뿐만 아니라 대인관계까지 영향을 미칠 수 있는 광의廣義의 중요한 학문으로 인식되고 있다.

이와 같은 사람의 인상을 연구하는 사람을 인상학자Physiognomist라고 하는데 인상학의 창시자는 기원전 6세기의 피타고라스이며 인상을 최초로 본 인상학자는 "인상을 본다Physiognomiz"라는 개념을 최초로 사용한

히포크라테스이다. 히포크라테스가 제시하는 인상을 보는 기준의 일례로 "콧방울이 넓으며, 코끝이 뭉툭하고 머리가 크고 검은 눈을 한 사람은 정직하다"라고 하였다.

서양에서 인상을 가장 먼저 보았다는 히포크라테스는 얼굴색을 보고 병을 알고 치료에 들어가는 찰색察色관리를 하였는데, 이는 뼈의 형태나 근육뿐만 아니라 얼굴의 부분별 색의 변화를 통해서 마음상태와 건강, 더 나아가 미래까지 읽어내는 방법이다. '관형찰색觀形察色'이라고 해서 한방韓方에서 기계의 힘을 빌어서 몸 사진을 찍지 않고 얼굴색만 보고도 질병을 읽을 수 있는 방법이다. 이와 같은 찰색 관리는 편안하고 안정된 마음으로 숙면과 미소 유지 등으로 좋은 찰색을 유지하는 것이다.

또한 소크라테스는 영혼의 아름다움이 외적인 아름다움과 일치한다고 주장하면서 인상은 날 때부터 타고난 숙명적인 것이 아닌 개인의 노력과 실천 여부에 따라서 얼마든지 변할 수 있다고 주장하였다.

아리스토텔레스는 "외양을 보고 성격을 추론할 수 있다"고 주장하면서 사람과 동물의 특성을 비교 설명하였다. 아리스토텔레스의 『인상서』에서는 인간과 다양한 동물을 비교하면서 인간의 특정 몸 부분을 동물의 특징과 비교하여 그 인간의 성품과 귀천을 논하였다. 열정, 성적 흥분, 두려움, 화 등이 마음상태와 연결되어 특징적으로 얼굴 표정으로 나타난다는 것이다. 아리스토텔레스는 인상학의 중요한 요인들로 "피부의 색, 피부의 부드러움 정도, 성격으로 나타나는 얼굴 표정, 목소리의 특징, 머리카락의 길이, 피부의 탄력, 몸 전체의 특징을 체상體狀"으로 들었다.

한국에 인상학이 전래된 것은 정확히 언제부터인지 밝혀진 기록은 없으나 신라시대 선덕여왕 때 당나라로 유학 갔던 승려들이 달마대사의 상법相法을 배웠다는 기록들이 많은 것으로 보아, 그 당시에 인상학이 한국에 전파된 것으로 추정된다. 야사의 기록들을 모아놓은 『동국야사』에서는 당시 도학자들이나 승려들이 영걸英傑들의 인상을 보고 미래를 추측하여 예언했다는 기록이 있다.

얼굴의 삼정론三停論

　삼정론三停論이란 얼굴을 세로로 삼등분을 하여 상정上停, 초년운, 15~30세, 중정中停, 중년운, 31~50세, 하정下停, 말년운, 51세~사망 전까지으로 나누어 보는 것을 말한다. 인상학적으로는 상정, 중정, 하정의 상하 길이가 1:1:1의 비율이 가장 이상적인 비율이다. 상정에서는 관운, 조상운, 부모운 등을 보고 중정에서는 금전운, 명예운 등을, 하정에서는 자녀운, 가정운, 주택운, 대인 관계운 등을 본다.

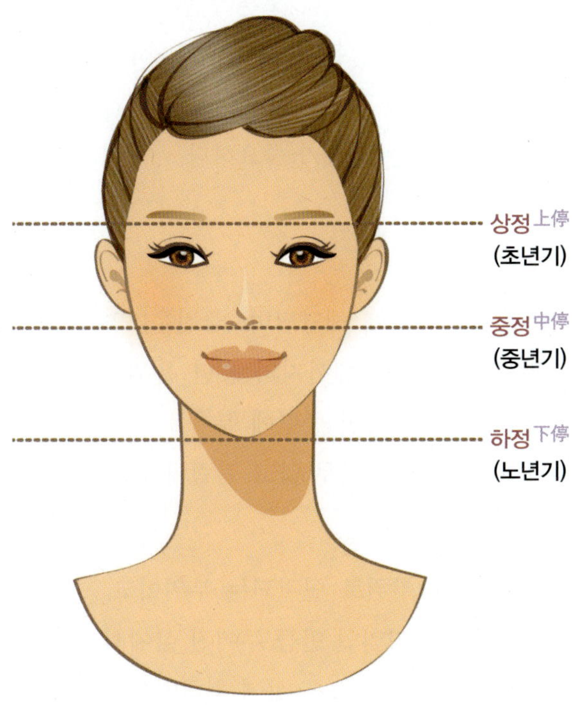

▲ [그림 3-1] 얼굴의 삼분법(삼정(三停))

〉〉상정

머리카락이 난 헤어라인부터 눈썹까지의 부위가 상정에 해당되며, 관운, 조상운, 부모운, 창의력을 보는 데 활용되고 15세부터 30세까지의 초년운이 여기에 관여된다. 상정 부위의 피부에 윤기가 흐르고 피부 결이 곱고 둥글어 길상으로 좋은 사람은 지적영역인 만큼 창의력과 응용력, 이해력, 사고력, 공상력이 좋아 정치인, 경제인, 법조인으로서 기질이 발휘될 수 있다.

상정 부위가 좋으면 청소년 시절이 좋고, 부모덕이 좋으며, 윗사람에게 인정받고 좋은 기운을 받아 본인의 의지대로 막힘이 없이 추진하여 행복하고 편안한 삶을 살 수가 있다. 반대로 상정 부위에 상처가 있거나 이마 부위의 피부가 요철이 있어 균일하지 않은 경우에는 평탄하지 못한 초년 시절을 겪거나 신체적으로 허약할 수 있다.

참고로, 15세 이전에는 남자의 경우 왼쪽 귀[1~7세]나 오른쪽 귀[8~14세]를 통해 이지력, 창의력, 부모덕, 상사와의 관계, 관운 등을 본다. 하지만 본인의 자기 관리 및 노력 여하에 따라서 삶은 큰 차이가 날 수 있기 때문에 행복한 삶을 살기 위해 노력을 기울이는 자세가 중요하다.

〉〉중정

눈썹 아래에서부터 코끝까지의 부위가 중정에 해당되며, 금전운, 명예운, 소망운을 보는 데 활용되고, 31세부터 50세까지의 중년 운세에 관여한다. 이 부위가 반듯하고 콧방울이 두툼하면 중년에 부富를 누릴 수 있는 반면, 중정 부위에 상처가 있거나 살이 너무 얇고 탄력이 없으면 중년의 복은 기대하기 어렵다.

중정 부위는 말년의 삶을 좌우하는 하정 부위로 연결되는 부위이고, 감정적 영역으로 감성의 컨트롤이나 감성의 영역인 만큼 주어진 삶에서 최선을 다해 본인 노력에 대한 성과를 이룰 수 있도록 삶에 적극적으로 임하는 자세가 중요하다.

》 하정

코끝부터 턱끝까지의 부위가 하정에 해당되며, 아랫사람에 대한 인복, 자녀운, 가정운, 주택운, 대인관계운에 관여하고, 51세부터 사망 전까지의 말년운을 보는 데 활용된다. 턱부분이 뾰족하여 각이 지거나 짧거나 좁지 않으면서 두껍고 둥근 모양이 말년의 좋은 상이다. 반면에 하정부위가 얄팍하거나 눈에 띄는 심한 흉터가 있는 경우에는 가정생활의 기복이 클 수 있다. 또한 턱 모양이 비뚤어져 있거나 심하게 빈약한 경우에 말년의 복은 기대하기 어렵다.

하정 부위는 본능적 영역인 성적, 육체적인 에너지의 영역으로 말년의 중요한 운을 위해서 자신을 관리하는 데 많은 노력을 기울이는 자세가 중요하다.

인상학에 따른
십이궁十二宮

》 관록궁

이마의 중앙 부위로 관운과 성공운을 보는 곳이며 평생 부귀영화를 관장하는 곳이다. 관록궁에 살이 두둑하여 풍만하고 뼈의 모양이 둥글고 예쁘게 솟아 있는 정도, 피부 빛이 밝고 맑은 정도를 보고 판단한다. 관록궁이 흉터나 점이 없이 도톰하여 밝고 맑은 빛이 나면 관운이 좋아 직업상의 성공, 출세운 등 관직에 유리하고 부귀가 오래갈 상이다. 반면 이곳에 흉터나 사마귀, 주름, 점 등이 있으면 근심이나 좋지 않은 일들이 계속

▲ [그림 3-2] 관록궁(관운, 평생 부귀영화, 성공운, 출세운)

생기며 마찰과 구설수에 시달릴 수 있다. 또한 둥그스름하게 푹 패이거나 들어가 있는 우묵한 모양이거나 울퉁불퉁한 경우에는 정서적으로 마음이 안정되지 못하고 산만하며 직장을 자주 옮길 수 있다.

관록궁이 좋은 대표적인 연예인은 이영애, 이나영, 고현정이다.

》 부모궁

이마 중앙 관록궁의 좌우를 부모궁으로 보는데 여자의 경우 본인의 오른쪽 눈썹 위는 아버지의 운, 왼쪽 눈썹 위는 어머니의 운으로 본다. 피부에 윤기가 흐르고 밝고 선명한 맑은 빛에 높고 원만하여 도톰한 경우에는 부모가 장수하고 복을 많이 받는 좋은 부모궁이라고 할 수 있다. 부모궁이 유독 우묵하거나 낮은 경우 어린 나이에 부모와 이별하는 조실부모 운이고 부모로 인한 근심을 끊임없이 갖게 되는 상이다. 피부 빛이 유독 짙거나 맑지 못한 경우 부모가 질병이 생길 수 있다. 이마가 유독 좁은 경우 서자일 수 있으며, 여자의 경우 본인의 왼쪽 눈썹이 오른쪽 눈썹에 비해 높은 경우 아버지가 일찍 돌아가시고 어머니만 생존할 상이고, 오른쪽 눈썹이 왼쪽 눈썹에 비해 높은 경우 어머니가 일찍 돌아가시고 아버지만 생존할 상이다. 남성은 그 반대이다. 또한 부모궁의 모양이 깍인 듯 각이 지고 뾰족하면 부모와 일찍 이별할 상이다. 또한 부모궁이 황색을 띠면 부모에게 좋은 일이 있고, 청색을 띠면 부모에게 우환이 있으며, 검거나 희면 부모 모두 사망할 상이다.

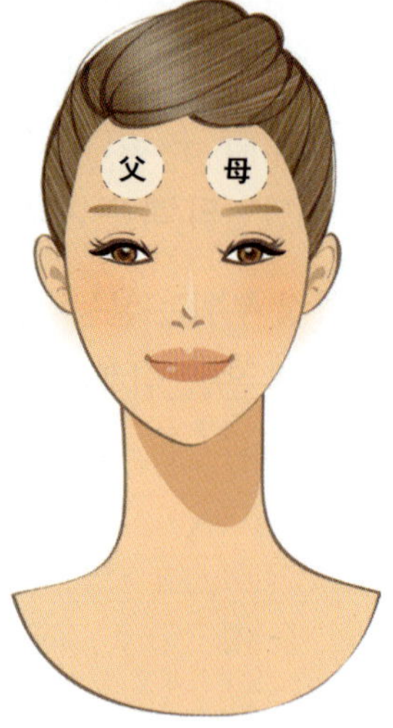

▲ [그림 3-3] 부모궁(부모운)

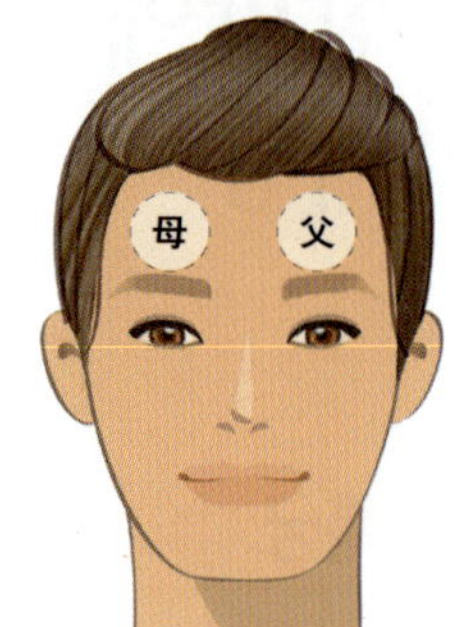

▲ [그림 3-4] 남성의 부모궁(부모운)

> *Tip* **이마에서 부모궁을 볼 때**
>
> ▸ 여성의 경우 본인의 오른쪽 이마는 아버지, 왼쪽 이마는 어머니로 보며, 남성은 이와 반대이다.

≫ 복덕궁

　중앙 이마 부모궁의 좌우, 눈썹 끝 부분 위쪽 이마 양옆을 복덕궁으로 보는데 관상학적 용어로 천창에 위치한 복덕궁은 인덕이나 덕량, 선천적으로 타고난 복을 보는 곳이다. 금전운을 결정짓는 중요한 자리이기도 하며 복덕궁이 피부에 윤기가 흐르고 밝고 선명한 맑은 빛에 굴곡이 없는 복덕궁을 포함한 이마, 코, 관골, 턱의 오악五岳이 도톰하고 보기 좋게 둥글게 솟아 있어서 서로 마주보는 듯한 조화를 잘 이루는 모양을 하면 만복의 상으로 일찍 출세하여 복록을 누릴 상이다. 복덕궁이 유독 우묵하거나 각이 졌거나 낮은 경우 의식주가 궁핍할 상이다.

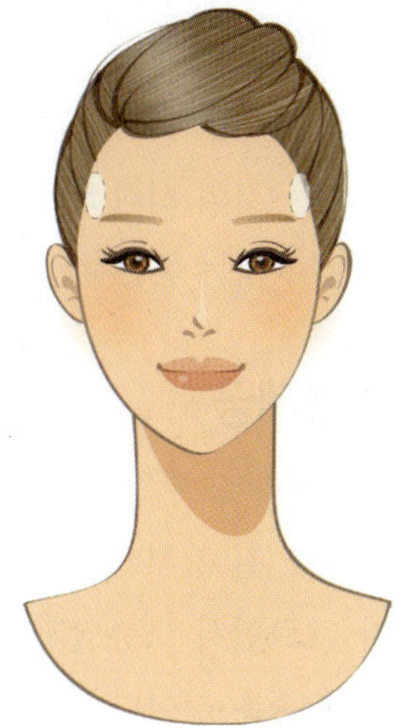

▲ [그림 3-5] 복덕궁(금전, 선천적인 복, 인덕)

≫ 천이궁

　양 눈썹의 끝 윗부분부터 이마의 양옆 가장자리 머리카락이 난 부분까지를 천이궁으로 보는데 재물운을 보는 곳으로 역마와도 깊은 관련이 있고, 이사운이나 여행운을 보는 곳이다. 넓고 두툼하여 풍만하고 밝은 빛을 띠면 생활의 어려움이 없이 풍족하고 말년에도 남들의 존경을 받게 되며 타향에서의 성공이나 역마의 기운으로 많이 돌아다니면서 성공할 운으로 보기도 한다. 이곳이 낮거나 움푹 들어간 경우, 유독 천이궁의 위아래가 한쪽으로 치우치고 삐뚤어진 경우에는 말년까지 집을 갖기도 힘들고, 한 곳에 오래 머무르지 못하고 이사를 많이 하거나 직장을 많이 옮겨 다니는 불안정한 생활로 고생을 많이 하게 될 사고수가 있을 수 있는 관상으로 본다. 천이궁이 안 좋은 상은 평생을 한 곳에서 오랫동안 머무르지 못할 상으로 본다.

▲ [그림 3-6] 천이궁(여행운, 이사운, 역마, 재물운)

≫ 명궁

　눈썹과 눈썹 사이를 말한다. 얼굴의 12궁 중에서 가장 중요한 관상의 핵심자리로 희망의 성취도 정도와 평생운을 보는 곳이다. 밝고 환하게 은은한 광채의 빛이 나면서 맑아야 좋으며 두 개의 손가락이 들어갈 정도의 간격과 평평한 것을 가장 좋은 상 으로 본다. 명궁이 넓고 맑은 좋은 상은 학문에 통달하고 희망 하는 일을 이룰 수 있게 되며 평생의 운이 좋다고 볼 수 있다. 코가 시작되는 산근이 원만하게 올라와 있는 경우 명궁을 잘 받 쳐주는 상이므로 복을 누리고 장수할 상이다.

12궁 다른 곳이 좋더라도 명궁이 좋지 않으면 전체 관상의 운 을 떨어뜨릴 수 있고, 다른 부분의 관상이 조금 좋지 않다 하더 라도 명궁이 좋으면 전체적인 운을 더욱 좋게 해준다. 눈썹과 눈썹 사이인 명궁이 좁은 경우, 주름이 있거나 오목하게 들어갔 거나 점이나 사마귀, 어두운 빛이 나는 경우는 생활하면서 크고 작은 장애가 많이 발생하게 된다. 또한 의견 대립 및 재물을 잃 거나 타향에서 고생을 하게 되는 등 하는 일에 대한 좋은 결과 를 얻기는 힘들 상이다.

명궁이 중요한 것은 이마에 담긴 하늘의 복과 부모의 운이 내 려오는 길의 시작점이기 때문이며, 주름져서 굴곡이 있거나 좁 은 경우에는 좋은 기운을 받을 수 있도록 관리가 필요하다.

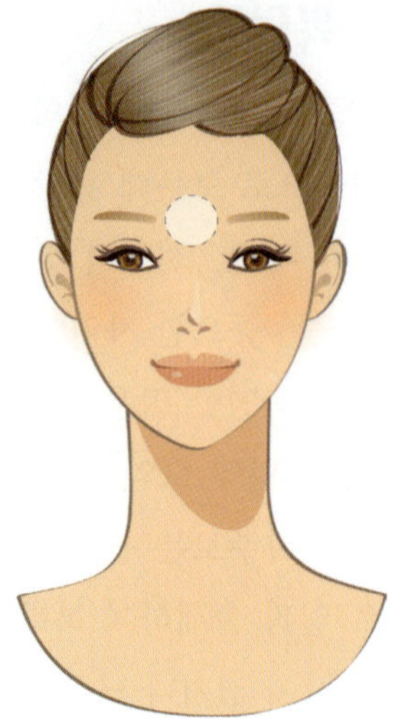

▲ [그림 3-7] 명궁(관상의 핵심 자리, 평생운, 건강운, 정신력)

》 형제궁

왼쪽과 오른쪽 겉눈썹 부분을 말하며, 눈썹의 길이가 눈의 길 이보다 길고 부드러우면서 선명하고 고르게 모가 나있고 윤기 가 흐르면서 초승달과 같은 상은 형제가 많거나 형제 간의 우 애가 좋은 상이다. 반대로 눈썹이 눈의 길이에 비해서 너무 짧 거나 거칠면 형제 간에 사이가 좋지 않거나 이별수가 있는 상이 다. 또한 눈썹 끝이 두 갈래로 갈라진 경우에는 어머니가 바뀔 수 있는 상이고, 양쪽 눈썹의 앞머리가 너무 연결되어 붙어 있 는 경우에는 인내심이 부족한 급한 성격으로 금전운이 없고 액 운이 따르는 상으로 본다. 눈썹의 뼈가 높다면 투지력이 강한

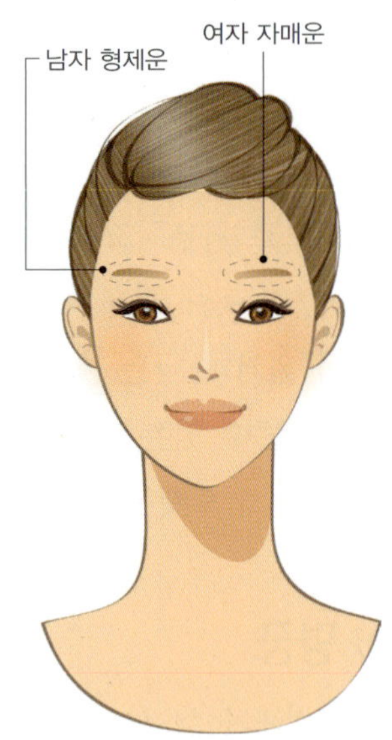

▲ [그림 3-8] 형제궁(형제 간의 우애, 형제운)

자수성가의 상이다. 여자는 본인의 좌미에서 자매운을 우미에서 형제운을 보며 남성은 반대로 본다. 형제궁이 좋은 연예인으로 는 김혜수, 김태희, 엄정화 등이 있다.

》 전택궁

　눈과 눈썹 사이 전체를 말하며 부동산, 주택을 포함한 재물운과 상속에 대한 재물운을 보는 곳이다. 눈동자의 흑과 백이 선명하게 뚜렷해야 평생 복이 있고 눈과 눈썹의 간격이 넓고 눈썹이 높게 자리하고 있으면서 피부가 맑고 깨끗하게 살이 도톰한 것을 좋은 상으로 본다. 쌍꺼풀이 있는 경우에 윤기가 흐르고 특히 눈썹이 높게 붙어 있는 상을 귀한 상으로 본다.

　전택궁이 넓고 살이 도톰하며 피부가 맑은 사람은 좋은 주거 환경을 누리며 이상이 높고 목표를 이루고자 하는 집념이 강하여 성취도가 높고 마음이 너그럽다. 그러나 전택궁의 상하의 넓이가 좁은 사람은 빈틈없는 완벽을 추구하며 계산적이고 치밀한 상으로 추진하는 일이 시원하게 풀리지 않고 재산이 모아지지 않을 상이다. 또한 전택궁이 푹 꺼져 있거나, 잔털, 점, 상처, 사마귀 등이 있고 잔눈썹이 전택궁까지 너무 많이 나 있는 경우 유산이 적고 부동산, 주택과의 인연이 적은 상으로 본다. 전택궁이 정상적으로 보이지 않고 매우 심하게 부어오른 경우에는 음기가 강해 가정에 어려움이 생길 수 있으며 심하게 함몰된 경우에는 신장의 기운이 약하고 정서적으로 안정이 안 되고 주택에 대한 걱정이 생길 수 있다. 극히 드문 경우이지만 실핏줄이 눈동자를

▲ [그림 3-9] 전택궁(부동산, 주택운)

가로지르거나 눈동자에 붉은 기운이 있는 경우는 관재를 당할 수 있는 상으로 보며, 초년에 모든 재산을 탕진하고 노후가 되어서도 고된 일을 하며 빈곤할 수 있다. 또한 눈에 흰자위가 너무 많이 차지하거나 눈동자에 붉은 충혈이 지속될 경우 재산을 모이기 힘든 상으로 본다. 전택궁이 좋은 예로는 김희애, 양현석, 장근석, 김연아, 장윤정 등을 들 수 있다.

▸ 눈썹 하단 전택궁 자리에 나 있는 잔 눈썹을 눈썹 정리용 칼로 다듬는다. 눈썹 끝을 쳐지지 않게 그린다. 눈썹에 빈틈이 있거나 너무 짧은 경우 채워서 길게 그려준다.

》 질액궁

인당 바로 아래 코의 시작점인 산근, 즉 눈과 눈 사이 콧등의 시작점을 질액궁이라 하며, 질병과 수명을 보는 곳이다. 질액궁이 두둑하게 솟아있는 경우 부모로부터 물려받는 재물운이 있고, 피부가 깨끗하고 밝은 빛이 나는 경우에는 학문에 능통할 상이다. 또한 건강하게 장수하며 재앙을 막아주고 무병장수 할 운이다. 반대로 질액궁에 살집이 없이 뼈가 너무 도드라져 보이거나 함몰되거나 삐뚤어진 경우, 주름과 상처, 점, 흉터가 있는 경우 각종 질병으로 건강상태가 좋지 않고, 재난이 끊이지 않으며 많은 고생을 하게 될 상으로 목표한 바를 이루기 무척 힘든 상으로 본다. 특히 이 부분은 안면 연령 부위도에서 41세에서 43세에 해당하는 곳으로 가로 주름이 생길 경우 41세에서 43세에 질병에 주의를 기울일 필요가 있다.

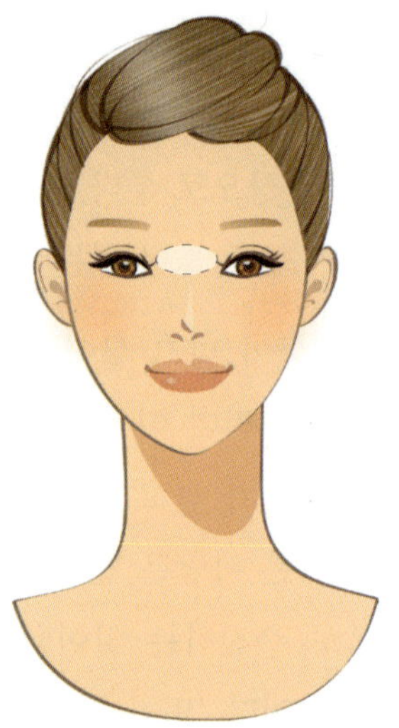

▲ [그림 3-10] 질액궁(건강운, 수명운)

》 남녀궁 자식궁

두 눈 아래 와잠눈의 바로 아래 속눈썹 밑 부분: 누워서 잠을 자는 누에의 모습과 누당눈 아래 와잠 바로 밑 눌러도 뼈가 없는 곳을 남녀궁자식궁이라 한다.

남녀궁자식궁을 통해서 부부 금슬과 자식운 가정의 행복을 본다. 와잠과 누당이 넓고 도톰하여 은은한 밝은 빛이 나면 부부 금슬이 좋고 귀한 자식이 생기는 복 있는 관상으로 본다. 그러나 누당이 함몰되어 있거나 점이나 사마귀가 있는 경우에는 색정성적 대상에 대하여 느끼는 욕정으로 인하여 망신을 당하고 실패할 수 있는 상이며, 세로 주름이 심하게 있는 경우에는 자식궁이 좋지 않아 자손을 극하게 될 상이다.

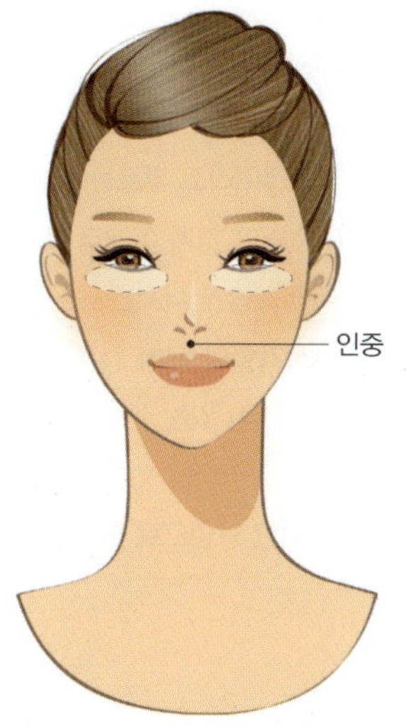

▲ [그림 3-11] 남녀궁(자식궁(부부 금슬, 자식운, 가정의 행복)

남녀궁자식궁에서도 자식운을 보지만 인중 부분이 평평하여 오목하게 들어간 곳이 없는 경우 자손을 두지 못한 채 노년까지 보내는 상으로 본다. 남녀궁자식궁의 자리가 젊은 나이에는 탄력 있고 피부의 색도 맑으며 빛이 난다. 간혹 과로를 하면 피로가 쌓여서 와잠과 누당의 피부의 색이 어둡게 변했다가도 금방 좋아지는 반면 노인이 되면 특히 누당이 피부 빛이 어둡거나 좋지 않으며 푹 꺼져서 탄력이 많이 떨어져서 축 늘어지는 것을 흔히 볼 수 있다. 이는 누당은 남성에게는 수기를 관장하는 신장으로 보고 여성에게는 자궁으로 보기 때문이다. 젊을 때는 신장의 기능이 활발하고 좋아서 성기능이 왕성한 반면 노인이 되면 신장의 기능이 떨어져서 제 역할을 하지 못해 성기능이 젊을 때 보다는 저하되기 마련이다. 와잠이 통통하여 살이 두둑하고 빛이 좋은 경우에는 성 기능이 왕성하고 귀한 자식을 낳을 상으로 본다.

≫ 처첩궁

눈꼬리 옆 부분으로 간문이라고도 하는 곳을 말하며 처첩의 운을 보는 곳이다. 처첩궁이 넓고 두둑하며 잔주름이 없이 피부 빛이 맑고 윤택하면 부부가 해로하고 재물이 풍족한 상으로 본다. 또한 남녀 구분 없이 처첩궁이 잘 생기면 좋은 배필을 만나 가정이 화목하게 살 수 있는 상으로 본다. 눈꼬리에 한 줄 긴 주름이 있는 경우에는 부부 간의 금슬이 매우 좋고 화목한 가정을 이룰 상이다. 반면 간문^{눈꼬리}이 함몰되거나 패여 있는 경우 여러 번 장가들 운이며, 간문에 잔주름이 많거나 검은 사마귀, 기미가 있는 경우 재혼할 수가 있고, 남녀 구분 없이 방탕하고 음란해질 수 있는 상으로 본다. 남성의 경우에 간문에 주름이 많은 경우에 호색한^{여색을 지나치게 좋아하는 사내}으로 보며, 검푸른 빛이 감돌거나 미세한 푸른 힘줄이 보이는 경우에는 부인으로 인해 극심한 걱정을 하게 될 상으로 본다.

▲ [그림 3-12] 처첩궁(사랑·결혼운, 부부 찰떡 금슬)

》 재백궁

코가 시작되는 산근부터 콧방울을 포함한 코의 끝부분인 준두코의 끝까지의 코 전체를 재성이라고 한다. 재성을 통해 중요한 재물운을 보는 곳이다. 재성은 산근부터 준두까지 휘어지지 않고 대나무를 쪼개놓은 것과 같이 일직선으로 곧게 내려오고, 콧날은 적당히 높아지면서 콧방울을 포함한 코끝 준두는 쓸개를 달아맨 것과 같고, 콧방울은 두둑하고 힘이 있게 느껴지면서 밝고 윤기가 있으면 재물운이 좋고 귀하게 될 상으로 본다. 또한, 사람의 콧구멍이 사자의 콧구멍과 비슷할 경우에 귀하게 될 복 있는 관상으로 본다. 특히 남성의 코는 매우 중요하며 명예나 지위를 보는 곳이다. 코가 얼굴에 비해서 유독 큰 경우에는 포부가 크고 투기 성향이 강한 상이며 코가 얼굴에 비해서 너무 작은 경우에는 인색하고 포부가 작은 상으로 본다.

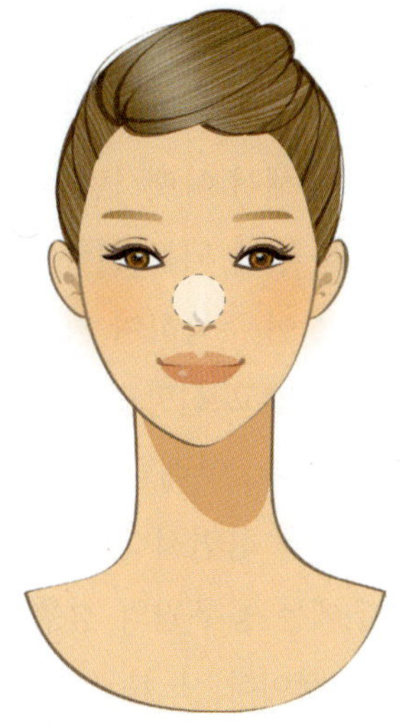

▲ [그림 3-13] 재백궁(재물운)

콧날이 가운데로 곧게 내려오지 않은 경우와 매끈하지 않고 울퉁불퉁하게 굴곡이 있는 경우에는 재물이 흩어지고 힘든 삶을 살게 될 상이며, 준두가 뾰족하거나 매의 부리 모양을 한 경우에는 빈곤에 처하고 파산에 이를 수 있는 상으로 보는데 이는 준두가 뾰족한 경우 관상학적으로 까다롭고 날카로운 성격에 이기적이고 타산적인 사람의 상으로 보기 때문이다. 또한 콧구멍이 크고 정면에서 봤을 때 콧구멍 안이 들여다보이는 상은 낭비가 심하고 재물이 쉽게 새 나가는 상으로 보며 콧방울이 너무 작거나 약해보이는 사람은 재산을 모으는 힘이 약하고 재물운이 좋지 않은 상으로 본다. 재백궁이 좋은 코와 두둑하게 올라붙은 턱살이 코를 바라보듯이 서로 마주 보는 듯한 관상은 재물운이 아주 좋은 상으로 본다. 그러나 재백궁이 좋아도 턱부분이 심하게 푹 꺼져 있어서 잘 받쳐주지 않는 경우에는 돈이 들어와도 잘 새나가는 상으로 본다.

》노복궁

　턱 부분과 입의 좌우를 포함한 곳을 노복궁으로 본다. 노복궁을 통해서 아랫사람을 많이 거느리게 되는지 윗사람으로부터 부림을 받게 되는지를 보는 곳이다. 노복궁이 넓고 둥근 모양을 하고 살이 두둑하며 피부가 탄력 있고 피부 빛이 맑고 깨끗하면 부하가 많고 신망을 얻어 부하가 정성껏 보필하며 잘 따르는 상으로 본다. 아래턱이 약간 각이 져 있으면서 입모양은 넉 사四자 모양을 하면서 입 꼬리가 올라간 상이 좋은 상이다. 이같은 경우에는 공무원의 경우 직위가 따르고 연예인의 경우 인기가 좋을 상이다. 노복궁이 V라인으로 턱이 뾰족하거나 비뚤어진 경우, 주름이 많거나 피부 빛이 탁하여 맑지 못하고 함몰되어 있는 경우에는 부하의 덕이 없어 배신당하거나 은혜를 원수로 받게 될 상이다. 노복궁이 좋은 상으로는 조용필, 서경석 등을 들 수 있다.

▲ [그림 3-14] 노복궁(노년운, 부하·인기운)

얼굴 근육의 이해와 좋은 인상 만들기

웃어야 산다! 성형으로 할 수 없는 얼굴 표정 트레이닝

표정에는 마음의 울림이 있어야 하고, 말보다 더 진한 감동과 여운이 있어야 한다. 또 보고 싶은 사람, 맑고 진정성 있는 표정으로 호감 가는 이미지와 자꾸 생각나는 사람이 되도록 노력해야 한다. 한 평생 살아가면서 우리는 얼마나 밝은 표정으로 행복한 순간을 즐기며 살아가게 될까?

겉으로 보이는 이미지의 기본이 되는 따뜻한 마음과 긍정적이고 남을 배려하려는 마음 준비가 되어 있어야 순수하고 맑은 눈빛의 진정성 있는 예쁜 이미지 메이킹이 가능하다. 주변에 가까운 사람들 중에 욕심 없이 함께 나누고 작은 것에 행복감을 느끼며 살아가는 사람들의 표정을 떠올려 보자. 그들의 표정은 어떠한지. 자신만 알고 남을 시기하며 가지지 못한 것에 대한 불만과 세상에 대한 부정적인 생각들로 온통 화가 머릿속에 가득 차 있는 구겨진 마음으로 살아가는 사람들의 표정을 생각해 보자.

입은 웃고 있는데 눈빛은 웃지 못하는 사람, 오히려 그 어색한 미소 속에 눈빛이 맑게 빛나지 않고 선하지 않은 생각을 하고 있다면 함께 하는 사람들과 그 본인은 얼마나 삶이 힘들고 고달플지. 온통 마음속이 부정적인 감정을 가진 사람이 아름다운 이미지 메이킹이 가능할 것인지?

| 분노 | 혐오 | 두려움 | 기쁨 | 슬픔 | 놀람 |

▲ [그림 4-1] 울고 있는 다양한 표정들

성공적인 이미지 메이킹의 기본은 개인차에 따른 생활환경의 영향도 많이 받겠지만, 편안한 마음으로 밝은 얼굴표정을 짓는 것이다. 미소를 지을 때 눈가에 생기는 자연스런 미소주름과 직선의 입모양이 아닌 입꼬리가 올라간 곡선의 활짝 미소 띤 매력적인 입술모양을 해보자. 눈꼬리가 내려가고 입꼬리는 올라가서 눈끝과 입끝의 간격을 가까워지게 하고, 나이보다 어려보이는 동안얼굴을 유지하도록 노력하는 것, 최소한 웃는 얼굴이 어색하고 많이 웃어야 하는 날 단련되지 않은 입가의 근육이 떨리고 근육경련이 일어나는 일은 없도록 평소에 많이 웃도록 하자! 화가 나서 눈끝이 올라가고 입꼬리가 못난이 인형처럼 아래로 계속 내려간다면 얼굴근육도 예쁘게 자리잡지 못하며, 눈끝과 입끝의 간격이 멀어지면서 미운 표정 주름이 자리잡게 된다.

밝은 표정으로 살아가는 삶의 지혜는 멀리 있는 것이 아니다. 사람들을 만나면서 정면교사正面教師로 생각하는 사람이 있다면 상대의 장점을 모두 내 것으로 만들도록 노력하고, 반면교사反面教師로 생각해야하는 사람이 있다면 절대 그 사람처럼 행동하지 않겠다는 스스로 다짐을 하는 것이다. 이와 같이 우리는 사람을 통해 공부를 하면서 느끼고 지혜롭게 살아가도록 노력하고 또 자신만의 개성과 표정 및 스타일에도 관심을 기울여 다듬어 나간다면 자신만의 멋진 개성의 색을 내면서 더욱 발전된 모습으로 멋지게 살아가게 될 것이다.

생활 속에서 실천하기 ㅣ 눈과 입을 동시에 웃는 자연스러운 진짜 미소

가끔 생활 속에서 억지 웃음을 지어야 할 때가 있는가? 자연스럽지 않은 눈빛을 하고 입만 올려서 웃을 때의 모양에서 입꼬리를 올리는 것은 가능하더라도 눈과 입이 동시에 웃지 못하기 때문에 어딘가 모르게 웃는 표정이 부자연스럽다. 반면 진심으로 환하게 미소 지을 때 눈도 웃으면서 입꼬리도 자연스럽게 올라가게 된다. 즉 진정으로 행복해서 웃는 표정은 눈과 입이 동시에 웃는 웃음이다. 진짜 미소는 눈이 웃고 있는데 입모양이 직선의 모양이 될 수 없고, 입은 웃어서 입꼬리가 올라가는데 눈은 웃지 못하는 부자연스러운 표정이 될 수 없다. 눈과 입을 동시에 웃는 자연스러운 미소를 생활 속에서 늘 실천하도록 한다. 개개인의 기억의 카메라에 좋은 표정과 매너, 아름다운 목소리와 자세 등으로 또 만나고 싶은 호감 가는 사람으로 기억되도록 꾸준히 노력한다면 웃는 표정이 어색하지 않고 자연스러울 것이다.

많은 사람들이 사회생활을 하면서 자신의 표정이 어떻게 비춰지는지 또한 자신의 표정에 대해서 어떤 질문을 상대방이 하고 싶어질지 생각하면서 읽어보도록 하자.

▶ 귀하게 사랑 많이 받고 잘 자란 사람 같은 늘 따뜻한 표정이야.

▶ 힘든 일이 많은 것 같은데도 늘 밝고 긍정적인 마인드가 표정으로 나타나서 참 볼 때 마다 많이 배우게 돼.

▶ 부정적으로 생각하지 않고, 늘 꿈을 꾸고 발전적인 행동을 하는 사람이라서 그런지 표정이 늘 힘이 있고 밝아서 참 좋아.

▶ 활짝 웃는 미소가 참 아름다워.

▶ 잘못한 것이 있어서 혼내려고 하는데도 해맑게 웃는 얼굴을 보면 마음이 눈 녹듯 모두 풀어져.

▶ 당신 표정에는 윗사람에 대한 특별한 충성심이 느껴져서 뭔가를 더 해주고 싶은 마음이 생겨.

▶ 표정이 왜 그래? 어디 아파?

▶ 모든 일에 열심히 하는 것은 좋은데 좀 웃으면서 하면 좋겠다.

▶ 왜 항상 표정이 그래? 사는 게 그렇게 힘들어?

▶ 나이도 젊은데 눈빛은 한없이 힘이 없고 입 꼬리가 더 이상 내려갈 곳이 없을 정도로 표정이 어두워.

▶ 표정이 꼭 우는 사람처럼 너무 슬퍼 보여. 입 꼬리라도 올렸으면 좋겠어. 거울 좀 봐. 사람들이 다가오고 싶은 표정인가?

▶ 눈은 마음의 창이라는데, 좀 해맑은 눈빛으로 웃을 수 없어?

▶ 왜 말을 할 때 사람 눈을 못 마주쳐?

▶ 말할 때 왜 눈동자가 많이 흔들리고 상대의 눈을 안정적으로 바라보지 못해?

▶ 왜 말할 때 입을 삐죽거려?

▶ 적성에 맞지 않다면 진지하게 생각해보고 그만둬. 내 모든 것을 걸고 성공해야 되는 사업장에서 손님 쫓아내는 표정을 하고 있지말고 행복한 일을 찾아서 즐겁게 살아야지. 생계수단으로만 직업을 선택해서는 안돼. 행복하게 밝게 웃으며 일할 수 있는 일을 찾는 것이 모두가 행복해지는 길이야.

면접에서 매번 떨어지거나 선을 보러 갔을 때 애프터 신청을 받지 못하는 사람의 이유는 단지 생김새 때문일까? 자동차 보험 만기가 다가오거나 중요한 물건을 사야할 때 같은 상품임에도 왠지 최종 구입할 때는 특정 사람에게는 사고 싶지 않은 경우가 있다. 선택받지 못하는 사람의 이유에는 표정, 태도, 배려, 경청 등 복합적으로 작용하겠지만, 특히 표정은 아무리 강조해도 지나치지 않은 부분이다.

웃어야 행복하게 살 수 있다. 늘 행복해서 웃는 사람이 얼마나 될까? 웃어서 좋은 일이 생기고 더욱 행복해 지는 것이다. 힘들고 괴로울수록 입 꼬리를 당겨서 웃고 눈도 같이 웃어보자. 시간이 날 때마다 가족이나 소중한 사람과 행복한 시간을 보내고 있다고 상상하면서 밝은 표정연습을 해보자. 인생이 바뀐다.

▲ [그림 4-2] 입술 좌우로 당기기

인간관계에 있어서 첫인상이 좋다고 해서 그 첫 느낌이 100% 끝까지 간다고 볼 수는 없다. 하지만 오만상을 찌푸리고 구겨진 얼굴표정은 버리고 자신의 건강을 위해서라도 얼굴근육을 펴 올려서 자연 다림질된 활짝 핀 꽃 같은 웃는 표정으로 생활해보자. 생활 속에서 많은 변화가 일어날 것이다.

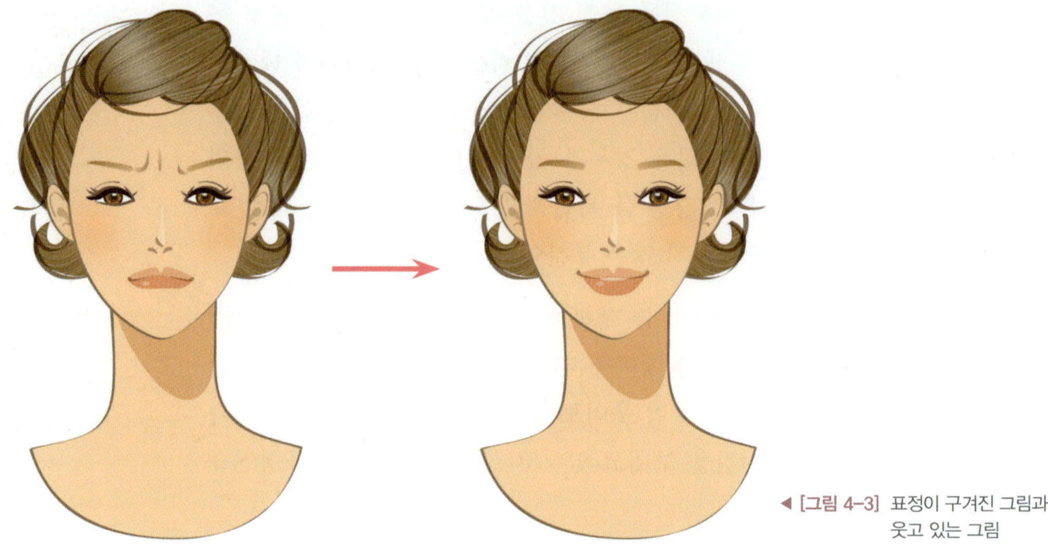

◀ [그림 4-3] 표정이 구겨진 그림과
웃고 있는 그림

≫ 아름다운 표정을 위한 근육의 이해: 얼굴 근육은 웃고 싶다!

사람의 얼굴은 80개의 근육으로 이루어져 있으며, 얼굴의 표정은 40여 개의 표정 근육에 의해 만들어진다. 표정 근육은 눈, 코 그리고 입 주위의 근육들로 이루어지며 근막 없이 머리뼈와 얼굴을 직접 연결하여 피부조직을 당김으로써 얼굴 표정을 만들게 되는데, 40개의 표정 근육을 통해 만들어질 수 있는 표정의 개수가 약 7,000여 개에 이른다고 한다. 표정의 사전적 의미는 마음속에 품은 감정이나 정서 따위의 심리상태가 겉으로 드러나는 모습을 말하며, 우리의 몸짓 하나하나가 모두 표정인 것이다.

얼굴에 주름이 생긴다는 것은 표정 근육이 항상 일정한 방향으로 계속 움직이면서 주름을 만드는 것으로, 미간을 습관적으로 찌푸리는 사람은 미간에 주름이 생기 듯 얼굴 표정 하나하나가 그 사람이 살아온 흔적이 될 수 있다. 얼굴에 퍼져있는 80개의 근육 중 웃을 때 주로 사용되는 근육은 13개 정도이지만, 찡그릴 때는 64개의 근육이 사용된다고 하니 주름을 방지하기 위해서라도 웃는 얼굴을 생활화해야 한다. 특히 웃을 때 생기는 주름은 깊이가 얕지만 찡그릴 때 생기는 주름은 상대적으로 깊게 형성되기 때문에 자주 웃는 습관으로 아름다운 표정을 유지하도록 노력하자.

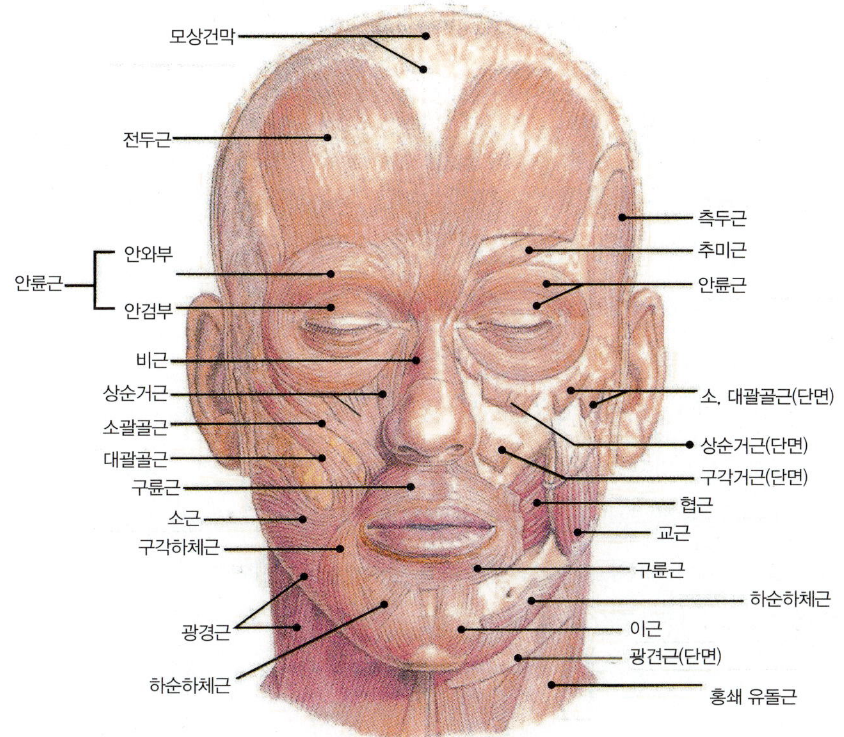

▲ [그림 4-4] 안면 근육

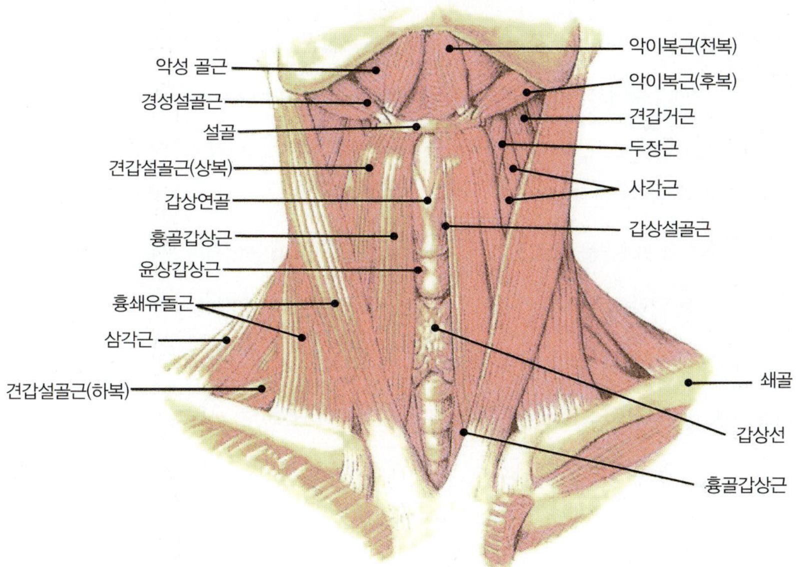

▲ [그림 4-5] 목의 근육

Tip 대표적인 얼굴 표정 근육

- 이마근(전두근): 반가운 사람을 만났을 때나 놀란 표정을 지을 때 작용하는 이마 근육, 이마 주름에 관여하는 근육

- 눈썹주름근(추미근): 눈썹을 올리거나 내릴 때, 인상을 찌푸리거나 미간 주름 등에 관여하는 근육

- 눈둘레근(안륜근): 눈을 감거나 깜박거릴 때 , 눈가의 선상 주름 등에 관여하는 근육

- 코근(비근): 콧방울을 당기거나, 콧구멍을 넓힐 때, 인상을 찌푸릴 때 주름이 생성되는 데 관여하는 근육

- 큰광대근(대관골근): 입꼬리를 올려서 활짝 웃는 표정을 지을 때 관여하는 미소 근육

- 작은 광대근(소관골근): 싫은 표정을 지을 때나 소리내서 울 때 윗입술을 바깥쪽 위방향으로 끌어당겨지면서 찡그린 표정을 지을 때 주로 관여하는 근육

- 관자근(측두근): 관자뼈를 싸고 있는 부채 모양의 근육으로 깨물근(교근)과 함께 음식을 씹는 역할을 한다. 이를 악 물고 무언가를 열심히 할 때나 아래턱을 위로 당겨서 입을 다물게 하는 데 관여하는 근육, 분노를 느끼게 하는 사람을 대할 때 이를 꼭 물고 굳은표정으로 바라볼 때 관여하는 근육

- 볼근(협근): 입꼬리를 가쪽으로 당겨 입술이 치아에 접하게 해서 음식을 씹을 때, 미소지을 때, 휘파람 불 때 작용하는 근육

- 깨물근(교근): 저작근의 중요한 근육으로 아래턱을 끌어올려 위턱으로 밀어붙이는 작용을 한다. 이를 꼭 물고 강한 의지를 표정으로 나타낼 때 작용하는 근육으로 이때 턱을 꽉 물면 근육의 움직임을 느낄 수 있다. 또한 극심한 다이어트나 오랜 투병생활로 뺨이 야위게 되는데 그 이유는 깨물근(교근)앞 지방조직이 감소하기 때문이다. 깨물근(교근)의 움직임은 뇌신경 중에서 가장 굵은 3차 신경에서 하악 신경(아래턱 신경)에 의하여 지배된다.

- 입둘레근(구륜근): 입 주위를 둘러싸는 근육으로 입안의 음식물을 뱉거나 입을 다물 때 관여하는 근육으로 촛불을 끄거나 휘파람을 불 때 관여하는 근육

- 윗입술올림근(상순거근): 윗입술 외측부를 위로 당겨서 불쾌한 표정을 지을 때 관여하는 근육

- 입꼬리당김근(소근): 입꼬리를 양쪽으로 당기는 근육으로 보조개를 만드는 데 관여하는 근육

- 입꼬리내림근(구각하체근): 아랫입술 입꼬리를 아래쪽으로 끌어당겨 슬픈표정을 지을 때 관여하는 근육

- 아랫입술내림근(하순하체근): 입을 앞으로 화난 사람처럼 내밀게 하는 데 관여하는 근육

>> 예쁜 얼굴 혈색을 위한 포인트점 이해

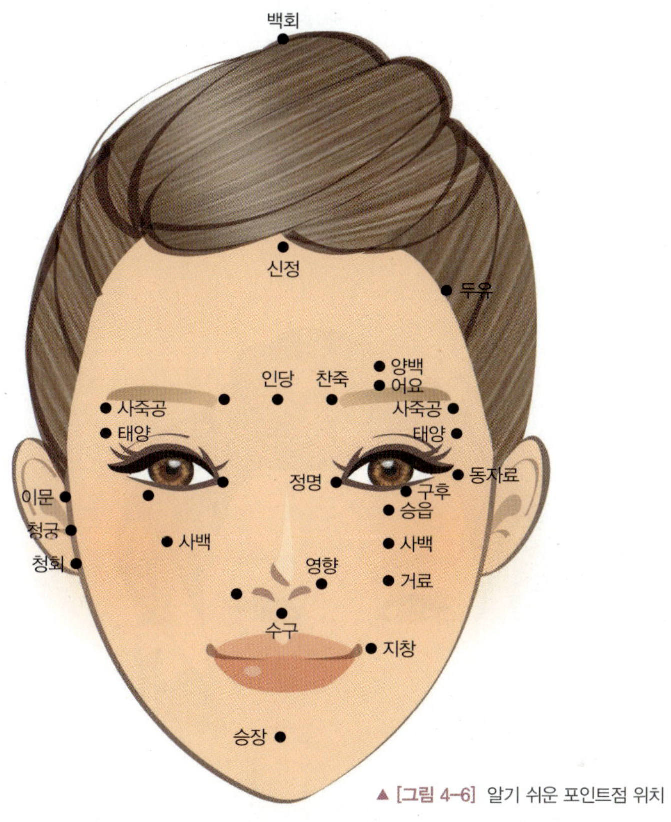

▲ [그림 4-6] 알기 쉬운 포인트점 위치

Tip 누르면 혈색이 좋아지는 포인트점 위치

- 승장: 아랫입술 밑 중앙
- 지창: 입가 바로 옆
- 수구(인중): 입술 위 중앙과 코 끝 사이
- 영향: 콧방울 바로 옆
- 청회: 귀 끝 바로 앞
- 청궁: 귀 중앙 바로 앞
- 이문: 귀 상단 바로 앞
- 정명: 눈 앞 눈물샘 바로 앞

- 승읍: 눈 밑 눈동자 라인 바로 아래 중앙
- 동자료: 눈꼬리 옆
- 인당: 눈썹 사이 중앙
- 찬죽: 눈썹 시작하는 앞머리
- 사죽공: 눈썹 끝 부분
- 백회: 두정(머리꼭대기 정수리) 정중선과 양 귀를 이은 선이 만나는 위치

 **혈색 좋은 얼굴을 위한 셀프 테크닉!**

다음 번호 순으로 그림에서 보여주는 대로 포인트 점을 지긋이 눌러준 뒤 자연스럽게 연결해서 화살표 방향으로 이동하여 자극한다.

❶ 승장 – 청회　　　　　　　　　❺ 정명 – 찬죽

❷ 지창 – 청궁　　　　　　　　　❻ 인당 – 사죽공

❸ 영향 – 사죽공　　　　　　　　❼ 인당 – 신정

❹ 정명 – 승읍 – 동자료　　　　　❽ 신정 – 사죽공

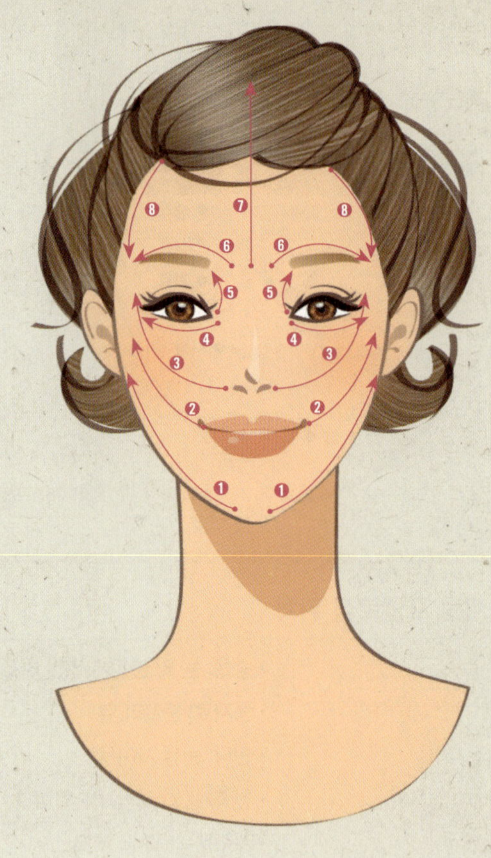

:: 아름다운 표정을 위한 준비 운동

❶ 어깨 쭉 올렸다가 내리기

❷ 고개 오른쪽 왼쪽으로 돌리기

❸ 고개 돌리기

▲ [그림 4-7] 아름다운 표정을 위한 준비 동작 세 가지

:: 하히후헤호 얼굴 스트레칭

| 하 | 히 | 후 | 헤 | 호 |

▲ [그림 4-8] 하히후헤호 얼굴 스트레칭

:: 미소 준비 운동

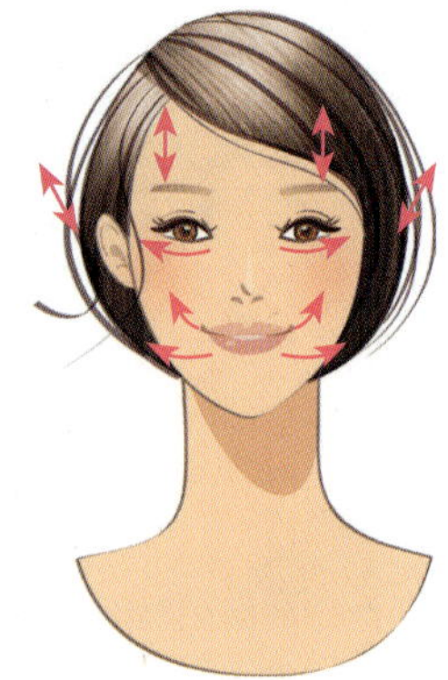

- 이마, 눈썹, 눈 올렸다 내리기
- 귀, 모상건막, 후두근 뒤로 당겨주기
- 볼, 입 올려주기

▲ [그림 4-9] 얼굴 스트레칭

Tip 자연스러운 작은 미소 준비 운동

1. 살짝 눈을 감고 상상한다.
2. 현재 내가 있는 곳은 평소에 가고 싶었던 나를 편안하게 해주는 곳이다.
3. 소중한 사람과 의미 있는 시간을 보내고 있다는 행복한 상상을 한다.
4. 마음에 따뜻함을 느끼면서 자연스럽게 미소 짓는다.
5. 볼 근육이 살짝 올라오면서 눈꼬리가 내려가고 입 꼬리는 올려서
   편안한 미소를 짓는다(내가 이루고 싶은 일들, 만족한 최상의 상태를 상상하며
   미소를 지어보자).
6. 상상은 언젠가 현실이 된다. 다만 간절함과 실천의 차이일 뿐!

1. 작은 손거울을 들고 거울을 바라 보며 눈썹을 최대한 올리고 눈을 크게 떠서 동공을 키우고 입꼬리를 올리고 볼
   이 올라오도록 활짝 웃는다.

2. 거울을 놓고, 눈은 계속 웃고 있으면서 올라간 입꼬리를 검지로 누른다.

3. 검지로 누른 상태에서 숫자 1 ~ 10을 세면서 웃는 눈을 계속 유지한다.

4. 입가를 누르고 있던 검지를 떼고 자연스럽게 미소를 유지한다.

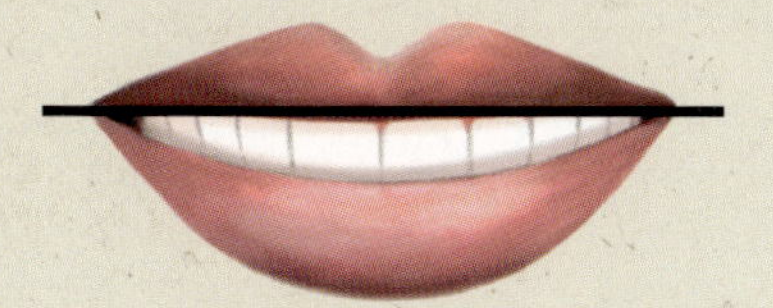 

▶ 사랑하는 사람을 만났을 때의 표정

▶ 엄마를 만나서 편안한 표정

▶ 친구를 만나서 장난 칠 때의 표정

▶ 화가 난 표정

▶ 너무 싫은 사람을 만났을 때의 표정

▶ 불만스런 표정

▶ 열심히 일을 했는데도 인정받지 못했을 때의 표정

▶ 최종 목표 달성을 했을 때의 표정

▶ [그림 4-10] 아름다운 큰 미소 준비 운동

- 사랑하는 사람을 만난 것처럼 활짝 웃으며 귀가 올라가고 후두근(머리 뒷부분 근육)도 당겨지도록 활짝 웃는 습관 들이기
- 혼자 있을 때 빵을 먹을 때도 입을 크게 벌려서 근육 운동 하며 먹기
- 혼자 있을 때 하품을 할 때는 얼굴 근육 스트레칭을 위해 입을 최대한 크게 벌려서 "하" 하고 오랫동안 유지 하다가 "호" 모양으로 얼굴 근육 운동 하기
- 껌이나 음식은 한쪽으로만 씹지 않기
- 가방을 한쪽으로만 들지 않기
- 한쪽으로만 다리 꼬지 않기
- 싫은 사람도 마음을 다스려 자연스런 미소로 바라보기
- 자신의 동영상을 찍어서 평소의 표정을 관찰하고 고쳐나가기
- 눈까지 웃기가 힘이 들 땐 입꼬리라도 올리고 있기(자연 리프팅)
- 눈도 웃고, 입도 웃고, 귀도 웃고, 볼도 웃고, 머리 뒷근육(후두근)도 웃고, 목도 웃고, 상복부, 하복부도 웃고, 몸도 웃고, 전체가 다 웃는 건강한 사람이 되도록 생활 속에서 노력하기

> 이미지 메이킹은 보이는 것에서만 그치는 것이 아닌 내면의 마음을 아름답게 가꾸고 다스려서 건강을 유지 하면서 밝은 표정을 짓는 일이다.
>
> - 힘이 들고 삶이 감당하기 버거울 때 사람들은 누구나 표정이 굳어지기 마련이지만 입이라도 당겨서 웃도 록 노력해보자. 힘이 들고 지칠 때는 얼굴의 작은 근육조차도 끌어당기는 것이 쉬운 일은 아니겠지만 피부 를 쳐지지 않게 잡아주며 노화를 지연시키는 좋은 습관이 될 수 있다.
> - 힘들다고 구겨진 종이와 같은 우중충한 얼굴표정을 하고 어둡게 다니지 말고 그럴 때일수록 더 예쁘고 밝은 표정을 짓도록 노력해보자.
> - 기가 막히고 어이가 없을 때는 소중한 자신을 위해서 최불암 웃음(파~웃음) 한 번 웃고 털어버린다.

》 매일 5분씩 얼굴 근육 스트레칭을 하고 웃는 연습을 하자

고인 물은 썩는 것과 같이 얼굴 근육도 사용하지 않으면 경직되어 자연스런 표정을 짓기 힘들게 된다. 나이가 많은 어르신 중에서도 수술을 받지 않고도 자연스럽게 리프팅된 아름다운 피부와 표정을 오랫동안 유지하고 계신 분들을 가까이서 종종 접할 수 있다. 이는 얼굴근육 운동을 스스로 생활 속에서 예쁜 표정 훈련을 늘 하기 때문이다. 내적인 노력이 뒷받침된 상태에서 피부 관리를 계속 받으며 많이 사용하지 않는 얼굴근육을 풀어주고 손을 이용한 자극으로 혈액순환을 좋게 해줌으로써 얼굴

색이 더욱 좋아지도록 노력해야 한다. 얼굴 표정관리 만큼이나 스스로의 마음도 밉상이 되지 않도록 계속해서 예쁘게 다스리고 마음 다림질 해나가는 것은 매우 중요하다. 몸에 비해서 얼굴근육은 짧은 시간과 작은 노력으로도 기대 이상의 큰 효과를 볼 수 있는 만큼 하루 중 얼마나 자주 많이 웃는지 체크해보고 꾸준한 얼굴근육 스트레칭과 풍부한 표정을 짓기 위한 노력을 생활 속에서 실천하도록 한다. 아름다운 표정을 위한 웃는 연습은 손을 대지 않고도 시간과 장소의 제한이 없다는 장점이 있다.

》 상대방을 볼 때 시선은 트라이앵글 존으로 머물게

우리는 좋은 사람을 만나면 자연스럽게 눈을 마주치고 미소 짓는다. 하지만 느낌이 좋지 않은 사람을 볼 때 감정의 표현으로 불편한 표정을 짓게 마련이다. 노려본다고 느끼거나 압박당한다는 느낌을 상대방이 들게 해서는 안 된다. 상대방을 바라볼 때 눈동자를 계속해서 뚫어져라 보는 것

이 아니라 아래 그림과 같이 눈과 눈~미간~코 트라이앵글 구조로 상대
방을 쳐다보도록 하자. 입을 통해서 많은 것을 말하지 않아도 우리는 그
사람의 눈빛과 표정을 보면 많은 말을 듣고 있는 것처럼 느끼기도 한다.

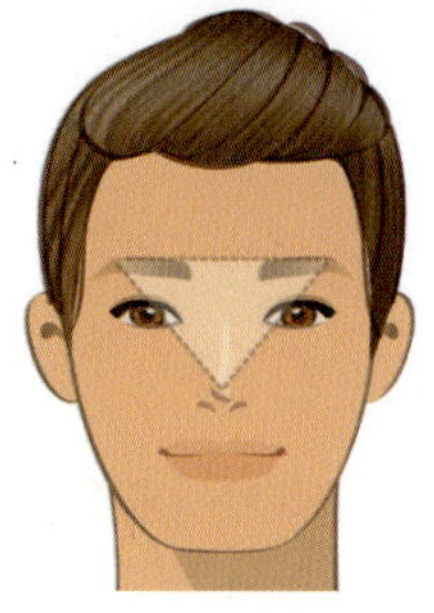
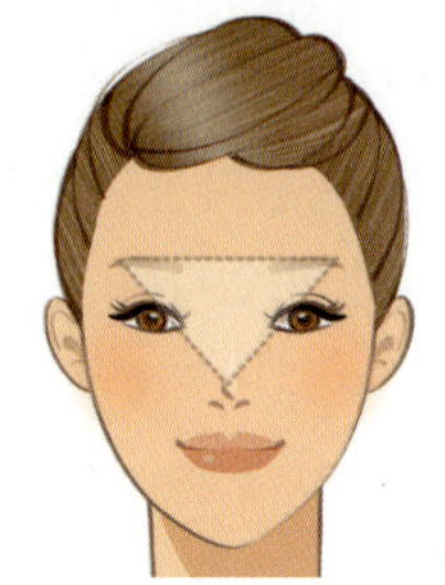

진심이 담기지 않은 미소는 죽은 미소이다. 살아있는 미소를 짓고, 가까운
사람들과 진심으로 행복을 나누고 미소를 선물하면서 서로가 행복한 존재
가 되어보자. 또한 누군가에게 어려운 부탁을 받거나 해야 할 때 우리는
말보다도 표정에서 이미 말하고 있다. "나 바쁜데 자꾸 귀찮게 그런 부탁
을 해, 네가 알아서 해", "그거 곤란한데…. 난 안 돼" 이렇게 상대가 이야
기 할때의 말보다 표정을 보면…. 이미 말하고 있는 것을 느낄 수 있을 것
이다. 힘든 부탁을 받았을 때, 표정에서 미소를 잃지 말고 예쁜 말로 정중
하게 거절하도록 한다. 세련되고 멋진 표정은 헤어 스타일을 바꾸거나 예
쁜 옷을 입어서 짧은 시간동안 쉽게 바꿀 수 있는 것이 아닌 많은 경험과
노력을 통해서 가능한 것이다.

》 미소의 의미와 깊이

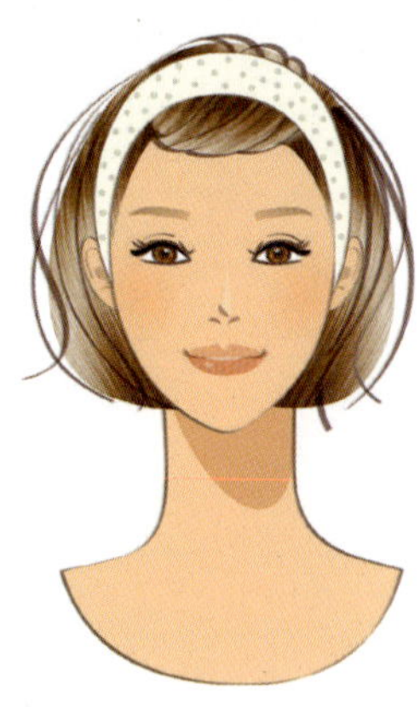

미소는 자연리프팅이다. 어린아이와 같은 천진난만하고 순진무구함
이 묻어나오는 미소를 지어보자. 사람이 한 평생을 살아가면서 웃기 힘
든 이유는 셀 수도 없이 많을 것이다. 생활환경이 열악하거나 몸이 아파
서, 친한 친구나 믿었던 사람에게 실망했을 때, 하고 싶은 것을 하지 못
할 때 등등. 이외에도 웃지 못하는 개인 사정은 셀 수도 없이 많겠지만
긍정적으로 생각하고 밝은 표정으로 오늘이 내 생에 마지막 날인 것처
럼 밝게 성실히 살아가다 보면 좋은 일이 많이 생길 것이다.

PART 3

운을 열어주는 개운開運 피부 관리·컬러와 메이크업

5 운을 열어주는 피부 관리와 화장품

내 피부에 맞는 똑똑한 피부 관리 방법
피부 바로 알기
매뉴얼 테크닉
자외선 차단 지수와 의미
메이크업 화장품의 종류와 방법
메이크업 도구

6 4가지 얼굴 유형별 이미지와 컬러 진단

시즌 컬러 시스템
퍼스널 컬러 시스템(PCS: Personal Color System)

7 행운을 부르는 개운(開運) 메이크업

운을 열어주는 개운 메이크업

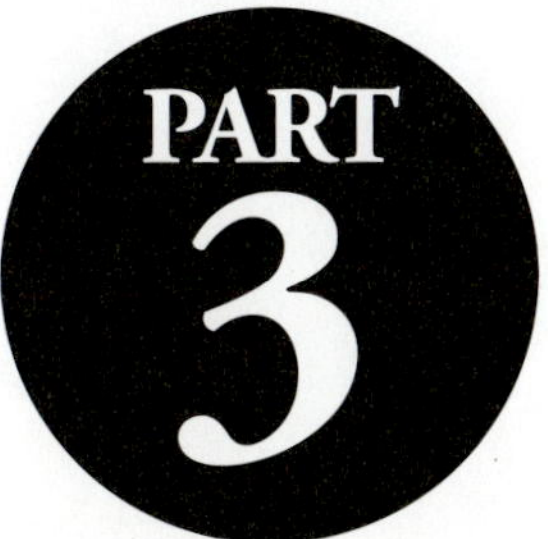

5

운을
열어주는
피부 관리와
화장품

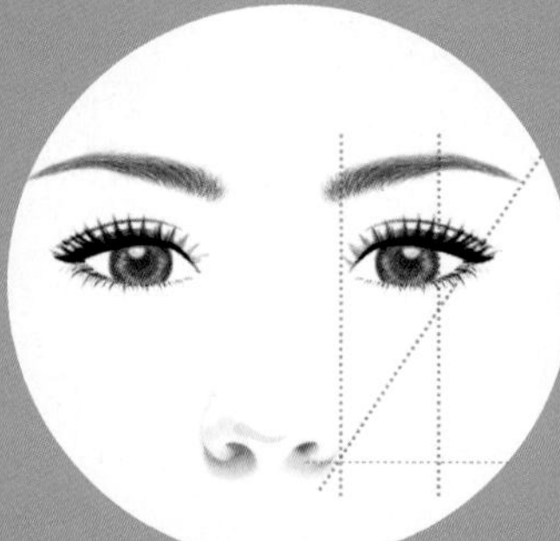

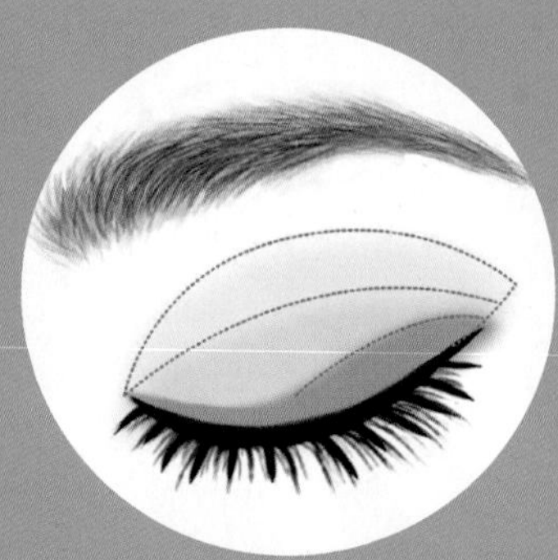

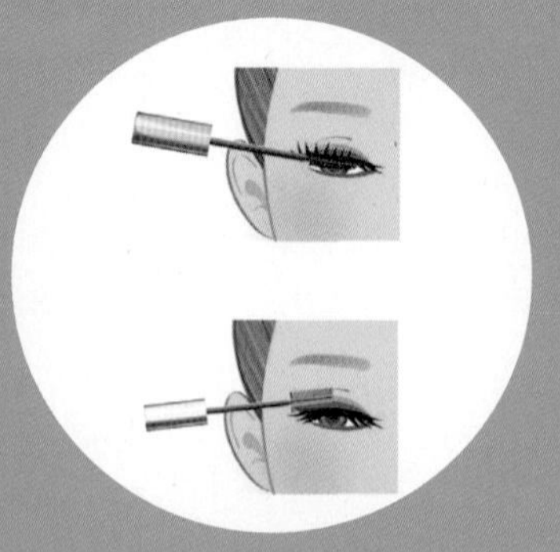

내 피부에 맞는
똑똑한 피부 관리 방법

사회생활을 하면서 많은 사람들을 접하고 만났을 때 나에 대한 좋은 감정이 오래 남도록 할 수 있는 첫인상은 매우 중요하다. 앞서 설명한 이미지 메이킹 2단계인 시각적 이미지의 한 형태로 피부가 맑고 윤기가 흐르는 사람은 첫인상도 좋으면서 자기 관리가 잘된 사람으로 인식될 수 있다.

맑고 윤기가 흐르는 잡티없는 하얀 피부는 최근 남녀노소를 불문하고 모든 사람이 꿈꾸는 가장 이상적인 피부로 인식되고 있는데, 이런 피부가 되기 위해서는 신천적으로 타고난 체질도 중요하지만 지속적인 관리가 더욱 중요한 부분을 차지하게 된다. 올바른 피부 관리의 가장 기본은 내 피부에 대해 제대로 알고 관심을 가지고 관리하는 것이다. 젊고 건강한 피부를 유지하기 위해서는 바르고 예쁜 마음가짐과 규칙적인 생활, 그리고 가급적 스트레스를 피하는 환경을 만들어 가는 것이 중요하며 이와 함께 내 피부에 맞는 화장품을 사용하는 것도 중요하다.

》 피부 화장품은 용도에 맞게

화장품이란 인체를 청결. 미화하여 매력을 더하고 용모를 밝게 변화시키거나 피부, 모발의 건강을 유지 또는 증진하기 위하여 인체에 사용되는 물품으로서 인체에 대한 작용이 경미한 것이라고 정의되고 있으며, 의약품과 달리 단기간 뚜렷한 치료적 효과를 기대하기 어려운 것이 특징이다. 화장품을 선택할 때는 화장품 용기에 기재된 효능과 효과, 용법과 용량, 사용시 주의 사항 등을 잘 읽고 올바르게 보관하여 사용하여야 하며, 연령, 성별, 피부유형 및 사용 목적에 맞는 제품을 선택하는 것이 중요하다.

여기서는 성공적인 이미지 메이킹을 위해 생활 속에서 실천할 수 있는 피부관리 방법을 비롯하여 화장품의 올바른 사용 방법, 그리고 아름다운 피부 건강을 위한 생활 습관 등에 대해 설명하고자 한다.

생활 속에서 실천하기 | 사랑하는 나의 피부 건강을 위한 약속

▸ 가능하면 생활 속에서 손으로 얼굴을 만지지 않는다.

▸ 규칙적인 생활을 한다.

▸ 클렌징을 게을리 하지 않는다.

▸ 대청소 개념의 딥 클렌징을 1주일에 1회 반드시 해준다.

▸ 피부 매뉴얼 테크닉을 주 1회 해준다.

▸ 팩과 마스크를 피부 타입에 맞게 주 1회 해준다.

▸ 실내에서도 자외선 차단제를 반드시 바른다.

▸ 계절에 관계없이 자외선 차단제는 얼굴, 목, 오른팔, 왼팔은 티스푼 ½, 오른다리·왼다리·상체는 각각 1티스푼 정도 바르며, 3 ~ 4시간 마다 덧발라 준다 (개인 차가 있을 수 있음).

▸ 자외선 차단제는 외출 30분 전에 바른다. 손등과 목, 귀에도 반드시 바른다.

▸ 정상 피부라도 건강한 피부유지를 위해서 충분한 보습과 기능성 화장품(미백, 주름 개선, 자외선 차단) 바르는 것을 생활화한다.

▸ 화장품 사용 전 반드시 손을 소독한다.

▸ 머리카락을 잘 감아주어 두피의 각질 및 머리카락의 먼지가 얼굴에 묻어 청결하지 못한 피부가 되지 않도록 관리한다.

▸ 세안 후 촉촉한 상태에서 수분이 증발되기 전에 기초화장품을 발라준다.

▸ 발 전용 제품을 사용한다.

▸ 피부 타입에 맞는 화장품을 잘 선택해서 세심하게 발라준다.

▸ 피부노화를 막기 위해 썬텐을 하지 않는다(UVA: 노화의 주범).

▸ 여드름 및 뾰루지를 짜는 등의 얼굴을 손톱으로 절대 만지지 않는다.

▸ 화장도구를 늘 청결히 하고, 알코올을 뿌려서 위생적으로 사용하며, 화장대의 정리정돈을 잘 해준다.

▸ 불법으로 피부성형이나 시술을 받지 않는다.

▸ 피부에 이상이 생길 시에는 피부과 치료를 받는다.

▸ 여름철에도 양산, 썬글래스, 모자, 가능한 얇은 긴소매를 입어준다.

▸ 자동차 운전 시 반드시 자외선 차단 기능이 있는 장갑을 껴준다.

▶ 피부에 자주 접촉되는 목도리, 장갑, 의류, 이불 등 자주 세탁하여 사용한다.

▶ 실내습도를 건조하지 않게 관리하며 환기를 자주 시킨다.

▶ 피부를 건조하게 하는 냉·난방에 과도하게 노출시키지 않는다.

▶ 외출 시 눈 보호와 눈가 주름 예방을 위해 선글라스를 착용한다. 선글라스는 자외선 차단이 있는 렌즈가 큰 것을 착용한다.

▶ 혈액순환에 도움이 되는 기능성 압박스타킹을 신어준다.

▶ 잠들기 전 브래지어를 하지 않으며, 편한 잠옷으로 갈아입고 잔다.

▶ 겨울에는 수면양말을 신고 잔다.

▶ 발목이 많이 조이는 양말이나 스타킹은 신지 않는다.

▶ 허리가 너무 조이는 작은 바지나 스커트를 입지 않는다.

▶ 피부에 좋은 음식, 야채, 과일 등을 균형 있게 잘 먹어주며 인스턴트는 피한다.

▶ 짠 음식, 매운 음식 등 자극적인 음식은 피하며 싱겁게 식사한다.

▶ 과식하지 않으며 저녁식사는 6시 이후에 되도록 하지 않는다.

▶ 하루에 커피를 5잔 이상 마시지 않는다.

▶ 몸을 힘들게 하는 알코올, 담배 등은 멀리한다.

▶ 노화예방을 위해 비타민C와 종합비타민을 꾸준히 먹어준다.

▶ 식사는 소량으로 규칙적으로 1일 3회 한다.

▶ 아침에 일어나서 생수 1잔을 마시며 1일 물 2ℓ 이상 마신다.

▶ 주 3회 30분 이상 운동을 통해서 몸 건강 및 깨끗한 피부를 유지하도록 한다. 특히 엉덩이 운동과 다리 운동은 필수로 한다.

▶ 아침에 일어나서 스트레칭, 잠들기 전 스트레칭을 해준다.

▶ 잠들기 전 10분 족욕으로 혈액순환을 좋게 해준다.

▶ 눈가에 주름이 생길 수 있고 어깨에 무리를 줄 수 있으므로 한쪽 방향으로 자는 습관을 바꾼다.

▶ 업무 수행시 의자에 1시간 이상 오래 앉아 있지 않으며, 쉽게 할 수 있는 다리 운동 10분 정도 한 뒤 다시 업무에 임한다.

▶ 찜질방에 너무 오래 머무르지 않도록 한다.

▶ 이동전화기는 열이 발생하여 피부노화에 영향을 미치므로 피부에 직접 닿지 않도록 이어폰을 이용해서 통화한다.

▶ 의식적으로 늘 복부를 당겨서 힘을 주며 생활한다.

▶ 화나는 일이 있어도 찡그리지 않고 미소 지으려고 노력한다.

▶ 가능한 스트레스는 당일에 모두 날려버리도록 노력한다.

▶ 밤 10시부터 새벽 2시에는 피부 재생에 필요한 중요한 시간이므로 숙면을 취하도록 한다.

피부 바로 알기

》 피부의 구조

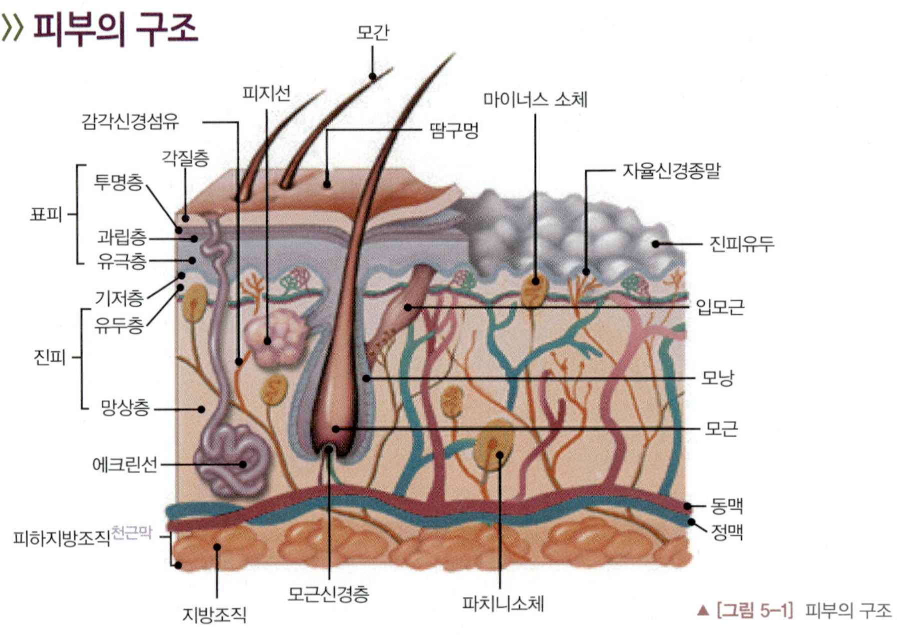

▲ [그림 5-1] 피부의 구조

》 피부 타입 구분과 관리 방법

∷ 건성 피부

- 세안 후 피부 당김이 심하다.

- 모공이 작다.

- 입, 볼, 눈 주변이 특히 건조하며 트러블이 잘 생긴다.

- 하얗게 버짐이 생기거나 하얀 각질이 눈으로 확연히 드러난다.

- 피부 결이 매끄럽지 못하며 윤기가 없다.

- 색조화장의 발색이 잘 되지 않는다.

- 화장의 밀착감이 전체적으로 떨어지고 각질로 인하여 화장의 들뜸 현상이 심하다.

- 피부 표피의 각질층의 수분도는 10% 이하이다.

- 잔주름이 있으며 피부 탄력이 없다.

> ***Tip* 건성 피부 관리 방법**
>
> ▶ 아침: 폼 클렌징 – 유연 화장수 – 아이크림 – 에센스 – 크림 – 자외선 차단제
> ▶ 저녁: 포인트 메이크업 리무버 – 클렌징 로션이나 클렌징 크림 – 폼 클렌징 – 유연화장수 – 아이크림 – 에센스 –
>   나이트크림

:: 지성 피부

- 세안 후 당김 현상이 없다.

- 모공이 넓다.

- 피지 분비량이 많아서 얼굴이 많이 번들거린다.

- 모공 속 각질 비후 현상으로 피부 트러블 및 여드름, 뾰루지 등이 잘 생긴다.

- 이물질이나 미세먼지가 잘 붙는다.

- 정상 피부에 비해서 피부의 명도가 낮다.

- 넓은 모공으로 인하여 피부결이 매끄럽지 못하다.

- 색조화장의 발색력은 좋으나 화장이 쉽게 지워진다.

- 굵은 주름이 있다.

- 주로 남성 피부는 지성 피부가 많다.

> ***Tip* 지성 피부 관리 방법**
>
> ▶ 아침: 폼 클렌징 – 수렴 화장수 또는 아스트린젠트 – 아이크림 – 수분 에센스 – 수분 크림 – 자외선 차단제
> ▶ 저녁: 포인트 메이크업 리무버 – 클렌징오일이나 클렌징 크림 – 폼클렌징 – 수렴 화장수 또는 아스트린젠트 –
>   아이크림 – 수분 에센스 – 수분 나이트크림

:: 정상 피부 특징

- 피지선과 한선의 기능이 정상으로 유수분의 밸런스가 잘 맞춰진 피부이다.

- 번들거리지 않는다.
- 모공의 크기가 적당하다.
- 피지분비가 원활하고 피부의 수분도가 10% 이상이다.
- 피부에 점이나 트러블, 여드름이 없다.
- 피부가 전체적으로 맑고 깨끗하며 윤기가 흐른다.
- 피부결이 부드럽고 얼굴 전체적으로 촉촉하다.
- 화장이 잘 받고 색조화장의 발색력 및 지속성이 좋다.
- 주름이 없고 탄력이 좋으며 얼굴에 기미나 잡티가 없다.

> **Tip 정상 피부 관리 방법**
>
> ▶ 아침: 폼클렌징 – 스킨 – 아이크림 – 에센스 – 크림 – 자외선 차단제
> ▶ 저녁: 포인트 메이크업 리무버 – 클렌징 로션, 클렌징 크림이나 오일 – 폼 클렌징 – 스킨 – 아이크림 – 에센스 –
> 나이트크림

:: 복합성 피부 특징

피부 전체적으로 한 가지 타입의 피부 특징을 가지는 것이 아닌 지성과 건성, 정상과 건성 등의 두 가지 이상의 피부 특징을 가진다. 예를 들면 이마와 코 부분의 T존$^{T-Zone}$ 부위는 부분적으로 모공이 넓고 심하게 번들거리며 당김 현상이 없는 지성 피부인 반면 U존$^{U-Zone}$ 부위는 모공이 작아 피지분비가 적고 각질과 버짐이 있으며 심하게 당기는 피부 수분도 10% 이하의 건성 피부를 가지는 두 가지 이상의 복합적인 피부 특징을 가진다.

> **Tip 복합성 피부 관리 방법**
>
> ▶ 아침: 폼 클렌징 – 스킨(T-Zone: 수렴 화장수 또는 아스트린젠트, U-Zone: 유연 화장수) – 에센스 – 크림(T: 수분크림, U: 유분크림) – 자외선 차단제
> ▶ 저녁: 포인트 메이크업 리무버 – 클렌징 오일, 크림 – 폼 클렌징 – 스킨(T-Zone: 수렴 화장수 또는 아스트린젠트, U-Zone: 유연화장수) – 에센스 – 나이트크림(T: 수분크림, U: 유분크림) – 자외선 차단제

피부 표피의 각질층이 얇아진 상태로 피부 보호막의 기능이 떨어져 있는 예민한 상태를 말한다. 특히 외부 환경인 자외선, 온도, 습도 등에 민감하며 모세혈관 확장이나 피부 트러블이 쉽게 생기는 피부이다. 과도한 클렌징과 딥 클렌징은 피하는 것이 좋다.

> ### 𝒯𝒾𝓅 민감성 피부 관리 방법
>
> ▶ 아침: 폼 클렌징 – 유연화장수 – 아이크림 – 에센스 – 크림 – 자외선 차단제
> ▶ 저녁: 포인트 메이크업 리무버 – 클렌징 로션 – 폼 클렌징 – 유연화장수 – 아이크림 – 에센스 – 나이트크림

> ### 𝒯𝒾𝓅 민감성 피부의 패치 테스트 실시는 필수!
>
> 민감성 피부의 경우 건성 피부 관리와 비슷하지만 화장품 사용 전 팔 안쪽에 패취 테스트를 한 뒤 이상이 없을 경우에 사용하도록 한다.

》 피부 타입에 맞는 올바른 화장품 사용 방법

:: 클렌징 화장품의 종류

• 포인트 메이크업 리무버

눈 화장과 입술 화장을 지워주는 전용 리무버로 눈물의 PH 7.4 정도에 맞춰진 것이 대부분으로 눈에 약간 들어가더라도 자극 없이 깨끗하게 지울 수 있다. 화장솜과 면봉을 사용하여 지워준다. 아이라이너나 마스카라를 하지 않았을 때에도 눈 주변을 전용 리무버를 이용하여 베이스메이크업이 된 부분을 세심하게 지워준다. 특히 눈 밑 부분은 잘 닦이지 않을 수 있으니 포인트 메이크업 리무버를 묻힌 면봉을 이용해 세심하게 지워야 한다.

▲ 출처: www.ohui.co.kr
www.hera.co.kr

• 클렌징 로션

수분 함유량이 유분에 비해서 많은 친수성 에멀전_{수중유화} O/W, Oil in Water 제형의 클렌징 제품이다.

수분 함유량이 많아 산뜻한 사용감이 특징이며 옅은 화장을 지우거나 정상 피부, 건성 피부, 민감성 피부 등 모든 피부에 사용가능하다.

▲ 출처: www.eosbeaute.com
www.hera.co.kr
www.ohui.co.kr

• 클렌징 크림

오일에 물을 분산시킨 상태의 친유성_{유중수화} W/O: Water in Oil 제형의 클렌징 제품이다. 수분에 비해서 유분의 함유량이 많아 진한 화장을 지울 때 사용하면 효과적이다. 잔여물이 남아있으면 피부 트러블이 생길 수 있으므로 반드시 폼 클렌징을 이용하여 이중세안을 해주도록 한다.

▲ 출처: www.ohui.co.kr
www.whoo.co.kr

• 클렌징 오일

물과 친화력이 좋은 수용성 오일을 사용한 클렌징 제품이다.

진한 화장을 지울 경우와 자극 없이 깨끗하게 지울 수 있는 특징이 있으므로 민감성 피부, 건성 피부도 사용 가능하다.

▲ 출처: www.hera.co.kr
www.ohui.co.kr
www.whoo.co.kr

• 클렌징 젤

수성 타입과 유성 타입 두 가지 제형이 있으며 수성 타입은 옅은 화장을 지울 때 사용하고 유성 타입은 피지 분비가 많은 지성 피부나 진한 화장을 지울 때 주로 사용한다.

◀ 출처: www.ohui.co.kr

• 클렌징 워터

산뜻한 화장수 타입으로 화장을 하지 않은 경우나 옅은 화장을 한 경우에 민감성피부나 건성 피부를 제외한 피부 타입에서 사용한다. 화장솜에 묻혀서 가볍게 닦아낸다.

◀ 출처: www.ohui.co.kr

• 폼 클렌징

보습제가 함유되어 있는 약산성의 거품 형태의 클렌징 제품이다. 비누처럼 거품이 많이 나지만 알칼리성을 띠는 비누와 달리 폼 클렌징은 자극 없이 깨끗한 클렌징이 되면서도 피부건조를 막아주는 제품으로 사용한 뒤에 촉촉한 느낌을 받을 수 있다는 장점이 있다.

▲ 출처: www.ohui.co.kr
www.whoo.co.kr

• 딥 클렌징

클렌징이 얼굴에 있는 피지, 땀, 미세먼지 및 각질을 제거하기 위한 일반 청소 개념의 지우기라면 딥 클렌징은 모공 속 노폐물 제거 및 노화각질을 제거하기 위한 대청소 개념의 클렌징이라고 할 수 있다. 피부 구조는 크게 표피, 진피, 피하지방 층으로 구성되어 있는데 그 중 표피(각질층, 투명층, 과립층, 유극층, 기저층 중에서도 기저층에서 새로운 세포가 만들어진다. 여기서 만들어진 세포가 각질층까지 올라오는데 걸리는 시간이 10~14일 정도, 그리고 각질층으로 존재하다가 탈락되는 데까지 걸리는 시간이 14일 정도로 총 28일의 턴오버 주기를 갖는다. 여성의 생리주기와 비슷한데 25세 이후 나이가 들어가면서 피부세포의 생성 및 탈락의 주기가 느려지기는 하지만 물리적으로라도 딥 클렌징을 통해 깨끗한 피부를 유지하는 것이 매우 중요하다.

딥 클렌징이 중요한 이유는 새로운 세포가 기저층에서 만들어져서 올라와도 기존에 존재하는 각질들이 제때 탈락되지 않고 각질층에 오랫동안 존재한다면 고보습의 에센스나 크림 등의 효과가 떨어질뿐 아니라 피부의 주름이 쉽게 생기고 건조하게 되며 피부의 명도도 떨어지며 화장도 잘 받지 않기 때문이다. 보습을 위한 고농축 에센스나 보습크림 사용을 통한 보호단계보다 더 우선시 되어야 하는 것이 딥 클렌징이다. 건조하고 각질이 많은 피부의 경우 우리 피부의 피지선은 자극해주게 되면 피지선의 활성화를 도와 더 많은 피지를 분비하는 특징이 있기 때문에 피지분비촉진을 위해 피부상태에 따라서 주 1회 10분 정도 꾸준한 딥 클렌징을 해주는 것이 중요하다. 지나치게 자주하는 것은 피하고 주 1회 정도가 적당하며 심한 여드름 피부나 염증성 피부, 심각하게 민감한 피부는 피하는 것이 좋다. 딥 클렌징 이후에는 보습을 잘 해주도록 하며 자외선 차단제를 세심하게 잘 발라줘야 한다.

:: 딥 클렌징 제품의 종류

• AHA

과일에서 얻어진 산을 이용해서 만들어진 딥 클렌징이다. 주로 사탕수수, 사과, 포도, 우유 등에서 얻어진 산을 이용해서 노화각질이나 노폐물을 제거해주는 화학적인 딥 클렌징이다. 액상으로 되어 있으므로 클렌징 후 유리볼에 소량 덜어서 면봉이나 피부 관리용 붓을 이용해서 눈과 입술 가까이는 피해서 얼굴에 T-Zone부터 얼굴 전체를 고르게 발라준 뒤 문지르지 않고 10분 정도 뒤에 찬물로 씻어주면 된다. 건성 피부나 잡티가 있는 피부, 노화예방 및 농이 잡히지 않은 여드름 초기단계의 지성 피부에 효과적이며 주 1회 정도 해주는 것이 좋다. 상처가 있거나 피부염증이 있는 경우, 화상을 입은 경우나 민감성 피부는 피하도록 한다.

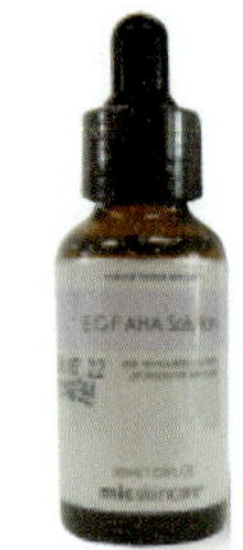

▲ 출처: http://hbmicmall.com

• 효소

파파야 나무에서 추출한 파파인 성분으로 만들어진 딥 클렌징이다. 노화각질이나 노폐물을 자극없이 제거해주는 화학적인 딥 클렌징이다. 가루 타입과 크림 타입이 있으며 크림 타입은 필요량 만큼 유리볼에 덜어서 얼굴에 고루 발라주면 되고, 가루 타입은 유리볼에 가루를 덜고 따뜻한 물을 부어서 얼굴에 발랐을 때 흘러내리지 않을 정도의 점도로 잘 개준 뒤 얼굴 전체를 고르게 발라주면 된다. 이때 효소를 모두 바른 뒤 문지르지 않으며 젖은 거즈를 올려준 뒤 따뜻한 수건을 그 위에 올려주는 것이 효과적이다. 효소는 온도와 습도가 적당한 경우 효과가 더 좋아지며 10분 정도 후에 미온수로 씻어준다. 건성, 지성, 정상, 복합 모두 무난하게 주 1회 정도 사용할 수 있는 딥 클렌징이다.

▲ 출처: http://hbmicmall.com

• 스크럽

살구씨, 아몬드씨, 율무씨, 호두씨, 조개껍질 등의 알갱이를 이용한 물리적인 딥 클렌징이다. 알갱이의 크기와 모양 차이는 약간 있지만 알갱이가 각진 판상형 보다는 둥근 모양의 구형의 스크럽이 피부에 자극이 적고 효과적이다. 유리볼에 필요량 만큼 덜어서 피부 관리용 붓을 이용해 얼굴 전체에 고루 발라준 뒤 손가락을 이용해서 부드럽게 원을 그리며 문질러 준다. 턱중앙 부분에서 귀끝까지, 입가에서 귀 중간 앞 부분까지, 코 옆에서 눈썹끝 부분까지 문지른다. 코 부분은 중지를 이용하고, 이마는 손가락 전체를 이용해서 부드럽게 둥글려준다. 3회 정도 전체적으로 가볍게 원을 그리며 문질러 준 뒤 미온수로 씻어준다. 악건성 피부에는 적합하지 않으며 지성, 정상 피부에 사용하면 효과적인 딥 클렌징이다.

▲ 출처: http://hbmicmall.com

• 고마쥐

불어로 'gommage'는 '지우개'의 의미로 동·식물성 각질 분해효소를 기본 재료로 하는 딥 클렌징이다. 유리볼에 필요량 만큼 덜어서 눈가와 입술을 제외한 얼굴 전체에 피부관리용 붓을 이용해 고루 발라준다. 1분 정도 후 고마쥐가 완전히 마르기 전에 피부결에 따라서 중지와 약지를 이용하여 주름이 생기지 않도록 한 손으로 고정해준 뒤 얼굴 전체를 부드럽게 밀어서 고마쥐를 탈락시키면 된다. 그 다음 미온수로 씻어준다. 고마쥐는 상처나 화상, 여드름 등의 문제성 피부를 제외하고 무난하게 사용할 수 있는 딥 클렌징이다.

▲ 출처: http://hbmicmall.com

매뉴얼 테크닉

　손을 이용해서 쓰다듬기, 문지르기, 진동하기, 반죽하기, 두드리기 등의 동작을 피부결의 방향에 따라서 적당한 압력, 리듬감으로 마사지 해주는 것을 말한다.

　세탁할 때 처음에 부드럽게 비누칠을 한 뒤 주물러 빨고 비비고 두드리는 등의 다양한 방법을 사용하는 것과 같이 연계해서 생각할 수 있다. 피부 관리이므로 노화각질과 모공 속 노폐물들을 제거하기 위한 부드럽고 다양한 방법의 피부 관리를 통해서 피부의 기능을 활성화시켜 주는 역할을 하는 것이 매뉴얼 테크닉이다.

▶ 약손명가(출처: www.beautymade.com)

>> 매뉴얼 테크닉의 효과

매뉴얼 테크닉은 노화 각질을 제거해주고, 혈액과 림프의 순환을 촉진해주며 피지선과 한선의 분비기능을 좋게 해서 젊은 피부를 오랫동안 유지할 수 있게 도와준다. 내인성 노화^{자연노화}와 외인성 노화^{광노화, 외부환경}, 그리고 중력의 영향으로 자꾸만 처지는 피부, 특히 이중턱과 탄력 떨어지는 눈밑 주머니 등의 피부 처짐 방지와 탄력 유지 등에도 좋은 효과가 있다.

그 외에도 매뉴얼 테크닉은 노화각질을 탈락시켜서 우리가 매일 바르는 보습제품의 에센스나 크림 등 화장품의 경피 흡수를 통한 보습 유지에도 매우 효과적이다.

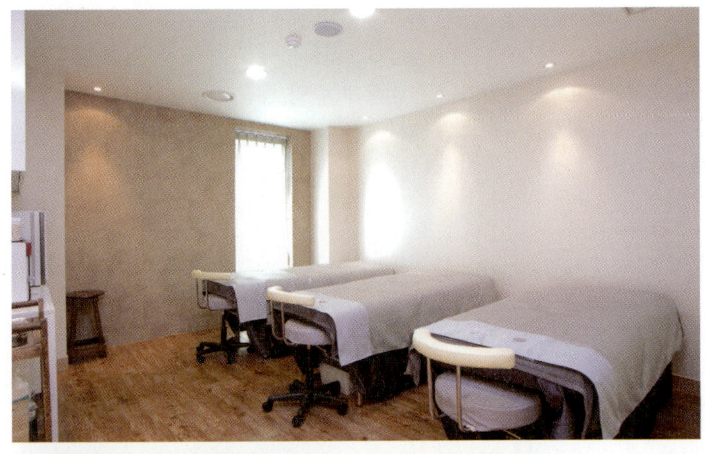

◀ 약손명가(출처: www.beautymade.com)

》운을 열어 주는, 개운 피부 관리

∷ 운을 활짝 열어주는 굴곡 없이 광나는 꿀 도자기 피부 만들기(따라해보세요)

- 하정운노복궁을 좋게 하는 피부 관리

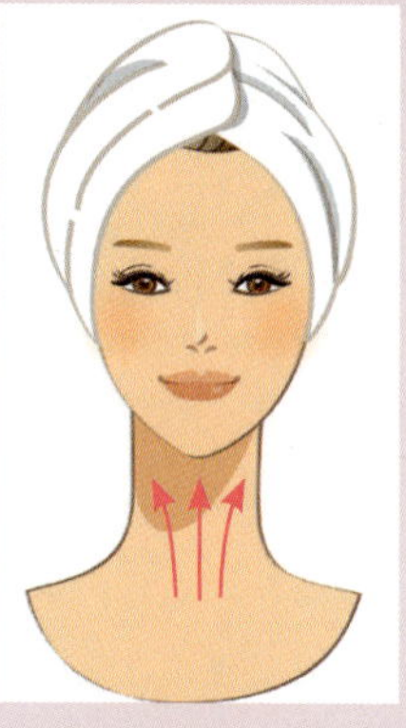

1 양 손바닥으로 번갈아 가면서 목을 세로로 쓸어 올려준다.

2 손바닥 전체를 이용하여 아래에서 위쪽으로 나선형을 그려주며 귀 밑부분까지 올라온다.

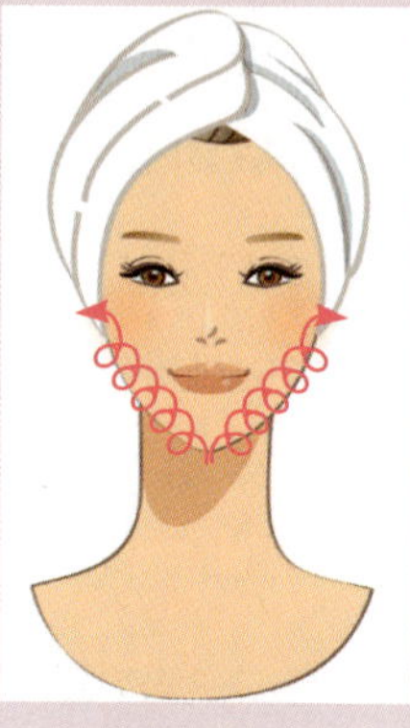

3 엄지를 제외한 네 손가락을 이용하여 양손으로 동시에 턱을 문질러 준다.

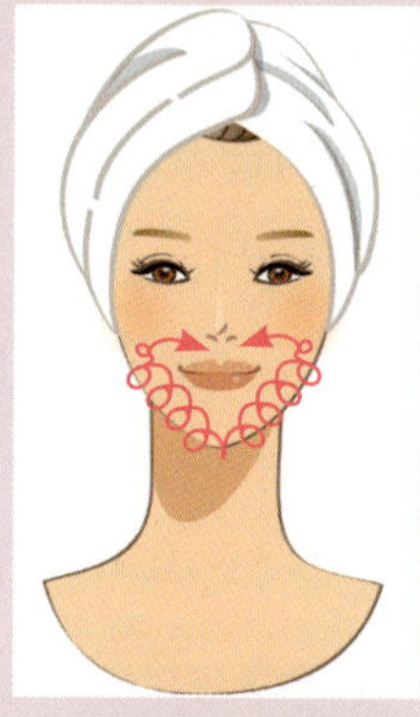

4 3·4지를 이용하여 승장에서부터 나선형으로 입 주위를 문질러 올려준다.

- 노복궁과 중정운을 좋게 하는 피부 관리

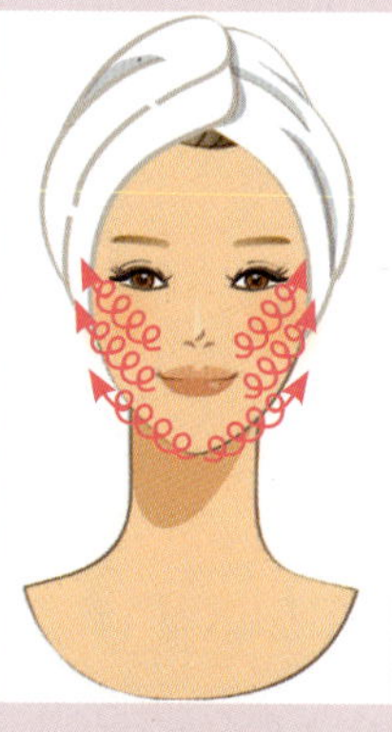

5 손가락과 손바닥을 이용하여 승장에서 청회, 지창에서 청궁, 영향에서 관자놀이 부분까지 문질러준다.

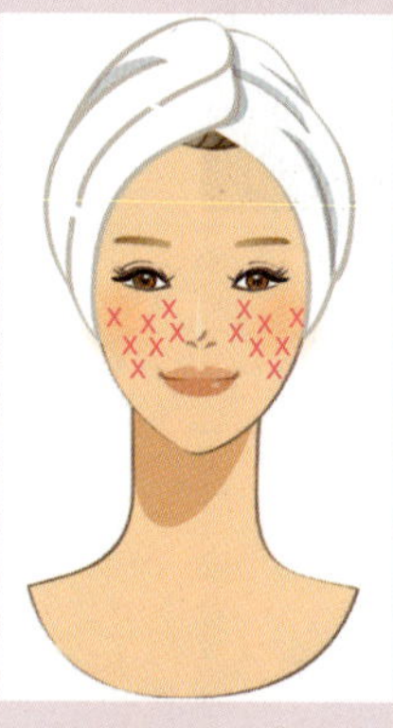

6 양손의 네 손가락을 이용하여 볼을 약하게 두드린다.

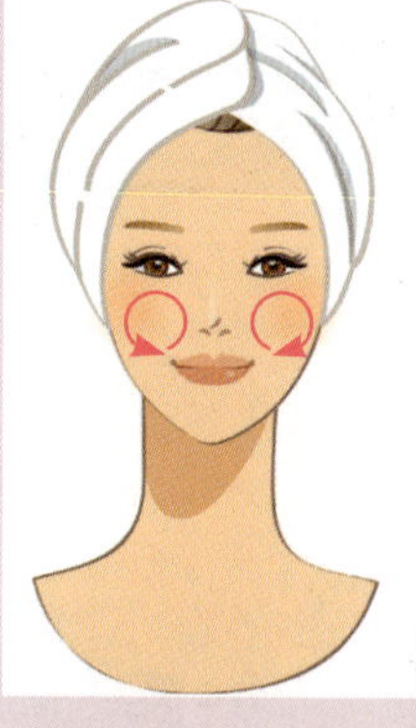

7 양 손바닥을 이용하여 원을 그리듯이 바깥쪽, 안쪽을 쓸어준다.

Tip p.67 얼굴 그림 예쁜 혈색을 위한 포인트 점 참고

• **중정운**^{재백궁, 질액궁, 명궁}**을 좋게 하는 피부 관리**

• **중정운**^{남녀궁, 전택궁, 형제궁, 처첩궁을} **좋게 하는 피부 관리**

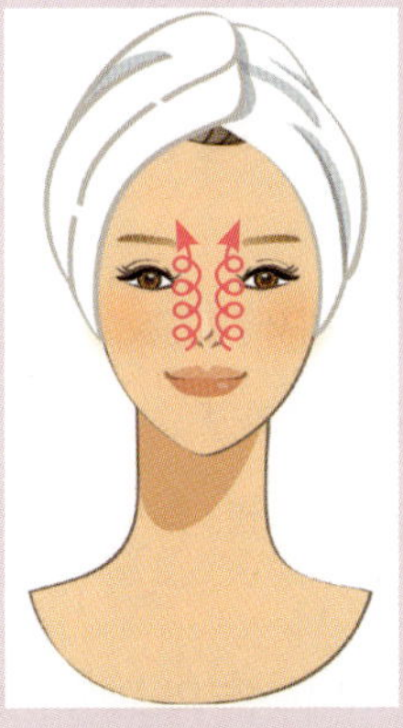

8 양손의 2·3지를 벌려 코 밑부분부터 양손을 번갈아가며 쓸어 올려준다.

9 콧방울에서 코 윗부분까지 3·4가지를 이용해서 나선형을 그리며 쓸어준다.

10 양손의 3·4지를 이용하여 눈가를 동시에 원을 그리며 쓸어준다.

11 양손의 손가락 전체를 이용하여 눈가를 약하게 두드려준다.

• **상정운**^{명궁, 관록궁, 부모궁, 복덕궁, 천이궁}**을 좋게 하는 피부 관리**

12 눈썹 앞머리에서 시작해서 X자로 3·4지를 이용하여 쓸어준 뒤 이마 중앙에서 관자놀이까지 동글려준다.

13 양손의 모든 손가락을 이용하여 이마를 약하게 두드린다.

> **Tip 매뉴얼 테크닉을 피해야 하는 피부**
>
> ▶ 성형수술 후 15일이 경과되지 않은 경우
> ▶ 모세혈관이 심하게 확장된 경우
> ▶ 심각한 피부병이나 염증, 농포형 여드름이 있는 경우
> ▶ 피부가 자외선에 노출되어 심하게 예민해진 경우

≫ 피부 타입별 효과적인 화장품 성분

화장품 전 성분 표시제의 도입으로 피부 타입에 맞는 화장품을 골라서 구입할 수 있다.

- **지성 피부:** Oil-free 오일이 거의 함유되어 있지 않은 제품 사용 권장, 살리실산, 유황, 캄퍼, 클레이
- **건성 피부:** 센틸라아시아티카, 히아루론산, 솔비톨, 글리세린, Sodium P.C.A, 부틸렌글리콜, 프로필렌글리콜, 폴리에틸렌 글리콜
- **민감성 피부:** 아줄렌, 위치하젤, 비타민 P, 비타민 K, 판테놀, 리보플라빈, 클로로필, 센틸라아시아티카
- **정상 피부:** 정상 피부 유지를 위한 노화방지 보습, 미백 성분의 화장품 추천, 피부미백에 도움을 주는 성분: 알부틴, 비타민C, 코직산, 감초, 멜버린, 닥나무 추출물
- **노화 예방:** 비타민 E, 레티놀, 레티닐 팔미테이트, SOD Superoxide Dismutase, AHA, 알란토인, 플라센타, 프로폴리스, 인삼 추출물, 은행잎 추출물

≫ 마사지 크림과 팩 마스크 종류

:: 마사지 크림

마사지 크림은 마사지 전용 크림으로 나온 제품을 말하며, 수분이나 유분정도에 따라 약간의 차이는 있다. 혈액순환을 촉진시켜주고 노화된 각질을 탈락시켜주는 효과가 있다. **수분 마사지크림**의 경우 알로에 크림과 같이 가볍고 시원하며 산뜻한 느낌의 크림이고 이와 같은 경우는 유분보다 수분이 더 많이 들어 있는 것으로 보면 된다. 반면에 유분 마사지 크림을 바를 때의 느낌이 무겁거나 유분감이 많이 느껴지는 크림으로 유분이 많은 마사지크림이다.

▲ 출처: www.whoo.co.kr

:: 오일

오일은 건조한 피부에 사용하면 효과적인데 오일의 종류에는 천연에서 얻어진 식물성 오일 야자유, 맥아유, 아보카도유, 피마자유, 올리브유과 동물성

오일^{스쿠알렌, 밍크}이 있다. 식물성 오일과 동물성 오일은 피부친화성이 매우 우수하다. 반면 광물성 오일은 유성감이 너무 강해서 피부 호흡을 방해하여 사용량이 감소하고 있으며 합성 오일과 같은 **실리콘 오일**은 실리카^{Silica}로부터 합성하여 얻어진 것으로 매끄러운 사용감이 우수하여 사용량이 증가하는 추세이다. **호호바오일**^{Jojoba oil}의 경우에는 인체의 피지와 유사한 화학구조의 물질을 함유하고 있어 친화성이 매우 우수하여 피부타입에 제한 없이 많이 사용되는 오일이다.

▲ 출처: www.whoo.co.kr

:: 젤

젤은 투명, 반투명 상태로 촉촉함을 주는 효과가 매우 크며, 크게 수성젤과 유성젤 두 가지로 나누어진다. **수성젤**은 피부에 수분공급 및 청량감을 주는 보습성분이 우수하고 **유성젤**은 피부에 유분을 공급해서 건조한 피부나 겨울철 피부관리에 효과적이다.

▲ 출처: www.whoo.co.kr

:: 팩

팩은 피부 표면에 적당한 두께로 바른 뒤 건조되면서 노폐물 배출 및 각질 제거, 영양 공급 및 보습 유지, 피부 탄력 등의 효과를 준다. 팩은 얼굴뿐만 아닌 전신에도 사용하며 피부 타입에 따라 적당량을 사용하는 것이 중요하다. 팩의 경우 너무 오래 방치할 경우 피부를 건조하게 만들 수 있으므로 적정시간^{10~20분}을 지켜서 사용하도록 한다. 우리가 빨래를 할 때 효소세제에 오염된 의류를 담가놓게 되면 어느 시점까지는 오염물이 빠지지만 더 오래 방치할 경우 빠졌던 오염물이 다시 의류에 흡수되는 것과 같은 원리로 생각하면 되겠다. 팩은 팩을 올린 적정 시간 동안 모공 속 노화각질을 제거해 주고 영양성분의 흡수 효과를 주며 팩이 건조되면서 피부에 긴장감을 주는 등 정상 피부 유지에 필수품이라 할 수 있겠다.

팩의 종류는 크게 팩과 **마스크** 두 가지로 나눌 수 있는데 팩의 대표적인 것은 크림팩으로 차단막이 형성되지 않아 공기가 통하면서도 효과가 좋다. 팩은 기능에 따라 크림팩, 머드팩, 효소, 천연팩 등이 있으며, 마스크의 대표적인 것은 석고와 모델링 마스크가 있다.

팩은 사용 후 제거하는 방법에 따라 필 오프 타입Peel off Type, 워시 오프 타입Wash off Type, 티슈 오프 타입Tissue off Type이 있다.

• **필 오프 타입**은 크림이나 젤 타입으로 팩을 바르게 되면 건조되면서 얇은 필름막이 형성되고 노화각질, 노폐물, 죽은 각질세포 등이 팩 제거시 함께 탈락된다. 피부가 정상이면서 자극에 민감하지 않은 피부에 사용 가능하며 건조된 후 생긴 얇은 필름막이 형성되어 뜯어내게 되어 있어서 농이 잡힌 여드름 피부나 모세혈관 확장 피부, 민감성 피부는 피하는 것이 좋다. 필 오프 타입은 다른 팩에 비해서 점성이 높은 특징이 있으므로 팩을 바르기 전에는 기초 베이스에 보습성분을 바른 뒤 사용하도록 한다. 지성 피부나 노화각질이 많은 피부에 사용하면 효과적이며, 코의 과도하게 분비되는 피지를 제거하기 위한 코 전용팩도 있다.

• **워시 오프 타입**은 크림이나 젤타입으로 적정 시간이 지난 뒤 미온수로 씻어내는 타입으로 필 오프타입에 비해서 피부 자극이 적다는 장점이 있다. 주로 민감하거나 건조한 피부에 자극없이 사용해야 할 때 적합하다. 워시 오프 타입에는 주로 머드Mud, 클레이Clay, 젤Gel 등이 있고, 머드팩의 성분으로는 진흙이나 고령토가 30% 정도 배합되어 있으며, 나머지는 글레세린과 같은 보습성분으로 구성된다. 머드팩은 피지 제거에 효과적이므로 건성 피부는 피하도록 한다.

• **티슈 오프 타입**은 크림이나 젤 타입의 팩으로 바른 뒤 10분 정도 지난 뒤에 티슈로 가볍게 닦아낸 뒤 그대로 흡수시키는 팩이다. 보습 효과가 뛰어나며 다른 팩에 비해서 피부 긴장감이나 청결 효과는 떨어진다. 지성 피부에는 적합하지 않으며, 건성 피부나 노화 피부에 효과적이다.

제품 성상에 따라서 피지 배출이 용이하고 피지흡착력이 뛰어난 클레이 상, 피부 타입에 따라 물이나 앰플 등을 섞어서 사용하는 파우더 상, 자극이 적으면서 진정 효과가 있고 보습효과가 좋아서 예민 피부에 좋은 젤 상, 노화 피부나 건성 피부에 보습 효과를 주는 크림 상, 모든 피부에 사용가능하고 진정 및 수분공급에 효과적인 점액 상, 온도와 밀봉

효과를 이용한 보습 영양물질 침투 촉진을 통한 피부탄력 및 보습 유지
에 효과적인 왁스 상은 노화 피부나 건성 피부에 효과적이다.

:: 마스크

마스크는 미세먼지와 같은 각종 오염으로부터 몸을 보호하거나 추위
를 막기 위해 착용하는 마스크를 연상해도 좋다. 일반 크림팩과 달리 마
스크는 건조되면서 외부와의 공기를 차단해 피부에 노화각질 탈락 및
유효성분 흡수 및 보습의 효과가 있다. 마스크에는 석고 마스크, 고무
마스크, 파라핀 마스크가 있다.

마스크는 주로 분말 타입으로 피부관리실에서 많이 사용하며 분말 가
루로 되어 있는 팩을 고무볼에 적당량 덜어서 물에 개서 사용한다.

석고 마스크는 석고 자체에 영양성분이 없어 보습에센스 및 베이스를
충분히 발라준 뒤 사용하며, 발열효과가 있어서 피부의 혈액순환 촉진
및 모공을 열어서 노화 각질과 피지를 제거하는데 효과적인 팩이다. 적
당한 피부 긴장감과 발열 작용으로 주요 성분의 흡수가 용이하며, 노폐
물 배출 작용, 피부 리프팅 효과, 피부 탄력, 윤기 부여에 탁월한 효과가
있다. 민감하거나 심한 여드름 피부 및 모세혈관 확장피부가 아니라면

사용할 수 있으며, 반드시 석고베이스를 발라준 뒤 젖은 거즈를 깔고 석
고를 올려주도록 한다. 마무리시에는 딱딱하게 굳은 석고 마스크를 양
손을 이용해서 살짝 들어 그대로 제거해주면 된다. 고무 모델링 마스크
는 해조 추출물인 알긴산 다시마나 감태, 대황과 같이 녹갈색이나 담갈색을 띠는 세포
막을 구성하는 다당류(多糖類). 굴고 끈끈한 성질이 있으며, 접착제나 유화제(乳化劑), 필름
따위를 만드는 데 사용이 주 원료로 사용된다. 석고팩과 같이 고무볼에 가루

를 필요량 만큼 덜어서 물을 넣고 개어 사용한다. 마무리 시에는 고무처
럼 모두 굳은 팩을 밑에부터 말아주면서 깔끔하게 제거하면 된다. 차단

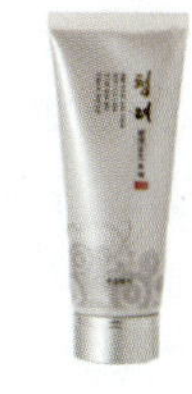

막이 생성되므로 고무 모델링을 바르기 전 앰플이나 고농축 에센스 등
의 보습 제품을 베이스로 깔아준 뒤 도포하면 더욱 효과적이다.

▲ 출처: www.hera.co.kr,
www.whoo.co.kr,
www.eosbeaute.com

시트 마스크는 짧은 시간에 고보습의 효과를 줄 수 있는 시트 타입의 팩으로 마른 종이 부직포에 고농축된 에센스를 함유시켜 만들어진 팩이다. 짧은 시간에 높은 보습효과를 줄 수 있는 것이 특장점이다.

∷ 콜라겐 벨벳 마스크

천연 콜라겐을 동결건조시켜서 종이 형태로 만든 마스크팩으로 천연콜라겐이나 히아루론산 등이 주원료로 짧은 시간에 고보습 및 탄력, 세포 활성화에 많은 효과가 있다. 해면이나 면코튼을 이용해서 물을 묻혀 밀착시킬때 기포가 발생되지 않도록 스파출러를 이용해서 기포를 제거해 주는 것이 중요하다. 참고로 눈가 주름예방 및 보습을 위한 눈가 전용 아이 마스크도 활용하면 효과적이다.

여성의 피부는 배란 이후에 여성호르몬인 에스트로겐의 감소로 인해서 피부가 건조해지고 화장도 잘 받지 않게 된다. 생리 시작 전 일주일 정도부터 특히 각질이 많이 생겨 두꺼워지게 되는데 이때 피부 관리에 더욱 신경을 써야 한다. 지성 피부의 경우 특히 과도한 피지분비로 모공이 막혀 여드름과 염증이 생길 수 있으므로 정상 피부에 비해 세심한 관리를 필요로 한다. 이와 같이 여성호르몬인 에스트로겐의 감소는 피지 분비가 많아지고 T-Zone이 더욱 번들거리게 된다. 따라서 심각한 지성 피부나 여드름 피부가 아니어도 피부에 여드름이나 뽀루지가 생길 수 있으므로 모공을 보다 더 청결히 관리하는 것이 중요하다.

보습제품의 경우에도 너무 많은 양을 바르지 않고 가볍게 적당량의 수분공급을 통해서 산뜻하고 청결한 피부를 유지하도록 한다. 또한 생리 전과 생리기간에 느껴지는 우울감은 우리 몸의 에스트로겐에 영향을 받아 생기는 자연적인 생체리듬으로 받아들이고, 즐거운 일을 만들고 보다 더 적극적인 외부 활동을 하도록 한다.

>> 기초 화장품 종류

:: 스킨

스킨은 이중 세안 이후 마지막 피부결 정리를 통한 최종 클렌징이라 할 수 있으며, 스킨 다음에 발라주는 에센스나 아이크림 보습제품 등의 흡수가 잘 될 수 있는 피부 상태를 만들고 피부의 모공 및 한선의 길을 열어주는 단계라고 할 수 있다. 세안 후 일시적으로 알칼리성 피부를 약 산성으로 되돌려주고 세균 번식을 막아주도록 pH 5.0~5.5의 스킨을 화 장솜에 묻혀서 피부결을 정리해준다. 이것은 한 번 사용하는 것으로 끝 나지만 스킨 사용은 중요하며 피부 타입에 따라서 선별해서 사용하도록 한다. 예를 들어 **지성 피부인 경우** 피지 조절 및 트러블 예방을 위한 알코 올이 함유된 수렴 작용 및 피지 분비 억제 작용을 하는 수렴화장수^{아스트} 린젠트를 사용하도록 한다. 건성 피부인 경우 알코올이 함유되어 있지 않 은 알코올 프리 스킨을 사용하도록 하며, 보습성분이 함유되어 있어 피 부에 유연함을 주는 유연화장수를 사용하도록 한다. **복합성 피부인 경우** 에는 피부 타입에 따라서 지성, 건성, 정상에 맞게 사용하도록 한다. 우 리 몸에서 수분이 부족해서 심한 갈증을 느낄 때 물을 마시고 싶은 것과 같은 개념으로 생각하면 될 것 같다. 물이 먹고 싶을 때 기름을 먹는다 면 만족한 결과를 얻지 못하는 것과 같은 개념이다. 대체적으로 기초 화 장품을 브랜드별로 기초 화장품을 섞어서 사용하는 것도 무방하지만 가 능한 클렌징 제품과 스킨은 같은 브랜드로 연결해서 사용하는 것이 좋 다. 이유는 세안 후 피부는 일시적으로 알칼리화되는데 세안제의 타입 에 따라서 스킨의 알코올 함량이나 산도의 정도가 달리 정해지기 때문 이다. 나머지 보습을 위한 에센스나 아이크림, 크림, 자외선 차단제 등 은 서로 다른 브랜드를 사용해도 관계없다.

▲ 출처: www.whoo.co.kr

:: 에센스

에센스는 세럼이라고도 하고 컨센트레이트^{Concentrate}라고도 하는 고 농축된 보습용 액상 화장품이다. 대부분 O/W 제형^{수중유화(Oil in Water) 제} 형. 워터 분자가 오일 분자를 감싸고 있는 형태이므로 산뜻함이 느껴지는 로션 타입에 많 이 사용. O/W 제형 외에도 W/O(Water in Oil), W/O/W(Water in Oil in Water), O/W/O

제형이 있다. 이 많으며 흡수가 빠르고 사용감이 가벼운 특징이 있다. 에센스의 종류로는 화장수 타입, 유화타입, 젤 타입, 오일 타입 등이 있다. 에센스는 피부 보습 및 노화 지연에 탁월하며, 영양 공급으로 피부 탄력, 윤기 등을 부여하므로 촉촉하고 부드러운 피부 상태를 유지시켜 준다. 우리 피부는 25세가 넘어가면서 노화가 더욱 급속히 진행되는데 피부가 젊고 건강할 때처럼 피부 기능이 제대로 되지 못하고 피부상태가 안 좋아질 때 화장품을 통해서 노화를 지연시키고 좋은 피부를 유지하도록 관리하는 것이 중요하다. 화장품 중에서도 에센스는 중요한 화장품으로 발림성이 좋고 부드러우며 고농축된 유용한 성분을 피부에 발라줌으로써 주름 예방, 탄력 및 피부 윤기에 도움을 주는 피부보습 및 피부 건조로부터 보호 개념의 보습화장품이라 할 수 있다. 피부 고민이나 피부상태, 개인 선호도에 따라서 미백 기능의 화이트닝 에센스, 주름 개선 기능의 링클 전용 에센스, 지성 피부를 위한 피지 조절 에센스, 민감한 피부를 위한 진정 기능 에센스, 건조한 피부를 위한 고보습 에센스 등 다양하게 선택 가능하며, 소량을 바르고도 효과는 크게 볼 수 있는 화장품이다. 얼굴 크기에 맞게 적당량을 덜어서 피부 결에 따라서 얼굴 중앙에서 바깥 방향으로 부드럽게 펴 바르면서 흡수시킨다.

▲ 출처: www.eosbeaute.com
www.whoo.co.kr

:: 아이크림

아이크림은 눈가에 발라주는 전용 크림으로 너무 세게 힘을 주어 바르거나 문지를 경우 눈가 주름이 더 생길 수 있으므로 적당량을 덜어서 눈가에 발라준 뒤 양손의 3·4지세 번째, 네 번째 손가락를 이용해서 부드럽게 두드리며 흡수시켜준다.

◀ 출처: www.eosbeaute.com
www.whoo.co.kr
www.hera.co.kr

:: 립크림

입술은 다른 부위의 피부와 달리 각질층이 매우 얇고 혈관이 비
쳐서 붉은색으로 보이며, 땀이나 피지 분비가 거의 없는 것이 특
징이다. 눈가보다도 더 세심한 관리를 해줘야 하는 곳으로 외부
자외선이나 바람, 온도와 습도, 담배 연기 및 매연 등으로 자극받
기 쉬우므로 충분한 보습과 보호를 필요로 한다. 또한 입술은 콜
라겐이 두꺼운 피부로 주름은 덜 생기지만 음식물과의 접촉, 침
바르는 습관, 담배나 간접흡연 등 때문에 관리하지 않을 경우 하
얗게 각질이 일어나 물어뜯어서 피가 나기도 한다.

자연노화를 통해 늘어나는 입술의 세로주름의 생성을 막아주고
촉촉한 입술을 유지하기 위해서는 **입술 전용 립크림**을 발라주도록
하며 추가로 **자외선** 차단 기능이 있는 립크림을 바르도록 한다.

▲ 출처: www.whoo.co.kr

:: 로션

로션은 화장수와 크림의 중간정도의 점성으로 밀크 로션 혹은
유화에멀전이라고도 한다. 유분이 수분에 비해 적은 O/W 제형이
대부분이며, 로션의 수분 함유량은 60~70% 정도로 부드럽고 산
뜻한 발림성을 갖는다. 가볍고 산뜻한 느낌의 O/W제형 이외에도
보습효과가 우수한 W/O 제형, 퍼짐성과 유연성이 좋은 W/S<sup>Water
in Silicon</sup> 제형도 있다. 따라서 피부 타입에 따라 유·수분의 양이나
제형 등은 약간의 차이가 있어서 피부 타입에 따라 선택적 사용이
가능하다. 사용감이 가벼워서 피부에 부담이 없는 반면 지속성은
낮은 편이다. 에센스 다음 단계에 가볍게 사용하거나 여름철에 가
볍게 많이 사용하기도 한다.

▲ 출처: www.whoo.co.kr

:: 크림

오래 전부터 많이 사용해 온 크림은 겉옷과 같은 역할을 하는 화
장품이라고 할 수 있다. 추운 겨울날 두꺼운 외투로 추위와 바람
으로부터 몸을 보호하는 것처럼 크림을 발라주어 크림 전 단계에
발라줬던 스킨, 아이크림, 에센스, 로션의 보습 상태의 수분이 증

발되지 않도록 잠가주는 역할을 한다. 또한 외부의 자외선이나 바람, 미세 먼지 등이 피부를 자극해서 피부를 노화시키는 것을 예방하는 보호막 역할을 한다.

오래 전 고조선 시대에는 추위로부터 몸을 보호하기 위해서 몸에 돼지 기름을 바르기도 하였는데 외적으로는 외부 자극의 최소화를 위해 미세먼지나 자외선, 추위, 건조한 바람 등으로부터 피부를 보호해주고, 내적으로는 피부 고수분 상태 유지 및 노화 지연 등의 중요한 기능을 하는 것이 크림이다.

크림에는 낮에 바르는 데이 크림과 밤에 바르는 나이트 크림이 있다. 주로 데이 크림은 자외선 차단 기능이 높진 않아도 추가되어 있으며 나이트 크림은 낮에 바르는 것에 비해서 보습효과가 더 좋고 점성이 높은 것이 특징이며, 수면하는 동안 세포 활성화에 도움을 주는 크림이다.

크림을 잘 발라주는 것도 중요하지만 외부 환경으로부터 1차적으로 피부를 보호하는 것이 더 중요하다. 너무 강한 에어컨 바람이나 히터 바람, 장시간 자외선 노출, 먼지가 너무 많은 곳에서 장시간 피부를 노출시키는 일은 피하는 것이 좋다.

계절에 따라 두께가 다른 옷을 입어 주는 것처럼 정상 피부를 가진 사람이라면 크림도 여름에는 물이 오일 보다 더 많이 함유되어 있는 O/W 제형의 산뜻하고 가벼운 느낌의 크림을 발라주고, 겨울에는 오일이 물보다 더 많이 함유되어 있는 W/O 제형의 고보습의 크림을 발라준다. 물론 피부 타입에 따라서도 달리 사용해야 하는데 피지 분비가 많은 지성 피부의 경우 산뜻하고 가벼운 점성이 낮은 O/W 제형의 크림을 사용해서 유수분의 밸런스를 맞춰주고, 피지 분비선의 문제로 피지 분비가 원활하게 되지 않아 건조한 피부는 오일이 물의 양보다 많은 점성이 높은 W/O 제형의 크림을 사용하도록 한다. 경우에 따라서는 수분 부족형 건성과 유분 부족형 건성이 있지만, 전문가의 상담 및 피부 분석과 측정을 정확하게 한 뒤 화장품을 선택하면 더욱 현명한 선택이 될 수 있겠다.

▲ 출처: www.eosbeaute.com
www.ohui.co.kr
www.hera.co.kr
www.whoo.co.kr

» 자외선 차단 화장품

화장품법에서 자외선 차단 화장품은 '자외선으로부터 피부를 보호하는데 도움을 주는 제품'으로 정의하고 있다. 강한 햇빛을 막아서 피부를 고르고 곱게 태워주거나 자외선을 차단시켜 피부를 보호하는 기능을 가진 화장품을 말한다.

주변에서 보면 쌍둥이 자매임에도 불구하고 도시생활을 한 사람과 농촌이나 바다, 고산지대에서 생활한 사람의 피부에는 많은 차이가 있다. 이유는 나이를 한 살 두 살 먹어가면서 진행되는 자연노화^{내인성 노화}는 비슷하게 진행된다 하더라도 자외선에 의해서 진행되는 광노화^{외인성 노화}의 차이가 매우 큰 영향을 미치기 때문이다. 자외선 이외에도 바람이나 온도와 습도 등 추가 원인이 있지만 자외선은 우리 피부의 노화에 가장 많은 영향을 미친다.

사람으로 태어나서 노화의 경험을 겪지 않는 사람이나 죽지 않고 영원히 사는 사람은 없다. 그러나 피부에 대한 상식을 숙지하고 생활 속에서 잘 실천한다면 피부의 노화를 지연시키고 젊고 건강한 몸과 피부를 오랫동안 유지할 수 있는 것과 같이 자외선에 대해서 자세히 알고 광노화를 막기 위한 노력을 해야 한다. 빨래를 해서 햇빛에 말릴 때 가장 잘 마르는 조건은 햇빛이 강하고 바람이 불면서도 건조한 날 잘 마른다는 사실은 모두가 잘 아는 내용이다. 우리 피부도 마찬가지이다. 쉽게 노화되는 것을 막아주기 위해서는 햇빛에 노출을 줄이고 자외선 차단제를 세심하게 발라주도록 한다. 또한 늘 촉촉한 보습상태에서 외부환경이 너무 건조하지 않도록 습도를 유지해주며 강한 자연바람이나 냉·온풍기 바람도 피해야 한다.

자외선 차단제를 고를 때에는 피부 타입에 맞게 선택하고 물에 장시간 노출될 경우 물이나 땀에 잘 지워지지 않는 워터프루프^{water-proof: 방수, 땀이나 물에 잘 지워지지 않는 제품} 자외선 차단제를 사용하도록 한다.

▲ 출처: www.hera.co.kr
www.ohui.co.kr

또한 중요한 스케줄이 잡혀 화장에 신경을 써야 할 경우에는 자외선 차단제를 가볍게 바르거나 메이크업베이스나 파운데이션과 같은 기초 베이스 제품에 자외선 차단 기능이 되는 화장품을 사용해서 메이크업의 완성도를 높이는 것도 방법이다.

:: UVA, UVB

자외선UV: Ultraviolet Rays은 계절, 강도와 양, 지역, 시간대별로 다르고 위도에 따라서도 다르며 고도가 높을수록 자외선 양을 많이 받게 된다. 자외선에는 UVA, UVB, UVC가 있으며 UVC는 오존층에서 흡수하므로 직접적으로 피부에 악영향을 주지는 않는다. 따라서 피부노화에 가장 큰 영향을 주는 자외선이 UVA, UVB이다. UVA는 UVB보다 피부 속 더 깊이 침투하며 노화의 원인 중에서도 광노화는 눈가의 선상주름 및 얼굴의 볼이나 목덜미 부분에 나타나는 교차된 선에 의해서 사각형이나 삼각형 등으로 생성되는 도형주름을 만드는 주원인이 된다.

우리의 피부가 상층부에서부터 표피각질층, 투명층, 과립층, 유극층, 기저층, 진피유두층, 망상층, 피하지방으로 구성이 되어 있는데 피부의 표피층까지 영향을 주는 자외선이 UVB이고 피부의 진피층까지 영향을 주는 자외선이 UVA이다. UVB$^{290\sim320nm}$는 피부의 표피층까지 침투해서 화상을 일으키는 자외선이고, 심각한 수포가 생기게도 하고, 자외선 노출에 따른 심각한 정도에 따라서 흉터를 남기기도 하며 볼이나 눈가에 기미가 생기게 만들기도 하는 자외선이다. 강도에 따라서 유두층의 모세혈관을 공격해서 모세혈관 확장증을 만들거나 홍반 등을 만들기도 한다. UVB로 인한 통증은 15~24시간이 절정이며, 72시간까지 계속되기도 한다. 이와 같이 UVB의 파장은 UVA보다 짧지만 피부에 큰 악영향을 미치는 자외선이다. UVB는 4월에서 8월이 가장 강하고 오전 10시부터 오후 2시까지가 가장 강하다. UVA$^{320\sim400nm}$는 맑은 날이나 비가 오고 눈이 오거나 구름 끼고 흐린 날에도 일년 내내 피부의 진피층까지 침투하고, 실내에 있을 경우에도 유리창이나 커튼을 통과해서 피부에 영양과 산소 공급이 원활하게 되지 못하게 하고 노화를 계속 진행시키는 보이지 않는 광노화의 주요인이다. UVA는 표피의 기저층의 멜라노사이트를 자극해서 멜라닌을 생성하고 우리가 흔히 하는 선텐을 하는 것은 멜라닌이 침착되는 것이다. 또한 UVA는 일년 내내 큰 차이가 없는 강도이며, 피부의 진피층까지 침투해서 콜라겐과 엘라스틴을 파괴하여 주름 생성 및 피부를 약하고 얇게 만들며 탄력을 떨어뜨리는 등의 노화를 촉진시킨다. 따라서 아침이나 늦은 저녁까지도 UVA 차단 기능이 있는 자외선 차단제를 반드시 발라 주도록 한다.

자외선 차단 지수와 의미

사람의 피부색을 결정짓는 중요 색소는 크게 세 가지로 나뉜다. 멜라닌 색소melanin: 검은색, 헤모글로빈hemoglobin: 빨간색, 카로틴carotene: 노란색이 있다.

피부색은 멜라닌, 헤모글로빈, 카로틴의 양과 피부의 두께, 반사 각도, 혈류량, 혈액 속의 산소의 양 등에 의해 피부색이 결정되며 인종이나 성별, 지역과 계절, 개인 스트레스 정도나 건강 상태 등에 의해서도 큰 영향을 받는다.

인종간 멜라닌 형성 세포의 수는 거의 일정하지만 멜라닌의 양분포도이 거의 다르기 때문에 인종 간의 피부색도 다른 것이다.

:: 자외선 차단 지수

자외선 차단 지수SPF : Sun Protection Factor를 의미하는 SPF는 'Sun protection factor'의 약칭으로 '에스.피.에프'라 부른다. SPF는 UVB의 차단 효과를 표시하며 반드시 표시해야 하는 의무 사항이다.

• 최소 홍반량

최소 홍반량^{Minimun Erythemal Dose, MED}이란 사람에게 UVB를 조사한 후 16~24시간 사이, 조사 영역에서 대부분이 홍반을 나타낼 수 있는 최소한의 자외선의 양을 말한다.

• 자외선 차단 지수의 의미

자외선 차단 지수는 사람의 피부를 햇빛에 노출시켰을 때 얼마 동안의 시간만큼 피부를 태우지 않을 수 있는지를 나타내는 수치이다.

피부가 건강하지 못하거나 민감하고 약한 피부일수록 일반인에 비해 자외선 차단 지수가 높으면서 자극이 적은 자외선 차단제를 사용해야 한다.

• UVA의 차단 등급

UVA의 차단 등급은 UVB와 같이 수치로 표시하지 않고 등급으로 표시한다. PA는 'Protection grade of UVA'의 약칭으로 '피.에이'라 부른다. UVA 차단 효과를 표시하는데, PA+는 UVA에 대한 차단 효과가 있다. PA++는 UVA 차단 효과가 상당히 높다. PA+++는 UVA 차단 효과가 매우 높다. UVA의 강도는 1년 내내 변화가 거의 없고, 실내에서도 커튼 및 유리창까지도 통과하므로 UVA의 노출을 감안해서 UVB 차단과 UVA 차단 기능이 모두 있는 기능성 자외선 차단 화장품을 반드시 발라주도록 한다.

》 자외선 차단제의 올바른 선택

자외선 차단제는 피부 상태, 사용 목적, 자외선의 지수 및 자외선에 대한 피부 민감 정도에 따라서 개인에게 맞는 제품을 선택하는 것이 중요하다. 출·퇴근, 산책, 쇼핑 등의 일상생활에서는 SPF 10 전후, PA+^{one plus}면 충분하고, 실외에서 하는 레저 스포츠 등으로 자외선에 장시간 피부가 노출될 경우에는 상당한 양의 UVA, UVB에 노출되므로 UVB 차단 SPF는 10~30, UVA 차단은 PA++^{two plus} 정도의 자외선 차단제를 사용하도록 한다.

온천에서의 레저나 스키장에서 스키를 즐기거나, 해양 스포츠 등을 즐길 때는 장시간 강한 자외선으로부터 노출되므로 SPF 30 이상, PA++two plus~PA+++three plus 정도의 자외선 차단제를 사용하도록 한다.

적도 부근에 가깝거나 고산지대나 시골, 해안지역 등에서 자외선으로부터 피부가 노출될 경우에는 SPF 30 이상, PA+++three plus의 자외선 차단제를 사용하도록 한다.

피부 유형으로 볼 때 일반적으로 정상 피부는 SPF 15 이상을 사용하고, 햇빛에 민감한 반응을 보이는 피부는 정상 피부보다 높은 SPF 자외선 차단제를 사용하도록 하며, 건성 피부는 정상 피부가 사용하는 SPF 자외선 차단 지수보다는 높고 매우 민감한 피부보다는 낮은 SPF 자외선 차단제를 사용하면 된다. 지성은 정상과 같은 SPF를 사용해도 무방하다.

어느 브랜드의 자외선 차단제를 사용하든 개인의 피부 타입에 적합하고 자외선에 대한 피부 민감 반응이 나타나지 않는 것을 사용하는 것이 중요하며, 계절과 지역, 환경에 따라서 변화하는 UVA, UVB의 강도를 예측해서 자외선 차단제를 선택하여 바르는 것이 현명한 선택 방법이다.

》 자외선 차단제 사용시 중요 사항

자외선 차단제는 피부에 고르게 잘 펴발라 주는 것이 중요하며 자외선 차단제를 바른 즉시 외출할 경우 햇빛에 의해 자외선 차단제가 증발하게 되므로 반드시 외출하기 30분 전에 고르게 발라 주는 것이 중요하다.

자외선 차단제는 땀이나 피지 등과 함께 묻어나와 옷에도 묻을 수가 있고 손으로 닦고, 다른 물품 등을 만질 경우에 잘 묻어난다는 것을 알아야 한다. 특히 자동차 안에서 손에 자외선 차단제를 바르고 자동차 문 부분이라든지 핸들 등을 만질 때 자외선 차단제가 묻어나지 않도록 주의가 필요하다.

땀에 자외선 차단제가 지워졌을 경우에는 깔끔하고 고르게 다시 발라주도록 한다. 파운데이션에도 SPF와 PA가 표시되어 있는 경우가 있으며, 특히 분말의 형태로 되어 있는 파운데이션인 경우에는 기초화장을 하지 않고 바르게 되면 파운데이션의 피부 밀착성이 떨어져서 자외선 차단의 표시된 SPF 만큼의 자외선 차단 효과를 보기는 힘들다. 따라서 분말형의 자외선 차단 기능의 파운데이션을 바를 경우에는 기초화장을 세심하게 잘 한 상태에서 충분히 바르도록 한다.

자외선 차단제를 바르고 물에 들어갈 경우 물에 의해 지워지므로 물 밖으로 나온 즉시 몸의 물기를 닦고 다시 고르게 발라주는 것이 중요하며, 고도가 높은 지역에서 자외선으로부터 피부가 노출될 경우에 고도가 300m 높아지게 되면 자외선을 받는 양이 4~5% 정도 증가하므로 고산지대나 해안지역, 시골 등에서 자외선으로부터 피부가 노출될 경우에 특히 UVA, UVB 모두 차단지수가 높은 것을 고르게 발라주도록 한다.

》 자외선 차단제 성분에 따른 종류

:: 화학적 자외선 차단제

화학적 자외선 차단제^{화학, 흡수제}는 사용감은 가볍고 좋은 특징이 있어서 화장하는 데 수월한 장점이 있는 반면 피부의 부작용이 생기는 단점이 있다. 이유는 화학 물질을 합성해서 만들며 피부속에 자외선이 침투되기 직전 자외선의 화학반응을 통한 열에너지로 변화시켜 피부를 보호하는 원리이다. 대표적인 화학적 자외선 차단제^{화학, 흡수제}는 파라아미노안식향산글리세릴^{glyceryl ρ-aminobenzonate}, 파라아미노안식향산^{ρ-aminobenzoic acid, 줄여서 PABA라고 함} 등이 있지만 피부 트러블 및 염증 유발의 이유로 안전성이 약간 떨어지기 때문에 민감한 피부나 건조한 피부는 피하는 것이 좋다. PABA와 그 유도체인 살리실산 유도체, 신남산 유도체는 오래 전부터 주로 사용되었던 성분이며, 그 중에서도 신남산 유도체인 부틸메톡시디벤조일메탄, 옥틸메톡시신나메이트 등이 가장 많이 사용되고 있다. 이러한 자외선 차단제^{화학, 흡수제}의 성분은 함유량에 따라서 그 효과는 많은 차이를 보이지만 함량의 수치가 높아질수록 피부의 자극 정도가 심하기 때문에 국가별로 엄격하게 심사하고 있으며 제한된 함량을 사용하는 것을 기본으로 한다.

:: 물리적 자외선 차단제

물리적 자외선 차단제^{천연, 산란제}는 화학적 자외선 차단제^{화학, 흡수제}에 비해서 사용감이 떨어지며 약간 두껍게 바를 경우 뭉치거나 부자연스럽게 펴질 수도 있어서 화장을 하는데 약간의 불편함은 있지만 피부에 부작용이 적은 장점이 있다. 자외선 차단제^{천연, 산란제}는 피부에 바른 자외선 차단제가 자외선을 반사·산란시켜서 피부를 보호한다. 가장 많이 사용되는 성분은 광물성 물질로 산화아연, 이산화티탄이 있으며, 안전성이 좋은 대표적인 성분들이다. 따라서 민감성 피부나 어린아이가 사용하면 좋은 자외선 차단제라 할 수 있다.

최근에는 초미립자 마이크로나이즈한 이산화티탄을 개발해서 물리적 자외선 차단제^{천연, 산란제}의 특징을 최대한 살려 부작용이 없이 자외선 차단력을 높이면서도 사용감은 부드럽고 자연스럽게 잘 펴발라지도록 만들어지고 있다.

출처: www.whoo.co.kr, www.ohui.co.kr, www.hera.co.kr

>> 자외선 차단제 똑똑하게 선택해서 바르는 핵심 포인트

:: 자외선 차단 지수 계산법

• 한국인을 포함한 황인종인 경우에 자외선으로부터 피부가 노출되었을 경우 최소홍반을 일으키는데 걸리는 시간은 20분이다. 따라서 SPF 20인 경우에 6시간 40분 동안 자외선으로부터 피부를 보호할 수 있다 [SPF 20 × 20분 =400분(6시간 40분)].

SPF 50⁺ PA+++인 자외선 차단제의 경우에 우리나라에서는 50 이상의 UVB 차단지수는 숫자로 높여서 표시하지 않는다. 50 이상일 경우에 SPF 50⁺로만 표시한다. 호주나 미국에서는 우리나라와 달리 SPF 30 이상을 SPF 30⁺로 표시한다. 즉 SPF 40이든 그 이상이든 SPF 30⁺로 표시하는 것이다. 우리가 알아야 할 것은 SPF 20 보다 SPF 40이 UVB 차단 기능이 두 배가 아니라는 사실이다.

:: 자외선 차단제를 바를 때 유의 점

- [영양크림$^{SPF\ 10}$ + 자외선 차단제$^{SPF\ 30}$ + 메이크업베이스$^{SPF\ 20}$ + 파운데이션$^{SPF\ 20}$ + 트윈케익$^{SPF\ 15}$]과 같은 자외선 차단이 되는 화장품을 사용했을 경우에 UVB 차단지수가 모두 합해진 숫자만큼 시간이 늘어나서 UVB를 차단해 주는가? 그렇지는 않다는 것이다. 하지만 그 겹치는 시간 동안은 한 가지의 자외선 차단 화장품을 사용한 것에 비해서 더욱 완벽하게 UVB를 차단시켜 준다는 것이다.

- 외출 30분 전에 바를 것$^{자외선 차단제를 바른 즉시 외부환경에 피부가 노출될 경}$우에는 햇빛에 의해 자외선 차단제가 증발하게 되므로 반드시 외출하기 30분 전에 고르게 발라주는 것이 중요

- 자외선 차단제는 여름에만 바른다거나 UVB 차단만 되는 제품을 바르기도 하는데 사계절 모두 UVA, UVB 모두 차단되는 것을 바르며 실내에서도 반드시 바르도록 한다.

- 운전할 때 특히 왼쪽 얼굴에 신경 써서 고르게 발라주고, 손등에도 고르게 충분히 발라주며, 가능한 자외선 차단 기능의 운전자용 장갑을 껴주는 것이 중요하다.

- 장소에 따른 자외선 반사율은 잔디밭 1~2%, 테니스코트 4~5%, 콘트리트 5~10%, 모래 15~20%, 스키장 80~95%, 수면 10~100%이므로 참고해서 자외선 차단제를 발라주도록 한다. 특히 겨울철 스키장에서는 눈에 의한 자외선 반사율이 높으므로 세심하게 발라주도록 한다.

- 일반적으로 황인종이 최소홍반이 생기는데 걸리는 시간이 20분 정도이지만 민감성 피부의 경우에 5~6분 정도에 홍반이 생길 수도 있으므로 정상

피부보다 UVA, UVB 차단지수가 높은 자외선 차단제를 발라주는 것이 중요하며, 3~4시간 마다 덧발라 주는 것과 SPF 30 이상인 자외선 차단제를 사용하도록 한다.

● 얼굴 이외에도 목에도 고르게 잘 발라주며, 어깨나 손, 팔, 다리 등이 노출될 경우에 충분한 양을 발라준다.

● 가능한 오전 10시~오후 2시 사이에는 외출을 삼가하고 여름철이라면 가능한 덥지 않으면서 가벼운 자외선 차단이 되는 기능성 옷감으로 만든 긴팔 옷을 입도록 하며, 렌즈가 큰 선글라스를 선택하고 양산 등으로 자외선으로부터 피부를 보호하도록 한다.

● 피부를 태닝하는 경우에는 피부 탄력을 결정짓는 진피층의 콜라겐을 파괴해서 노화를 촉진시키고, 과각질 현상과 민감하고 건조한 피부를 만든다.

● 유통기한이 지난 자외선 차단제는 효과가 없고 피부의 트러블을 일으킬 수 있으므로 사용하지 않도록 하며 제조날짜나 유통기한 등을 잘 살펴본 후 사용하는 습관을 갖도록 한다.

:: 피부 노화 지연시키는 올바른 습관

같은 나이임에도 실내에서 도시생활을 즐기며 피부 관리를 잘 한 사람과 농촌생활이나 고기 잡는 어부와 같은 생활을 하면서 자외선에 노출 시간이 길고 그에 적합한 피부 관리를 하지 않은 사람의 피부는 확연한 차이가 난다. 이는 자외선이 우리 피부에 미치는 영향이 얼마나 큰가를 보여준다.

앞에서도 언급한 바와 같이 빨래를 해서 햇빛에 말릴 때 빨래가 가장 잘 마르는 조건이 햇빛이 강하고 바람이 잘 불면서도 건조한 날 잘 마르는 것처럼 우리 피부도 마찬가지이다. 피부가 노화되는 것을 막아주기 위해서는 햇빛에 노출을 줄이고 자외선 차단제를 세심하게 발라주도록 한다. 또한 늘 촉촉한 보습상태에서 외부환경이 너무 건조하지 않도록 습도를 유지해주며 강한 자연 바람이나 냉·온풍기 바람을 피해야 한다.

　따라서 자외선 차단제의 올바른 선택과 평소 바르는 습관은 노화를 지
연시키고 촉촉하고 깨끗한 피부를 오래 유지시켜주는 피부 관리에 있어
서 아무리 강조해도 지나치지 않은 필수 사항이다.

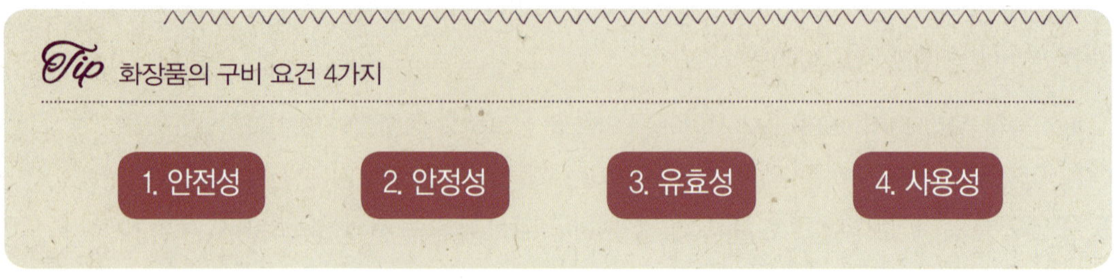

메이크업 화장품의
종류와 방법

》 메이크업의 목적

　아름다움을 위해 피부색을 보정하고 피부를 보호하며, 메이크업을 함
으로써 마음의 만족감을 느낄 수 있는 심리적인 차원에서도 메이크업의
목적이 될 수 있으며, 메이크업을 함으로써 개인의 장점을 최대한 극대
화시키고 단점을 수정, 보완해서 건강한 아름다움을 외적으로 표현하는
것을 주목적으로 한다. 메이크업 화장품을 이용해서 화장을 했을 때는
개인이 화장품을 사용해서 추구하고자 하는 화장 효과가 반드시 있어야
하며, 일시적으로 보였다가 지워지는 것이 아닌 장시간 유지할 수 있는
지속성이 좋아야 한다. 또한 메이크업 화장품은 육안으로 보았을 때의
외관색과 실제 도포했을 때 보이는 외관색의 차이가 없는 것이 좋으며
사용시 발림성도 좋고 클렌징 제품 사용 시에는 화장이 잘 지워지는 것
이 좋은 품질의 메이크업 화장품이라 할 수 있다.

　이와 같이 다양한 메이크업 재료들을 이용해서 얼굴의 개성을 보다 더 아름답게 살리고 아름다움을 표현하여 만족스런 심리상태를 유지하고 마음의 행복감을 느낄 수 있도록 가능하게 하는 것이 메이크업의 목적이라 할 수 있다.

클렌징 – 스킨 – 아이크림 – 에센스 – 로션 – 크림 – 자외선 차단제 – 메이크업 베이스 – 파운데이션 – 컬실러 – 파우더 – 팩트나 투웨이 케익 – 눈썹그리기 – 아이섀도 – 아이라이너 – 마스카라 – 립라인 – 립글로스 – 립스틱– 블러셔 – 하이라이트 – 섀이딩

》 메이크업 베이스

　고르지 못한 피부색을 일정한 톤으로 보정해주는 효과가 있고, 다음에 발라줄 파운데이션이 직접 피부에 닿는 것을 막아주며, 밀착감을 좋게 해주는 특징이 있다. 파운데이션의 지속성을 좋게 해주며 사용은 퍼프puff를 이용해서 피부결에 따라 소량을 고르게 펴발라 준다.

- **핑크:** 창백한 피부나 화사한 피부 표현
- **그린:** 여드름 피부, 모세혈관 확장 피부, 붉은톤의 피부
- **퍼플:** 노르스름한 피부를 중화시켜 맑은 피부 표현
- **화이트:** 피부 명도가 떨어지고 어두운 피부
- **오렌지:** 피부 명도가 떨어지거나 건강한 피부 표현
- **블루 계열:** 얼굴의 붉은톤 중화 목적이나 흰 피부로 표현
- **옐로우:** 칙칙한 피부를 밝게 중화시켜 표현

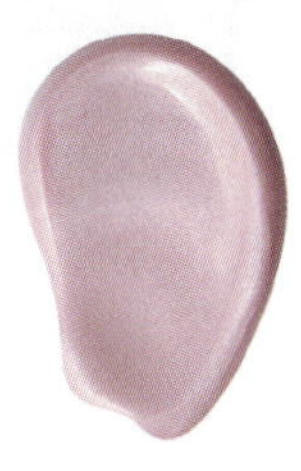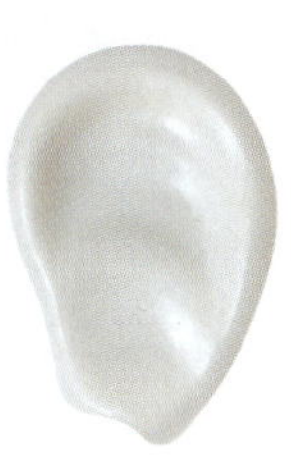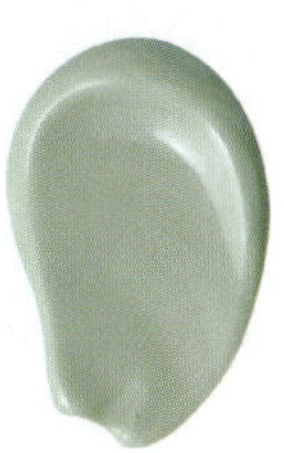

▲ 출처: www.hera.co.kr

〉〉 파운데이션

피부의 잡티, 기미, 주근깨 등 커버, 건조한 피부 보호 및 자외선으로부터 피부 보호, 피부의 윤기, 광택을 부여하는 특징이 있다. 육안으로 보았을 때와 발랐을 때 큰 차이가 없는 것이 좋으며 부드럽게 잘 펴 발라지는 전연성이 우수한 제품이 좋은 제품이다. 사용 시 뻑뻑해서 잘 발리지 않거나 사용감이 부드럽지 못한 것은 피하는 것이 좋으며, 잘 뭉치거나 펴지지 않는 것은 사용하지 않는 것이 좋다. 피부에 맞는 색상을 선택해서 퍼프를 이용해서 소량을 가볍게 잘 펴 발라 준다.

:: 파운데이션의 종류

• 리퀴드 파운데이션

O/W 수중유화, Oil in Water 제형의 파운데이션을 말하며 수분의 함유량이 많아 사용감이 산뜻하고 자연스런 화장을 할 때 효과적이며 퍼짐성이 우수한 특징이 있다.

▲ 출처: www.hera.co.kr, www.eosbeaute.com, www.whoo.co.kr, www.ohui.co.kr

• 크림 파운데이션

리퀴드 파운데이션에 비해서 퍼짐성은 낮고, 점도가 높아 무거운 사용감이 특징이며, 땀이나 물에 잘 지워지지 않는 특징이 있다. 잡티가 많은 피부에 커버력이 우수하고, 대부분이 자외선 차단기능이 있다.

O/W 제형은 수상에 유상과 분체를 분산시킨 것으로 화장의 지속성이 떨어지지만 촉촉한 사용감이 장점이며, W/O 제형은 유상에 수상분체를 분산시킨 것인데 주로 실리콘오일을 사용하여 가벼운 사용감이 특징이긴 하지만 O/W에 비해서 점도가 높아 사용감이 무겁고 유분기가 많은 특징이 있다.

▲ 출처: www.whoo.co.kr

• 스틱 파운데이션

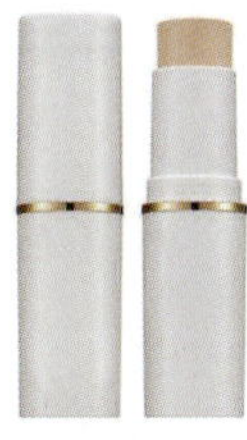

유·수분을 혼합하여 고형화시킨 제품이며 피부의 잡티를 커버하는 효과가
탁월하다. 리퀴드 파운데이션이나 크림 파운데이션에 비해서 두껍게 표현되는
특징이 있으며 피부에 부담을 주는 단점이 있다. 주로 분장용으로 사용된다.

• 컨실러

피부의 점이나 반점, 기미 주근깨 등의 결점을 커버하는데
사용된다. 피부톤보다 한 톤 밝은 것을 사용하며 컨실러 브러
시를 이용해서 경계선이 표시나지 않도록 자연스럽게 펴발라
준다.

▲ 출처: www.ohui.co.kr, www.hera.co.kr

• 파우더

피부색을 자연스럽게 표현해주고 자외선으로부터 피부를 보호하는 기능이
있다. 파우더용 퍼프를 이용해서 가볍고 부드럽게 톡톡 두드리며 발라준다.

▲ 출처: www.whoo.co.kr, www.ohui.co.kr

• 트윈케익

콤팩트와 파우더 파운데이션의 두 가지 기능을 가지고 있고, 땀과 물에 잘
지워지지 않는 수건양용 타입으로 젖은 퍼프puff로도 사용이 가능하다. 부착력
이 우수하고 시원한 것이 특징이며, 자외선 차단기능이 있는 것이 많다. 트윈케익
용 퍼프puff를 이용해서 가볍게 소량을 펴 발라준다.

▶ 출처: www.ohui.co.kr, www.hera.co.kr

》 아이브로우

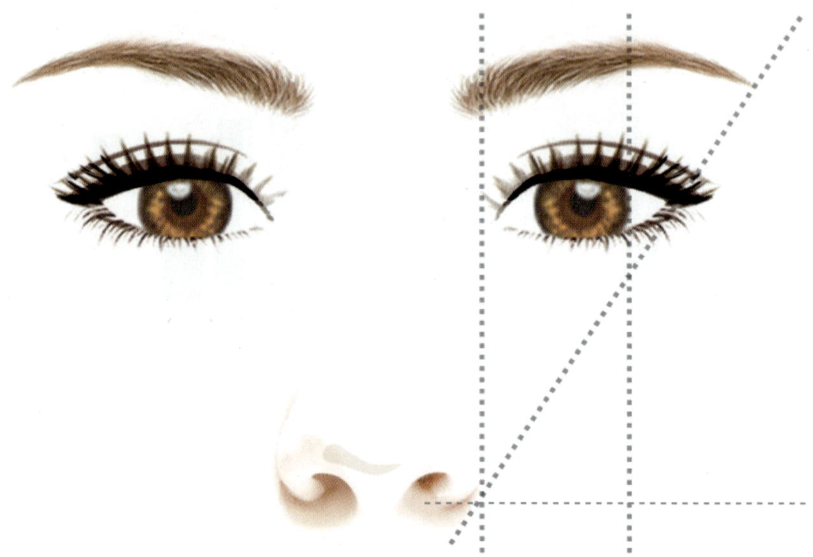

- 눈썹 앞머리 부분은 약간 위 방향으로 나있다.
- 눈썹의 중앙은 옆 방향으로 나있다.
- 눈썹 꼬리 부분은 아래 방향으로 나있다.

아이브로우 eyebrow는 눈썹의 모양을 살려 아름답게 그려주는 것으로 미세한 선이 선명하고 예쁘게 그려지는 것이 좋다. 분가루를 뿌려놓은 것처럼 변질되어서 안정성에 문제 있는 아이브로우는 구입하지 않도록 한다.

- **갈색:** 머리카락 색깔이나 눈동자 색깔이 갈색이거나 메이크업을 좀 부드럽게 표현하고자 할 때 사용
- **흑색:** 머리카락이 검은색이거나 도시적이고 이지적인 이미지나 강한 이미지로 눈썹 표현을 하고자 할 때 사용
- **회색:** 세련되고 무난한 자연스런 눈썹을 표현을 하고자 할 때 사용

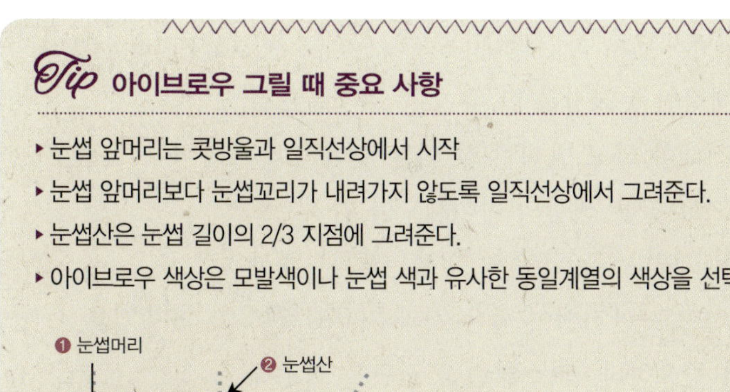

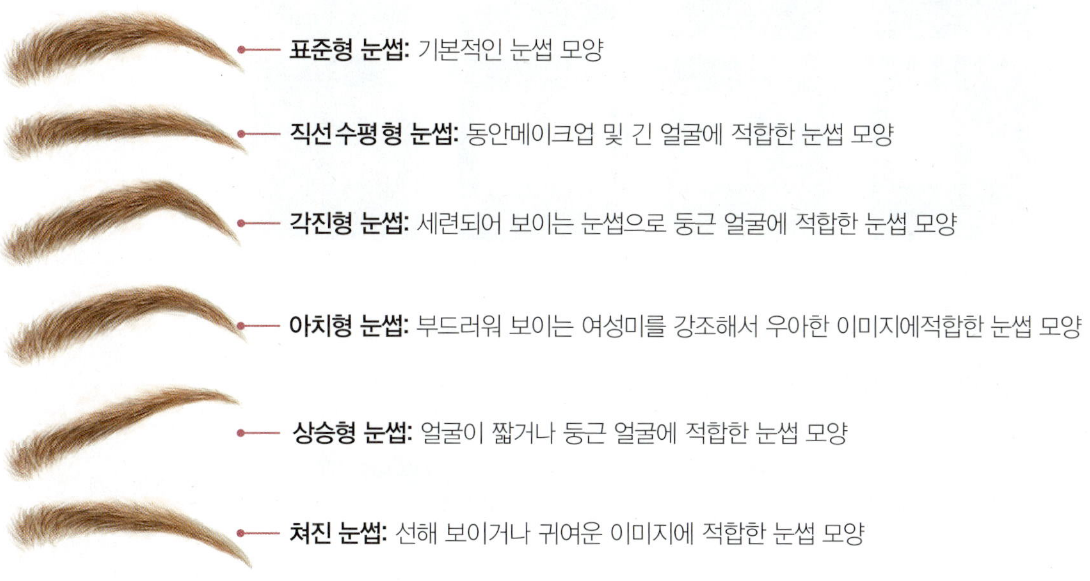

▲ [그림 5-3] 눈썹 모양의 각종 형태

≫ 아이섀도

　눈매에 색으로 음영을 주어 입체적인 눈화장을 할 수 있는 화장품으로 예민한 눈에 사용하는 것만큼 안전해야 하고 발색이 잘 되는 것이 좋다. 의상이나 계절에 맞게 사용하면 되고 같은 색상의 아이섀도를 가지고도 다양하게 표현할 수 있다는 특징이 있다. 눈 주변의 피부는 다른 피부의 부위보다 얇아서 자극에 민감하므로 안전성이 좋은 것과 가루날림이 심하지 않은 것을 사용하는 것이 중요하다. 퍼스널컬러 진단을 참고해서 색상을 고른 뒤 아이섀도를 바른다. 아이섀도를 바르는 순서는 베이스 – 메인 – 포인트 – 언더–하이라이트 순이다.

▲ 출처: www.hera.co.kr

》 아이라이너

　눈의 라인 및 윤곽을 강조하는 것으로 빨리 건조되는 것이 좋고, 쉽게 잘 그려져야 하며, 눈물이나 땀 등에 잘 지워지지 않는 지속성이 좋아야 한다. 특히 눈에 관련된 화장품은 미생물 오염이 쉽게 되지 않아야 한다.

　가장 많이 사용하는 것이 유화 형태이고, 펜슬 형태는 아이브로우, 아이라이너의 겸용이며, 붓펜 형태의 경우에는 초보자도 쉽게 그릴 수 있는 장점이 있다. 퍼스널컬러 진단을 참고해서 색상을 고른 뒤 아이라이너를 바르며 눈꼬리가 올라가거나 쳐진 정도에 따라서 아이라이너로 눈 모양의 결점을 커버할 수 있다.

▲ 출처: www.hera.co.kr, www.ohui.co.kr

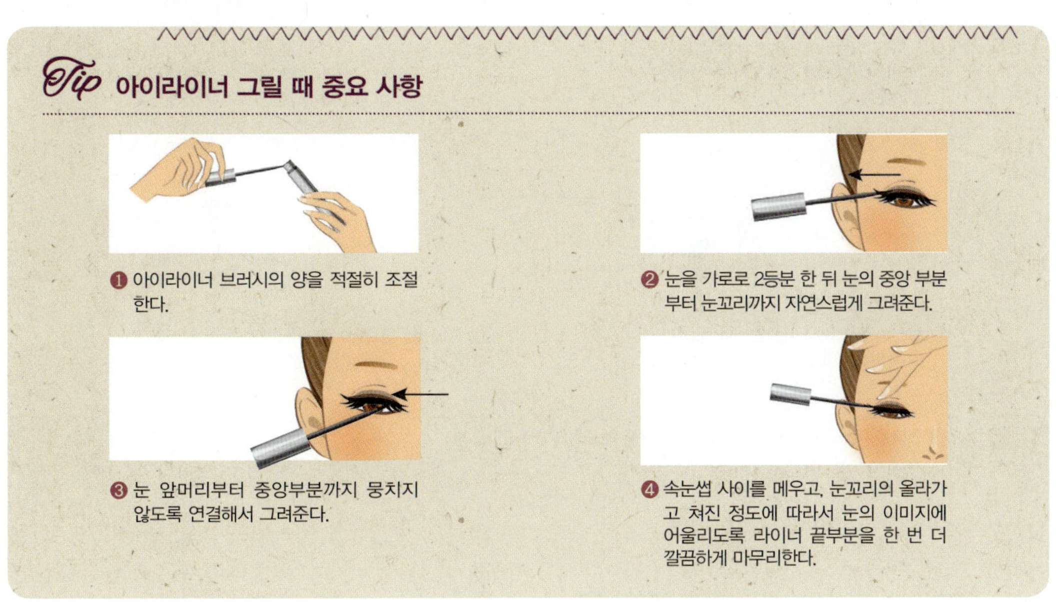

Tip 아이라이너 그릴 때 중요 사항

❶ 아이라이너 브러시의 양을 적절히 조절한다.

❷ 눈을 가로로 2등분 한 뒤 눈의 중앙 부분부터 눈꼬리까지 자연스럽게 그려준다.

❸ 눈 앞머리부터 중앙부분까지 뭉치지 않도록 연결해서 그려준다.

❹ 속눈썹 사이를 메우고, 눈꼬리의 올라가고 쳐진 정도에 따라서 눈의 이미지에 어울리도록 라이너 끝부분을 한 번 더 깔끔하게 마무리한다.

>> 마스카라

　속눈썹을 강조할 때 사용하며 부착력이 좋아서 가루가 잘 떨어지지 않는 것이 좋으며, 쉽게 번지거나 건조시간이 너무 길지 않은 것을 사용하도록 한다. 너무 무겁게 뭉치거나 가루 떨어짐 등으로 컬링 효과가 나쁜 것은 피하는 것이 좋다. 퍼스널컬러 진단을 참고해서 색상을 고른 뒤 마스카라를 바른다.

- **볼륨 마스카라:** 눈썹은 긴데 숱이 없어서 풍성해 보이지 않는 눈썹에 볼륨감을 살려주는 마스카라
- **컬링 마스카라:** 눈썹 숱은 많은데 눈썹이 짧아서 잘 올라가지 않거나 컬을 길게 살려주는 마스카라

▲ 출처: www.ohui.co.kr
www.hera.co.kr

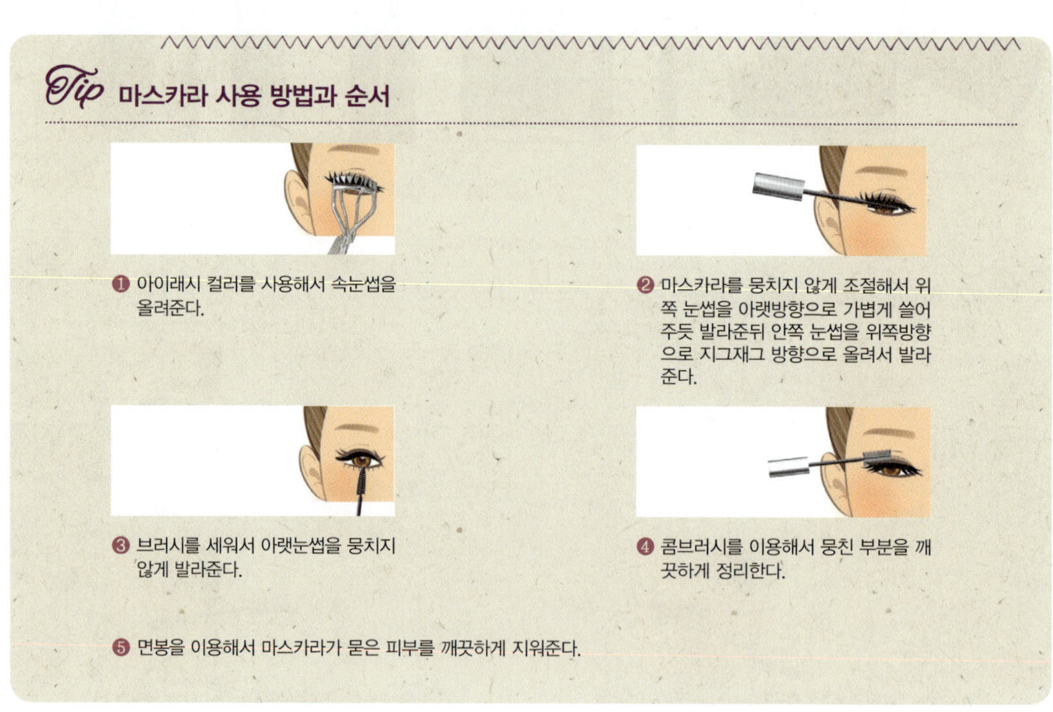

≫ 립글로스

입술의 세로 주름을 커버 하고 촉촉하게 볼륨감을 살려주는 글로시한
입술을 표현해 주는 데 사용된다.

▲ 출처: www.whoo.co.kr, www.hera.co.kr

≫ 립스틱

입술의 건조 방지 및 자외선으로부터 입술보호, 입술에 색상 부여 등
의 목적으로 사용하는데 자극이 없고 바르는 양의 1/5이 체내에 흡수한
다고 봤을 때 인체에 무해해야 한다. 잘 발라져야 하고 입술에 자극이
되지 않아야 하며, 번짐 현상이 심하지 않아야 한다. 퍼스널컬러 진단을
참고해서 색상을 고른 뒤 립스틱을 바른다. 봄, 가을은 옐로우베이스의
골드계를 고려한 따뜻한 색상예: 오렌지계열, 여름, 겨울은 블루베이스의
실버계를 고려한 차가운 색상핑크, 연핑크 계열을 선택해서 바른다.

- **모이스처 립스틱:** 보습력이 우수한 것이 특징이며 오일이 가장 많이 들어가
  있다.
- **매트 립스틱:** 왁스의 밀착감을 높여서 만들어진 립스틱으로 번들거리지 않는
  것이 특징이다.
- **롱래스팅 립스틱:** 오랜 시간 지워지지 않는 것이 특징이며, 입술이 건조해지
  는 등 각질이 일어나기도 한다. 클렌징 시 전용 클린제를
  사용하도록 한다.

▲ 출처: www.whoo.co.kr, www.hera.co.kr

:: 립 메이크업 Lip Make-up

- **얇은 입술**: 실제 입술의 두께보다 입술 라인을 1mm 정도 아웃커브 Outcurve 로 그려준다. 입술이 얇기 때문에 밝은 색상의 립스틱이나 펄이 있는 립스틱을 발라준다.

- **두꺼운 입술**: 실제 입술의 두께보다 입술 라인을 1mm 정도 인커브 incurve 로 그려준다. 입술이 두껍기 때문에 어두운 색상의 펄이 없는 립스틱을 발라준다.

- **작은 입술**: 실제 입술보다 가로 세로 폭을 1mm 정도 아웃커브 Outcurve 로 그려주고 밝은 계열의 립스틱 혹은 립글로스를 발라준다.

- **큰 입술**: 실제 입술보다 가로 세로 폭을 1mm 정도 인커브 incurve 로 그려준 뒤 펄이 없는 약간 어두운 색상의 립스틱을 발라준다.

- **윗입술이 두꺼운 입술**: 윗입술은 실제 입술보다 1mm 정도 인커브 incurve 로 그려주며, 아랫입술에 비해서 윗입술은 같은 색상 계열의 약간 어두운 톤의 립스틱을 발라준다.

- **구각이 심하게 처진 입술**: 실제 입술 구각보다 심하게 위로 올려서 그리면 부자연스러우므로 1mm 정도만 올려서 그려주고 윗입술은 인커브 incurve 로 그려준다.

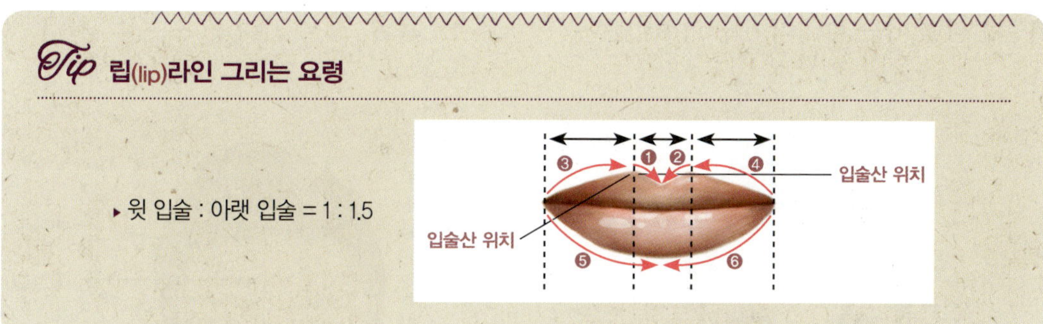

》 치크 메이크업 블러셔

입체감 있는 얼굴 표현, 혈색 있는 건강한 피부표현을 한다. 봄, 가을 타입은 옐로우베이스의 골드계를 고려한 따뜻한 색상예: 오렌지 계열, 여름, 겨울 타입은 블루베이스의 실버계를 고려한 차가운 색상예: 핑크, 연핑크 계열을 선택해서 바른다.

▲ 출처: www.hera.co.kr, www.ohui.co.kr

❶ 여성스런 우아한 이미지: 관자놀이에서부터 볼의 중앙부분을 감싸듯 굴려서 발라준다.

❷ 동안의 귀여운 이미지: 눈 밑 볼 중앙 부분을 중심으로 둥글려서 발라준다.

❸ 활동적인 이미지: 귀 앞쪽 라인에서 볼을 중심으로 가로 선의 느낌을 살려서 발라준다.

❹ 지적이고 샤프한 이미지: 관자놀이에서 볼 중앙 방향으로 길게 발라준다.

:: 얼굴형에 따른 하이라이트와 섀이딩shading: 음영법 요령

• 사각형

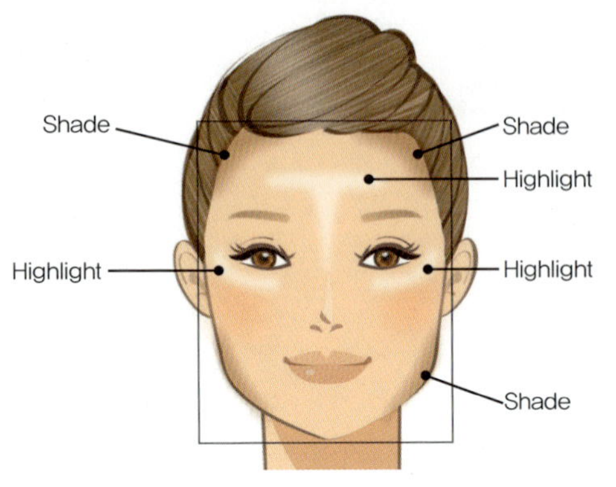

• 역삼각형

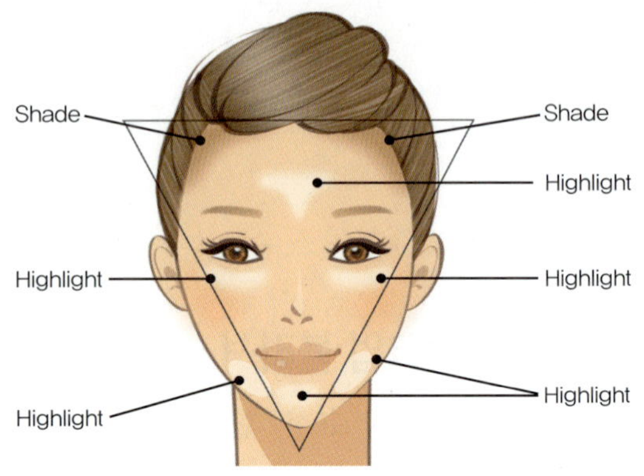

• 긴형

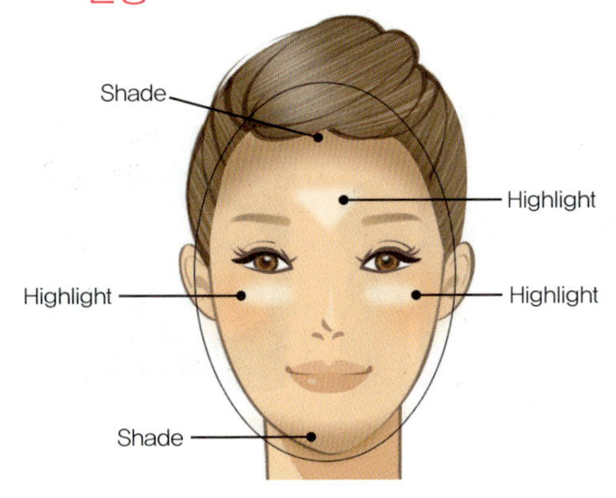

• 둥근형

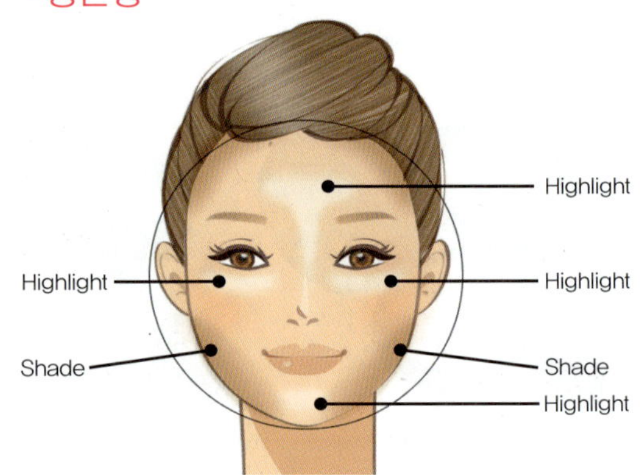

𝒯ip 남성 메이크업은 이렇게

▶ 순서: 클렌징 – 스킨 – 아이크림 – 에센스 – 로션 – 크림 – 썬크림 – 남성용 파운데이션이나 B.B크림 – 파우더 – 눈썹 – 립스틱
▶ 피부 표현: 피부톤에 맞는 리퀴드 파운데이션이나 남성용 B.B크림을 이용해서 피부색을 고르게 보정해준다.
▶ 파우더: 다크 베이지나 개인에게 어울리는 색상을 가볍게 소량을 살짝 눌러주듯이 자연스럽게 유분기만 제거해 준다.
▶ 눈썹: 눈썹이 없는 부분이나 잘린 부분을 자연스럽게 연결해서 그려준다.
▶ 립스틱: 남성용 립글로스나 립밤, 립스틱을 자연스럽게 소량만 발라준다.

메이크업 도구

:: 메이크업 도구의 종류와 용도

❶ **스펀지**^{Sponge} : 파운데이션을 위생적으로 피부에 고르게 펴바르는데 사용한다. 작은 스펀지는 하이라이트와 섀이딩용으로 사용한다.

❷ **파우더 퍼프**^{Powder Puff} : 가루파우더를 피부에 곱게 펴바르는데 사용한다.

❸ **메이크업 브러시**^{Make-up Brush} : 메이크업 브러시 종류에는 다음과 같은 종류가 있다.

• **파우더 브러시**^{Powder Brush} : 브러시 중에서 가장 큰 것이며, 자연모로 부드러운 것이 좋고 파우더를 충분히 묻혀서 피부결대로 얼굴 안쪽에서 바깥쪽으로 부드럽게 쓸어주듯이 펴발라준다. 마무리는 바른 반대방향으로 발라준다.

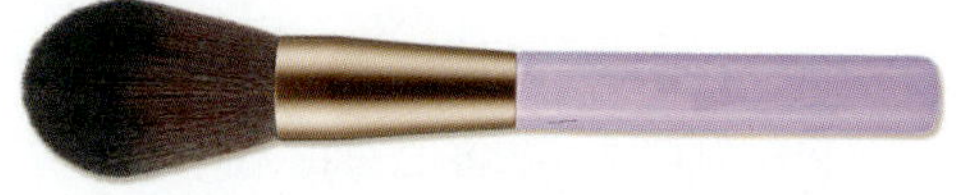

• **팬 브러시**^{Fan Brush} : 부채꼴 모양으로 납작하게 디자인된 것이 특징이며 1차적으로 바른 가루파우더를 고르게 정리해서 털어주는데 사용한다.

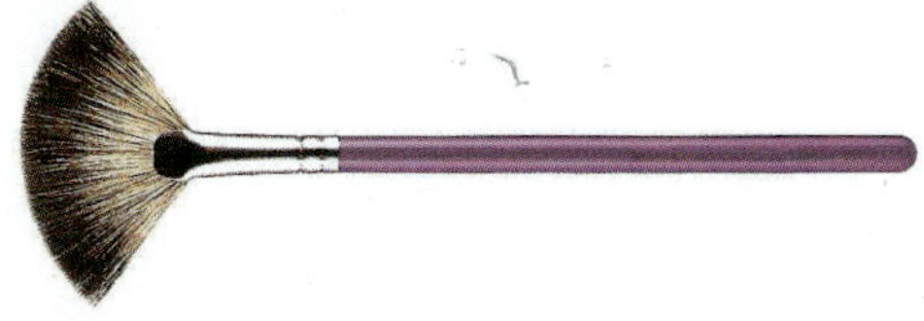

- **블러셔 브러시**^{Blusher Brush}: 볼 부위를 입체감있게 아름다운 혈색을 만들어주거나 얼굴 라인을 수정하는데 사용한다.

- **컨실러 브러시**^{Concealer Brush}: 기미, 주근깨와 같은 잡티 커버 및 눈밑 다크써클 커버용으로 사용한다.

- **아이섀도 브러시**^{Eye Shadow Brush}: 다른 브러시에 비해서 눈에 사용되는 브러시로 족제비털로 만들어진 품질 좋은 브러시를 사용하는 것이 중요하며, 베이스 컬러, 메인 컬러, 포인트 컬러용이 있으며 용도에 맞게 사용한다.

- **아이브로우 콤 브러시**^{Eyebrow Comb Brush}: 눈썹을 빗어 방향을 정리하거나 다듬어서 가위로 눈썹을 잘라 정리할 때 사용한다. 또한 마스카라를 사용한 이후 뭉쳐 있는 속눈썹을 정리하는데 사용한다.

- **사선 눈썹용 브러시**^{Slant Eyebrow Brush}: 눈썹용 섀도로 눈썹을 그릴때 사용되는 브러시로 족제비 털이나 청솔모로 만들어진 브러시를 사용하는 것이 좋으며, 눈썹이 부드럽고 눈썹모가 가는 경우에 사용하는 것은 족제비털이 좋다.

• **스크루 브러시**^{Screw Brush}: 눈썹을 그려주기 전에 눈썹모를 빗어서 정리해 줄 때 사용하거나 마스카라를 사용한 이후에 뭉쳤을 때 사용한다.

• **아이라이너 브러시**^{Eye Liner Brush}: 리퀴드 타입의 아이라이너를 그려줄 때 사용하며 라인을 살려서 뚜렷한 눈매를 만들어 준다.

• **팁 브러시**^{Tip Brush}: 아이섀도의 포인트 컬러를 바를 때 사용하며 스펀지로 만들어진 브러시로 섀도를 자연스럽게 그라데이션시킬 때 사용한다.

• **아이래시 컬러**^{Eye Lash Culer}: 속눈썹을 자연스럽게 올려주어 컬을 줄때 사용하는 기구이며, 이이래시 컬러를 사용함으로써 보다 큰 눈매와 선명한 라인을 살려 뚜렷하고 아름다운 눈을 표현하는데 사용한다.

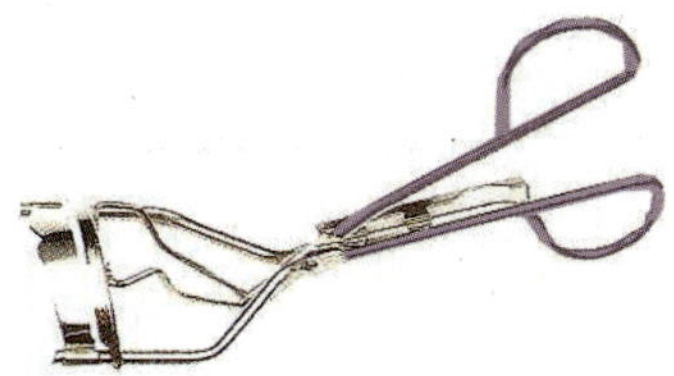

• **립 펜슬**^{Lip Pencil}: 입술바깥 선을 아름답게 수정하여 입술라인을 뚜렷하게 그려주거나 립스틱의 번짐을 막아주는 목적으로 사용한다.

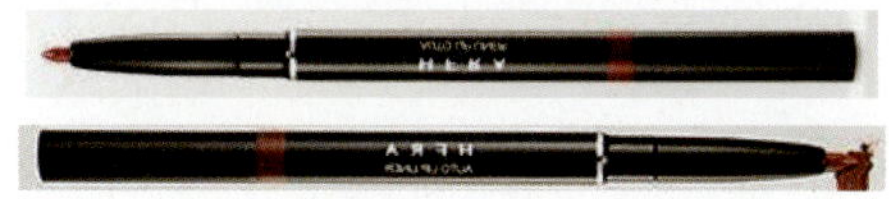

• **립 브러시**^{Lip Brush}: 입술에 립스틱을 바를때 적당한 크기로 입술형태에 따라 편리하게 그려주는 목적으로 사용한다.

6

4가지 얼굴 유형별 이미지와 컬러 진단

시즌 컬러 시스템

시즌 컬러 시스템이란 퍼스널 컬러 진단법 중 하나이며, 시즌 컬러 진단은 개인마다 피부의 톤을 보고 옐로 베이스와 블루 베이스로 구분해서 그 기본적인 톤을 기준으로 봄, 여름, 가을, 겨울의 타입으로 나누어 분석하는 것을 말한다.

》봄 타입

- **이미지 특징:** 귀여우면서 사랑스럽고 생기발랄하며 경쾌하고 활기 넘치는 젊은 동안 이미지로 옐로 베이스^{골드계}에 속한다.

- **피부 색:** 밝은 흰 피부가 대부분이며 피부 결이 매끄럽고 밝은 광택이 있는 노란 빛을 띠는 크림색의 맑고 투명한 피부, 볼이 살짝 붉은색을 띠기도 한다.

- **두피 색**: 노르스름한 빛이 난다.

- **손목 안쪽 색**: 노르스름한 빛이 난다.

- **모발 색**: 밝은 브라운색을 띄며 머리카락의 굵기가 가늘고 윤기가 많이 흐르는 부드러운 머릿결이 특징이다.

- **눈동자 색**: 밝은 브라운이나 노란빛이 도는 그린 색으로 눈동자에서 빛이 나는 것이 특징이다.

- **얼굴형**: 둥근형

- **체형**: 대체로 둥글고 작은 체형

- **어울리는 컬러**: 봄의 느낌을 연상해보면 이해가 빠른데 옐로를 기본으로 하는 난색 계열의 그린 색, 노란색, 밝은 파스텔 색이나 선명한 비비드vivid한 색이 잘 어울린다.

- **피해야 할 컬러**: 채도가 낮은 저채도의 의상이나 색의 느낌이 무겁고 명도가 낮은 색상은 피하는 것이 좋다. 또한 블루나 화이트같은 차가운 색은 피하도록 한다.

- **패션**: 캐주얼 스타일이 어울리며 실크와 같은 광택이 느껴지는 옷감이나 레이스와 같은 부드러운 소재와 꽃무늬나 도트무늬와 같은 작고 아기자기한 무늬의 옷이 잘 어울린다.

- **안경테**: 따뜻한 느낌의 금테가 어울리며 타원형이 무난하게 잘 어울린다. 차가운 느낌의 색이나 은색 계열의 금속 테는 피하는 것이 좋다. 플라스틱 테인 경우 측면이 살짝 난색 계열의 옐로우, 파스텔 그린이 들어간 색도 잘 어울린다.

- **주얼리jewellery 색상**: Gold, 호박

- **대표적인 봄 이미지 연예인**: 장나라, 배용준

〉〉 여름 타입

- **이미지 특징**: 친절하고 부드러워 보이는 우아하고 지적인 여성스런 이미지이지만 다소 차가운 느낌도 있는 블루 베이스^{실버계}에 속한다.

- **피부 색**: 희면서 핑크빛이나 붉은빛이 도는 피부가 많다. 핑크색이나 복숭아 빛, 검붉은 색을 띄기도 한다. 당황했을 때 얼굴이 금세 붉어지는 것을 육안으로 확인할 수 있다.

- **두피 색**: 붉은빛이 감도는 흰색이다.

- **손목 안쪽 색**: 붉은빛이 감도는 흰색이다.

- **모발 색**: 밝은 브라운색이나 다크 브라운, 밝은 명도의 블론드^{blond: 금발} 모발색이 특징이며, 머리카락의 굵기가 가늘고 윤기가 없이 건조한 것이 특징이다.

- **눈동자 색**: 연한 갈색, 짙은 갈색, 연한 그레이 계열의 블루아이의 부드러우며 순수한 여성스런 느낌이 특징이다.

- **얼굴형**: 계란형

- **체형**: 골격이 가늘고 날씬한 정도의 균형 잡힌 체형

- **어울리는 컬러**: 옅은 핑크, 옅은 살구색과 같은 파스텔 계열, 부드러운 스카이블루

- **피해야 할 컬러**: 노란색이나 금색, 오렌지색, 진하거나 강한 색상, 검정색

- **패션**: 엘레강스 스타일이 어울리며 니트 소재나 순모, 캐시미어와 같은 부드러운 느낌의 소재가 어울린다.

- **안경테**: 차가운 느낌을 살린 한색계열의 은테나 부드러운 스카이 블루나 파스텔 핑크, 연한 살구색이 섞인 플라스틱 테도 잘 어울린다. 노란색이나 금색, 오렌지색, 진하거나 강한 색상, 검정색 등의 테는 피하는 것이 좋다.

- **주얼리 색상**: White gold, Silver, 진주, 터키석, 상아, 토파즈

- **대표적인 여름 이미지 연예인**: 이영애, 노주현

≫ 가을 타입

- **이미지 특징**: 차분하고 분위기 있으면서 따뜻하고 여유로운 느낌을 주며 세련된 깊이가 느껴지는 성숙된 포근한 이미지와 침착한 클래식한 이미지의 옐로 베이스^{골드계}에 속한다.

- **피부색**: 노르스름한 혈색없는 빛에 푸석한 느낌의 황색 브라운이나 오
  렌지 빛을 띄기도 한다.

- **두피 색**: 노르스름한 황색이다.

- **손목 안쪽 색**: 황색이나 갈색이다.

- **모발 색**: 부드러운 느낌의 따뜻한 갈색, 짙은 갈색, 붉은 광택의 블랙,
  오렌지 빛의 붉은 갈색

- **눈동자 색**: 소프트 브라운, 다크 브라운, 녹색, 블랙, 황갈색

- **얼굴형**: 긴형

- **체형**: 어느 정도 살이 있는 통통한 느낌의 고전적 체형

- **어울리는 컬러**: 옐로계의 색을 기본으로 한 따뜻하고 차분한 느낌의 골
  드, 브라운, 오렌지, 카키, 그린, 베이지, 올리브

- **피해야 할 컬러**: 선명한 겨울 느낌의 색이나 차가운 색은 피하도록 한다.

- **패션**: 자연에 가까운 컨트리 풍의 내추럴 스타일이나 캐주얼 스타일도
  잘 어울리는 편이고 사파리 수트나 고저스^{gorgeous}한 스타일이 잘 어
  울리며 따뜻한 느낌의 니트류나 울 소재와 같은 자연스런 느낌의 소재
  가 잘 어울린다. 금속과 같은 광택이 나는 소재는 피하도록 하며 자연
  의 느낌을 살린 가죽이나 대나무와 같은 푸석한 느낌의 자연 소재가
  잘 어울린다.

- **안경테**: 브라운 계열의 플라스틱 테나 따뜻한 느낌의 금테가 잘 어울
  리며 광택이 있는 화이트나 은색 금속테는 피하는 것이 좋다.

- **주얼리 색상**: Gold

- **대표적인 가을 이미지 연예인**: 최명길, 한석규

- **이미지 특징**: 차가운 느낌의 강렬하고 개성 있는 도시적 이미지이며 블루베이스실버계에 속한다.

- **피부 색**: 희면서 푸른빛을 띠며 윤기 있는 피부, 일부 푸른빛에 노르스름한 윤기 있는 피부

- **두피 색**: 푸른빛이 감도는 흰색이나 노르스름하면서도 약간의 푸른빛을 띠는 색이다. 붉은 색의 기운이 느껴지지 않는다.

- **손목 안쪽 색**: 노르스름하면서 푸른빛이 감돌거나 흰 피부에 푸른빛을 띤다.

- **모발 색**: 윤기 있는 검은색, 푸른빛이 나는 갈색과 검은색, 실버 그레이

- **눈동자 색**: 선명하고 뚜렷한 느낌의 녹색이나 짙은 푸른 기가 도는 진갈색, 청색

- **얼굴형**: 각진 형

- **체형**: 어깨가 각지고 넓으며 키가 크고 체구가 좋은 체형

- **어울리는 컬러**: 차가운 느낌의 한색 계열의 대비가 크고 강렬한 색이 어울리며 블루와 화이트를 기본색으로 화이트와 블랙과 같은 콘트라

스트 배색이 적합하며 채도가 높은 색이 잘 어울린다.

- **피해야 할 컬러**: 따뜻한 느낌의 원색, 봄 느낌의 따뜻한 파스텔 색상이나 선명하지 않고 희미하거나 탁한 색상은 피하는 것이 좋다.

- **패션**: 활동적이고 남성적인 느낌을 살린 매니시^{mannish} 스타일이 잘 어울리며, 강렬한 콘트라스트 배색이 잘 어울린다. 또한 차가운 느낌의 실버나 화이트골드의 금속성을 살린 스타일의 의상도 잘 어울리며 캐주얼 스타일이나 자연스런 내추럴한 스타일은 피하는 것이 좋다.

  옷감은 새틴, 울, 벨벳이 잘 어울리며 얇아서 하늘거리는 소재나 시폰^{chiffon} 소재 등은 피하는 것이 좋다. 얇은 스트라이프 보다는 선명하게 대비가 큰 굵은 스트라이프가 잘 어울린다.

- **안경테**: 차가운 느낌의 은테가 잘 어울리며 플라스틱 테의 경우 와인색이나 진한 갈색을 하면 세련미를 살린 지적인 도시적 이미지를 줄 수 있다. 그러나 따뜻한 느낌의 금테는 어울리지 않으니 피하는 것이 좋다.

- **주얼리 색상**: White Gold, Silver, 주석

- **대표적인 겨울 이미지 연예인**: 김남주, 차인표

퍼스널 컬러 시스템
PCS: Personal Color System

개개인의 신체 특징을 분석하고 개인에게 가장 잘 어울리는 색상을 진단해서 찾아내는 방법을 퍼스널 컬러 시스템이라 한다. 퍼스널 컬러의 시작은 20세기 초 바우하우스 스쿨^{Bauhaus School}이라는 미술조형학교

에서 요하네스 이텐 교수에 의해서 컬러 분석이 시작되었으며, 그 이후 1928년 미국의 로버트 도우라는 사람에 의해서 실내 인테리어용으로 기본 톤의 분석을 통한 배색의 제안이 시작되었다.

》》퍼스널 컬러 분석의 대중화

1940년 수잔 카질에 의해 피부색, 눈동자 색, 모발 색으로 퍼스널 컬러를 결정하는 시스템이 개발되었으며, 패션아카데미인 다이아나 방스에서 교재가 출판되면서 사계절에 대응시킨 퍼스널 컬러의 진단 방법의 제안이 시작되었다. 그 이후 본격적으로 대중화 된 것은 1984년 『*Color me beautiful*』이라는 캐롤 잭슨Carole Jackson의 저서를 통해서이다.

퍼스널 컬러는 전체적으로 노란색 느낌의 옐로 베이스와 푸른색 느낌의 블루 베이스로 나누며 크게 이 두 가지를 피부에 적용시켜서 퍼스널 컬러의 분석을 하게 된다. 한국에서는 일본에서 도입된 Three Base Color System이 확산되어 사용되고 있으며, Three Base Color System이란 피부 톤을 옐로 베이스, 블루 베이스, 노 베이스로 분류해서 분석하는 방법이다.

퍼스널 컬러 분석은 개인이 평소에 좋아하는 선호 색상이 아닌 개인의 신체특성과 피부에 가장 잘 어울리는 색을 색채 진단을 통해서 베스트 컬러를 찾는 것이다. 퍼스널 컬러 분석을 통해서 자신에게 가장 잘 어울리는 자연스런 색상과 건강해 보이는 색을 객관적으로 찾을 수 있게 된다.

》》컬러 진단의 결정 요인

퍼스널 컬러 진단 시 Three Base Color System은 피부의 기본 톤을 분석하는 방법으로 피부색을 노란색 기운이 도는 옐로 베이스골드계, 푸른색 기운이 도는 블루 베이스실버계, 노 베이스로 분류해서 분석한다. 추가적으로 눈동자 색과 머리카락 색을 분석한 뒤 뒷머리 두피 색과 손목 안쪽 색을 보도록 한다.

:: 피부색

선천적으로 타고나는 개인 고유의 색이며 피부색을 결정짓는 중요한 구성 색소로는 3가지가 있다. 첫 번째 피부의 붉은 색을 결정짓는 헤모글로빈, 피부의 검은 색 정도를 결정짓는 멜라닌, 피부에 노란색을 결정짓는 카로틴이 있으며 이 세 가지의 색소가 피부에 얼마나 분포하느냐에 따라서 개인의 피부색이 결정된다.

:: 눈동자 색

퍼스널 컬러진단에서 눈동자 색은 홍채의 색을 말하며 홍채에도 멜라닌 색소가 있으며 눈동자의 색은 홍채에 있는 색소에 따라 결정된다. 홍채에 존재하는 멜라닌 색소는 자외선으로부터 눈을 보호하는 역할을 하며 홍채의 이완, 수축 정도에 따라서 동공의 크기가 달라지기도 한다. 한국인의 대부분은 흑갈색이며, 블랙이나 옅은 브라운 계열도 있다.

:: 모발 색

인종에 따라 다양한 모발색이 있고, 멜라닌 색소의 양에 따라서 금발, 흑색, 적색 등의 다양한 색상이 결정된다. 개인차에 따라서 다르지만 모발은 1개월에 1.5cm 정도 자라는데 동양인의 모발 색 구분은 간단히 그레이, 브라운, 블랙으로 나눌 수 있다. 블루 베이스실버계의 경우에는 광택이 있는 굵은 모질의 검은색의 모발이 특징이며, 옐로 베이스골드계의 경우에는 브라운 계열의 전반적인 색상으로 옐로우부터 오렌지 계열까지로 본다. 정확한 퍼스널 컬러진단을 위해 염색이나 헤나 등은 하지 않고 진단하도록 한다.

:: 뒷머리 두피 색

머리의 정수리 부분을 피해서 자외선의 노출이 적은 뒷 머리의 피부색을 보고 분석하는데 봄사람의 특징은 빛이 나는 노르스름한 피부, 여름사람의 특징은 붉은 빛이 비치는 흰색, 가을 사람의 특징은 노르스름한 황색, 겨울 사람의 특징은 푸른빛이 나는 흰색이나 노르스름한 색이다.

팔 바깥쪽을 피해서 자외선의 노출이 적은 손목 안쪽이나 팔 안쪽의 색을 보고 분석한다. 여러 사람이 모여서 함께 손목 안쪽의 피부색을 보고 비교하면 재미도 있고 확연한 구분이 가능하다. 봄 사람의 특징은 노르스름한 빛이 나며, 여름사람의 특징은 붉은빛이 감도는 흰색, 가을 사람의 특징은 노르스름한 황색이나 갈색, 겨울사람의 특징은 푸른빛이 감도는 흰 피부나 푸른빛이 감도는 노르스름한 피부이다.

〉〉 컬러 진단의 응용

퍼스널 컬러 진단은 개인의 피부색, 눈동자 색, 모발 색을 기본 분석으로 개인의 이미지 특징, 두피 색, 손목 안쪽 색, 얼굴형, 체형과 같은 신체 특징 및 색상을 파악해서 컬러 패브릭 드레이핑을 해보고 개인에게 어울리는 컬러를 찾아내는 진단 방법이며, 퍼스널 컬러 진단을 통해서 개인에게 어울리는 컬러, 피해야 할 컬러, 패션, 주얼리 색상, 안경테, 소품 등 다양한 전체적인 이미지에 좋은 영향을 미칠 수 있도록 응용해서 코디할 수 있는 흥미로운 진단방법이다.

〉〉 컬러 진단 시 중요 사항

❶ 자연 빛이 좋은 낮오전 10시~3시에 실시한다.

❷ 메이크업은 하지 않고 실시한다.

❸ 속의 옷이 비치지 않는 흰색 두꺼운 소재의 가운을 입는다.

❹ 모발색이 보이지 않도록 흰색 헤어터번으로 모발을 감싸고 진단을 실시한다.

❺ 사계절 컬러 패브릭fabric을 다양한 색상별로 준비해서 얼굴에 대보고 진단한 뒤 컬러에 따른 얼굴색의 변화를 자세히 관찰한다.

❻ 피부에 결정적인 영향을 미치는 혈액 순환 개선제나 카로틴, 비타민과 같은 약이나 한약 종류는 2주 전부터 섭취하지 않도록 한다.

❼ 정확한 컬러 진단을 위해서 평가자는 최소 3인 이상이 실시하도록 한다.

❽ 귀걸이나 팔찌 등의 컬러 진단에 방해가 될 수 있는 액세서리는 하지 않도록 한다.

❾ 색이 있는 렌즈를 하지 않도록 한다.

❿ 백열등이나 간접조명과 같은 밝지 않은 조명에서는 컬러 진단을 실시하지 않는다.

⓫ 평가자와 모델이 모두 잘 보이는 큰 전신거울을 준비하고 분석한다.

▲ [그림 6-1] 컬러 진단 모습

》 퍼스널 컬러 진단으로 성공적인 베스트 컬러를 찾았을 때 나타나는 효과

- 자연스럽고 건강한 이미지
- 주름이 깊어 보이지 않으며 고른 피부결의 윤기 있는 좋은 피부로 보일 수 있고, 호감 가는 이미지
- 얼굴이 칙칙해 보이지 않고 맑고 환해 보이는 이미지
- 나이보다 젊어 보이고 활동적인 이미지
- 더욱 반짝이고 생기 있는 눈동자로 건강한 이미지

- 치아가 더욱 하얗고 고르게 보이는 이미지
- 베스트 컬러 코디에 따른 같은 사람, 다른 느낌의 고급스럽고 특별
  한 이미지
- 베스트 컬러를 알게되면 개인에게 어울리는 의상이나 액세서리, 소
  품 등 외모에 투자해야 되는 시간과 노력을 줄일 수 있다.

행운을 부르는 개운開運 메이크업

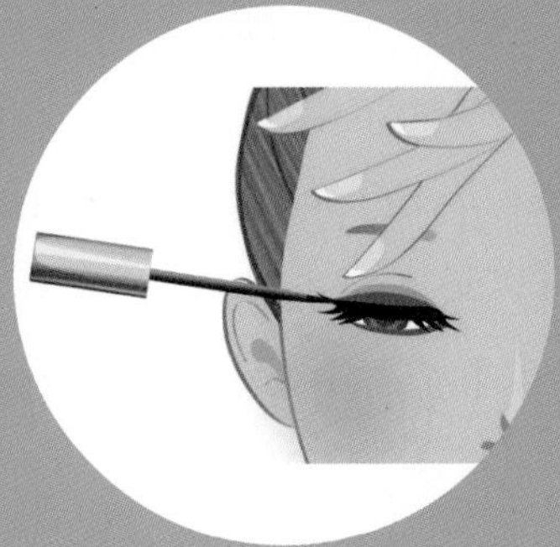

운을 열어주는
개운 메이크업

》 금전운을 좋게 하는 이마 메이크업

15~30세의 운을 보는 상정은 부귀영화를 결정짓는 관록궁이나 양쪽 눈썹 위의 부모궁, 부모궁의 좌우, 눈썹 끝 부분의 위에 위치한 금전운을 결정짓는 복덕궁, 양 눈썹의 끝 윗부분부터 이마의 양 옆 가장자리 머리카락이 난 부분까지의 재물운이나 여행운을 보는 천이궁이 있는 곳이다. 이마가 너무 좁거나 푹 꺼져 있거나 깊은 주름이 있는 경우에 좁은 이마는 머리카락을 자연스럽게 뽑아서 넓게 만들어 주고 주름진 부분은 프라이머Primer: 메이크업 전에 사용되는 베이스 제품인데, 피부의 모공이나 주름(요철) 등을 메꿔주어서 피부가 매끈하게 보이도록 해주는 제품를 사용해서 주름의 골을 매워주며 피부빛이 밝지 않을 경우 하이라이트를 주어 밝고 환하게 메이크업 해준다. 남자의 경우에도 충분한 보습과 썬크림을 사용해주고, 피부색 보정 효과를 줄 수 있는 B.B크림을 발라서 깨끗하게 정돈된 피부를 유지해준다.

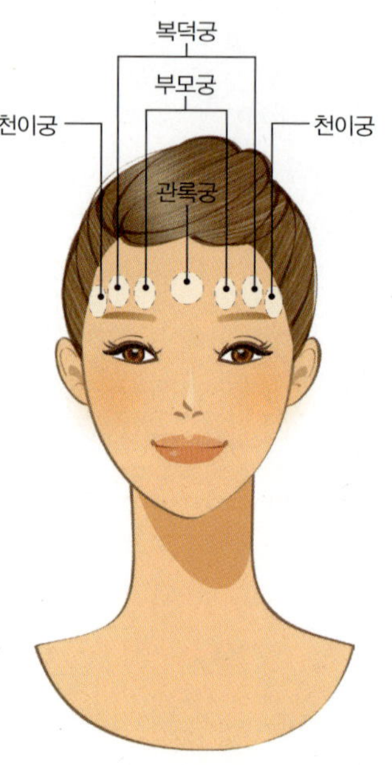

▲ [그림 7-1] 이마 부분의 관상 위치

>> 형제·자매 운을 좋게 하는 눈썹 메이크업

형제, 자매 간의 우애나 사랑 정도를 형제궁을 통해서 보는 곳이다. 눈썹이 너무 짧거나 흉터가 있어서 모가 없는 경우 펜슬로 매워주고 눈을 덮을 정도로 길게 눈썹 끝을 선명하고 가지런하게 그려준다.

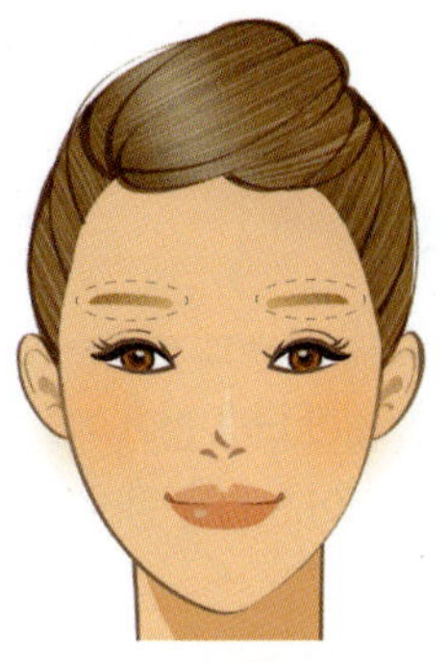

▲ [그림 7-2] 형제궁(형제운)

∷ 눈썹과 눈 간격에 따른 메이크업 테크닉

• 눈썹과 눈 사이가 넓은 경우

▲ [그림 7-4] 눈썹과 눈의 사이가 넓다.

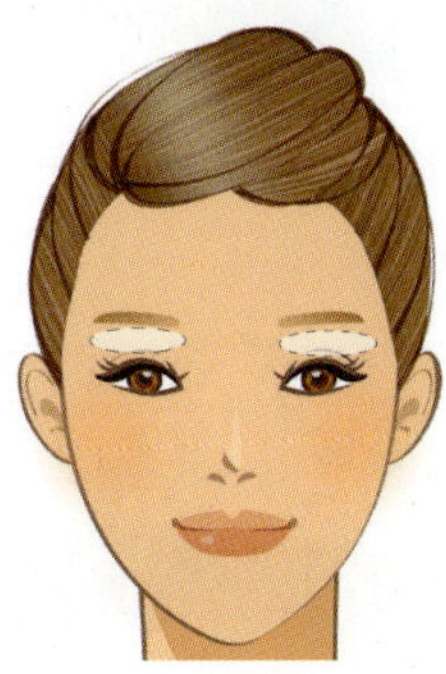

▲ [그림 7-3] 전택궁(부동산, 주택운)

눈과 눈썹 사이가 너무 넓은 경우에는 브라운 아이브로우 펜슬을 이용해서 실제 눈썹이 난 아랫부분에 자연스럽게 눈썹을 그려준 뒤 전체적으로 자연스럽게 다듬어준다.

• 눈썹과 눈 사이가 좁은 경우

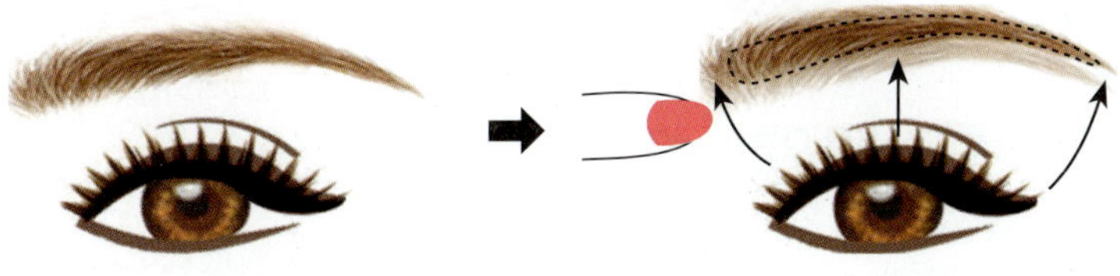

▲ [그림 7-5] 눈썹과 눈의 사이가 좁다.

눈과 눈썹의 간격이 너무 좁아서 답답해 보이는 사람은 눈썹 하단의 눈썹을 자연스럽게 뽑아준 뒤 본래의 눈썹보다 약간 올려서 그려준다.

• 두껍고 짙은 눈썹의 경우

▲ [그림 7-7] 두껍고 짙은 눈썹

눈썹 숱이 너무 많아 거칠고 두꺼운 눈썹은 너무 강한 인상을 주므로 둥근 눈썹모양으로
잘 다듬어 눈썹을 정리해 준다.

▲ [그림 7-6] 형제궁(형제운)

• 삼각형 눈썹의 경우

◀ [그림 7-8] 삼각형 눈썹

각이 진 삼각형 눈썹은 관상학에서 남자운이 없는 눈썹으로 둥글게 다듬어 눈썹을 정리해
준다.

• 일자 눈썹의 경우

◀ [그림 7-9] 일자 눈썹

일자 눈썹은 고집스럽고 너무 강한 의지를 보여서 타인과의 충돌이 생길 수 있는 이미지로
부드럽게 둥글려서 다듬어준다.

• 눈썹 앞부분이 두껍고 눈썹 꼬리가 가는 경우

◀ [그림 7-10] 눈썹 앞 부분이 두껍고
꼬리가 가늘다

눈썹 꼬리가 너무 가늘 경우에는 눈썹 앞머리를 정리해서 다듬고 균형을 맞춰서 눈썹꼬리
부분을 약간 두껍게 그려준다.

• 가는 눈썹의 경우

◀ [그림 7-11] 가는 눈썹

너무 가는 눈썹은 실제 나이보다 더 나이 들어 보이는 이미지 이므로 젊고 건강해 보일 수
있도록 살짝 두껍게 눈썹을 그려준다.

>> 부동산 운과 남녀 애정운을 좋게하는 눈 메이크업

눈과 눈썹 사이는 전택궁으로 부동산, 주택 등
재물운과 상속에 대한 재산 정도를 보는 곳이며,
두 눈 아래 와잠눈의 바로 아래 속눈썹 아래: 누어서 잠을
자는 누에의 모습과 누당눈 아래 와잠 바로 밑 눌러도 뼈가
없는 곳을 남녀궁자식궁으로 남녀 간의 애정 운을
보는 곳인데 이 두 곳이 움푹 들어갔거나 어두워
보일 경우 메이크업으로 밝게 수정해준다. 또한
눈썹 밑 전택궁 자리에 하이라이트와 눈밑 남녀

 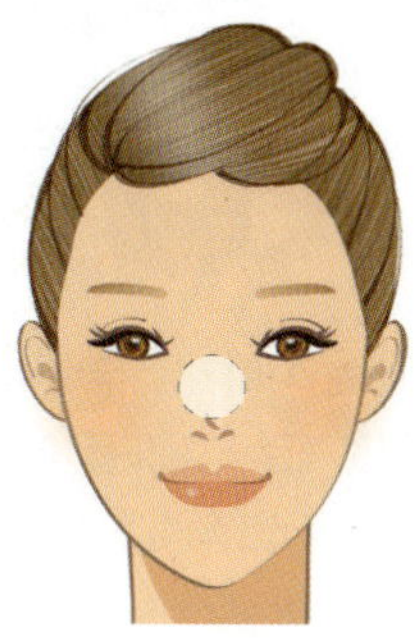

▲ [그림 7-12] 남녀궁(자식궁)　▲ [그림 7-13] 재백궁(재물운)

궁 자리에 하이라이트를 자연스럽게 운이 열리는 눈 메이크업을 해준다.
남자의 경우에도 피부 보정을 통해서 밝고 자연스럽게 해준다.

:: 눈 모양에 따른 메이크업 방법

· 눈끝이 올라간 눈의 경우

◀ [그림 7-14] 눈 끝이 올라간 눈

올라간 눈은 욕심 많고 승부욕이 강한 이미지를 줄 수 있으므로 눈꼬리의 언더라인 1/3을
약간 진하게 발라서 올라간 눈이 눈에 띄지 않게 아이 메이크업한다.

· 눈끝이 내려간 눈의 경우

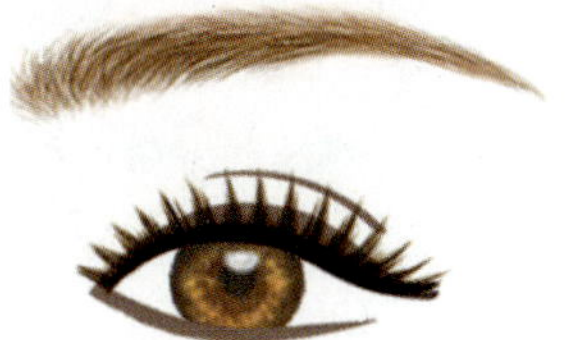  

◀ [그림 7-15] 눈 끝이 내려간 눈

눈꼬리가 너무 처진 눈은 선해 보이는 이미지를 줄 수 있으므로 특별히 고칠 필요는 없으
나 아이라인의 끝부분을 진하지 않은 브라운계열을 이용해서 1/3 정도 자연스럽게 살짝 올
려서 그려준다.

건강과 금전의 좋은 운을 위해서는 너무 화려하고 진한 아이메이크업은 피하도록 한다. 숙
면을 취하지 못하거나 스트레스에 시달릴 경우 눈의 흰자위가 맑지 않고 노르스름하게 탁
하게 될 수 있는데 이때 눈을 강조한 진한 아이섀도와 굵은 아이라이너 등은 피하는 것이
좋다.

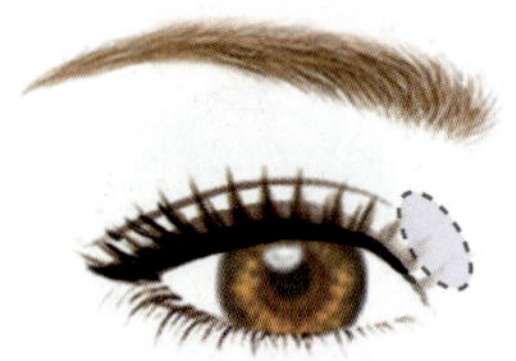

◀ [그림 7-16] 눈과 눈의 간격이 넓은 눈

눈과 눈 사이가 너무 간격이 넓은 눈은 긴장감이 없이 너무 편한 이미지를 줄 수 있으므로 브라운계열의 섀도를 이용해서 눈 앞머리를 약간 진하게 그려 주고 눈꼬리로 갈수록 흐려 지도록 자연스럽게 그라데이션 시켜 준다. 노즈코 섀도만 해주게 되면 눈의 간격이 더 넓 어 보인다.

≫ 재물운을 좋게하는 코 메이크업

∷ 코 모양에 따른 메이크업 방법

코가 시작되는 산근부터 콧방울을 포함한 코의 끝부분인 준두까지의 코 전체를 재성이라고 하는데 질병과 수명을 보는 질액궁과 재물운을 보는 재백궁이 있는 중요한 곳이다. 31세부터 50세까지의 중정을 보는 곳이다. 콧방울에 힘이 없는 경우 하이라이트나 피부 톤보다 한 톤 밝게 수정해주고 콧대가 굴곡이 있거나 휘어진 경우 곧게 수정메이크업 해주 거나 메이크업으로 힘들 경우 성형을 통해서라도 곧은 코를 유지하도록 한다.

• 좁고 높은 코

차갑고 자존심이 강한 이미지를 줄 수 있는 코로 콧방울에 하이라이트를 해주어 부드러운 이미지와 재물운이 좋은 메이크업을 해준다.

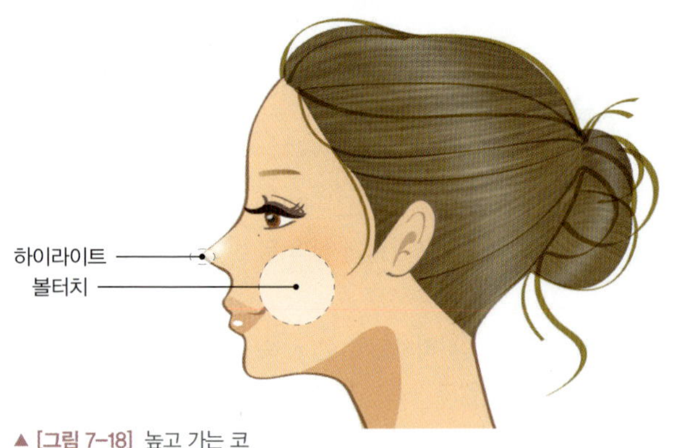

▲ [그림 7-18] 높고 가는 코

▲ [그림 7-17] 재백궁(재물운)

• 콧대가 굴곡이 있는 코

자신의 생각을 실현하려는 의지가 강한 타입이 많고 코에는 노즈 섀도를 하지 않도록 하며,
눈썹 사이가 좁으면 눈썹과 눈썹 사이를 약간 넓은 느낌이 나도록 손가락 2개 정도 들어가
도록 눈썹모를 뽑아서 깔끔하게 정리해준다.

▲ [그림 7-19] 굴곡 코

• 콧구멍이 크게 보이는 코

친근하고 인간성 좋은 장점도 있으나 금전운이 좋지 않아 돈을 모으기가 힘이 드는 관상으
로 콧방울에 하이라이트를 해주어 금전운을 좋게 해준다.

▲ [그림 7-20] 콧구멍이 보이는 코

• 콧방울에 힘이 있으면서 둥글둥글하게 큰 주먹코

미관상 매끈하고 높은 코만큼 아름답진 않아도 금전운의 최상이라고 하는 복있는 코이다.
금전운도 좋지만 멋지게 쓸줄 아는 화끈한 사람이 많으며 둥글둥글한 주먹코의 경우 콧방
울도 크고 힘이 있어 보이는 특징이 있다. 수정 메이크업을 하지 않는다.

• 크고 통통한 코

큰 코의 소유자는 관상학적으로 활동적, 스태미너 등이 좋은 최상의 체력을 가지며 모든 운
에서 좋은 기운을 받는 행운의 코라고 볼 수 있다. 좋은 운의 코를 더욱 좋게 하기 위해서는
여성의 경우 눈썹도 눈보다 길게 둥근 모양으로 그려주고 입 꼬리를 올려서 밝게 웃는 습관
을 들인다면 더욱 좋은 운을 부르는 인상이 될 수 있다. 이런 코의 경우 코는 수정 메이크업
하지 않는다.

• 금전운을 부르는 콧방울에 하이라이트

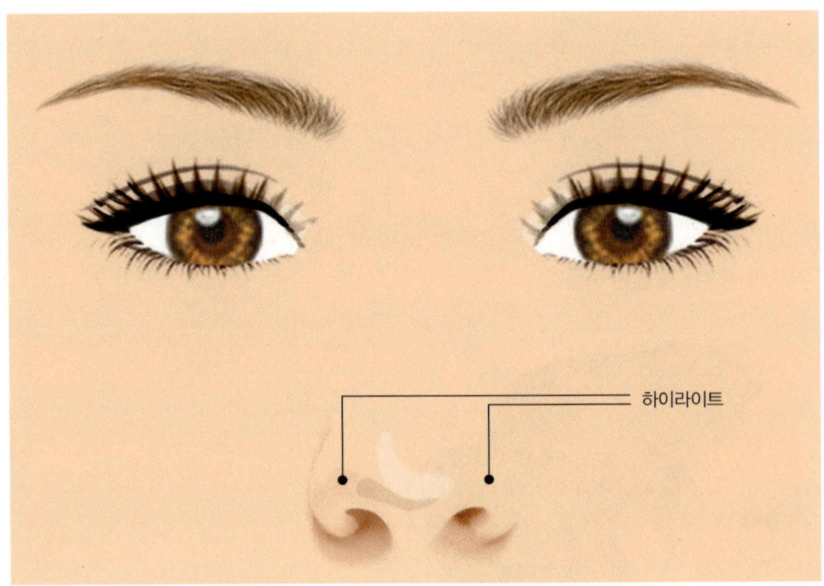

》 부하운, 말년운을 좋게 하는 턱과 관련이 깊은 입 메이크업

입의 좌우와 턱을 통해서 노복궁을 보는데 아랫사람을 많이 거느리게 되는지와 노년기의 운을 보는 하정으로 51세에서 사망 전까지의 말년운을 보는 곳이다. 입꼬리가 처지지 않고 올라가도록 표정 관리 해주고 메이크업에도 신경 쓴다. 입 꼬리와 입술을 신경 써야 노복궁이 좋아진다. 턱은 유난히 넓은데 입이 너무 작은 경우에는 입술 라인을 넓혀서 그려주고 블러셔로 부드러운 인상을 만들어 준다.

∷ 입술 모양에 따른 메이크업 테크닉

- **큰 입:** 금전 운과 직업 운을 좋게 하는 운이지만 너무 큰 입이 싫은 사람은 파운데이션을 입술에 발라준 뒤 립펜슬을 이용해서 살짝 안쪽으로 그려준다. 참고로 남자 운을 좋게 해주는 립스틱 색상은 핑크이며, 그 위에 핑크색 글로스를 덧발라주는 것도 효과적이다.

- **아랫입술과 윗입술의 두께가 같은 입:** 아랫입술과 윗입술의 두께가 같은 입은 윗 입술은 살짝 내려서 그려주고 아랫입술은 더 두껍게 그려서 1 : 1.5의 비율로 맞춰서 그려준다.

• 윗입술이 더 두꺼운 입

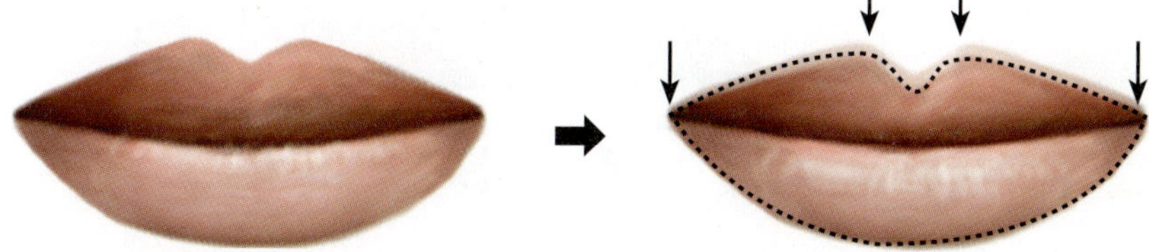

▲ [그림 7-21] 윗입술이 더 두꺼운 입

다른 사람에게 정과 사랑을 많이 주는 타입으로 윗입술과 아랫입술의 비율을 1: 1.5의 비율로 균형 있게 그려준다.

• 아랫입술이 너무 두꺼운 입

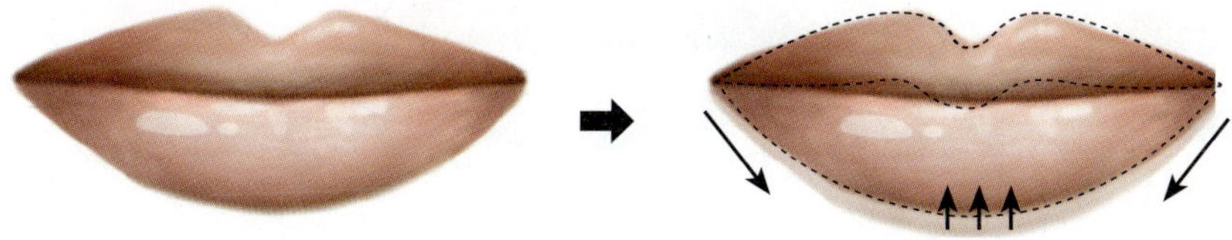

▲ [그림 7-22] 아래입술이 너무 두꺼운 입

자기 주장이 강하고 받는 사랑에 더 익숙한 타입으로 아랫 입술의 립라인을 약간 올려서 1 : 1.5의 비율로 그려준다.

• 아랫입술과 윗입술이 모두 얇은 입술

▲ [그림 7-23] 아래 · 위 모두 얇은 입술

사무적으로 냉정하고 평정심을 유지하는 신중한 사람이 많으며 윗입술과 아랫입술 모두가
얇은 입술은 업무적으로는 좋을 수 있으나 너무 차가운 이미지를 줄 수 있으므로 윗입술과
아랫입술의 비율을 1 : 1.5의 비율로 전체적으로 약간 두껍게 그리도록 한다.

• 너무 작은 입술

▲ [그림 7-24] 작은 입

너무 작은 입술은 소극적인 이미지를 주는 입술로 실제 입술라인의 좌우 상하는 1mm 정도
를 밖으로 립펜슬을 이용해서 그려주고 볼륨감 있게 립글로스를 발라준다.

• 입술의 양쪽 끝이 처져 있는 경우

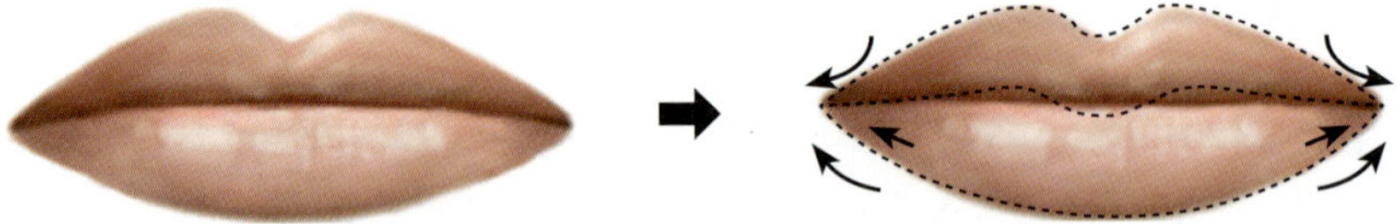

▲ [그림 7-25] 입술 양쪽 끝이 처진 입

누가 보기에도 불만으로 가득한 것으로 보이는 입술 이미지로 입꼬리를 올리는 표정 연습
을 많이 하고 립펜슬을 이용해서 입 꼬리를 살짝 올려서 그려준 뒤 립스틱을 바르고 중앙에
립글로스를 발라준다.

겉으로 드러나지 않는 자신만의 강한 내면의 고집이 있는 타입으로 밝은 계열의 립스틱을
발라주도록 한다.

주변사람들에게 말하기를 좋아하는 타입이 많으며 더욱 돌출되어 보이지 않도록 너무 밝게
튀지않는 차분한 색상의 립스틱을 발라주도록 한다.

≫ 말년 운, 부하 운을 좋게 하는 턱 메이크업

턱과 입의 좌우를 통해서 노복궁을 보는데 아랫사람을 많이 거느
리게 되는지와 노년기의 운을 보는 하정으로 51세에서 사망 전까지
의 말년 운을 보는 곳이다. 턱이 유난히 짧은 경우 하이라이트를 주
고, 거부감 있게 턱이 긴 경우에는 섀이딩을 살짝 주어 약간만 짧아
보이도록 수정 메이크업 해준다.

▲ [그림 7-26] 노복궁(노년운)

:: 턱 모양에 따른 메이크업 테크닉

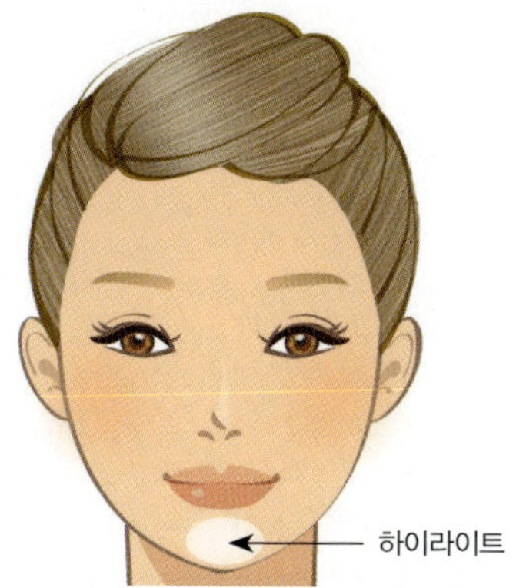

▲ [그림 7-27] 짧은 턱

턱은 말년의 운을 보는 곳으로 관상학적으로 짧은 턱
은 그리 좋은 턱의 관상은 아니나 턱 중앙 부위에 하이
라이트를 해주고 밝은색 립스틱을 발라주어서 턱 부분
이 더 넓어 보이도록 한다.

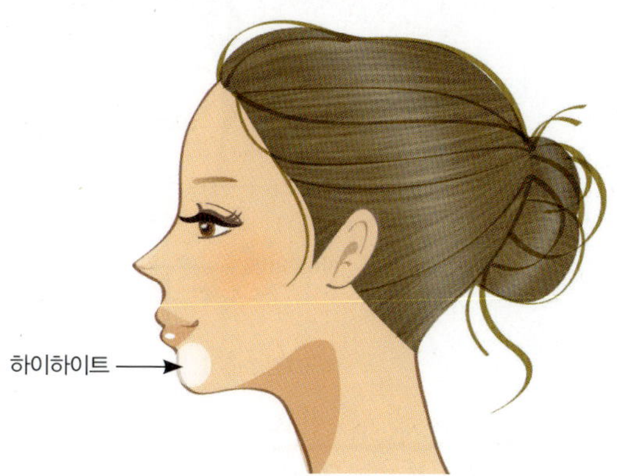

▲ [그림 7-28] 짧고 들어가 있는 턱

대인관계에서 소극적인 부분이 있고 관상학적으로는
말년의 운이 좋지는 않으나 메이크업으로 하이라이트
를 턱 중앙에 돌출되어 보이고 더욱 길어 보이도록 충
분히 발라주도록 하며, 상의의 의상도 어두운 후퇴색
보다는 밝고 경쾌한 진출색 계통의 의상을 입어주도록
한다.

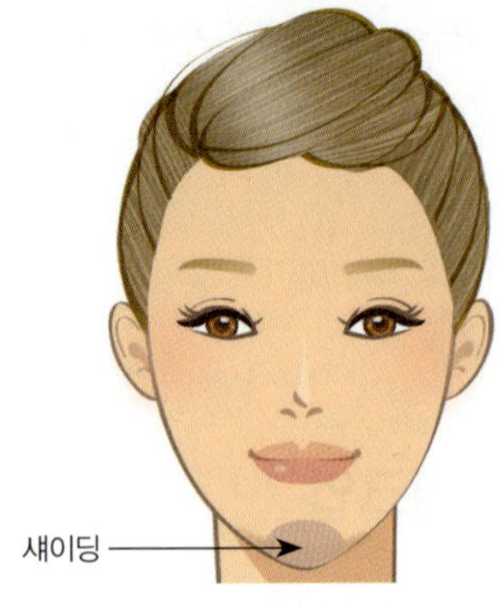

▲ [그림 7-29] 긴 턱

말년운이 좋고 재물운과 애정운이 좋은 상으로 너무 긴 턱을 커버하고 싶을 때는 셰이딩으로 살짝 턱 끝을 터치해주어 약간만 짧아보이도록 시각적 효과를 주고 부드럽고 좋은 인상을 위해서 차분한 핑크색 계열의 립스틱을 발라주도록 한다.

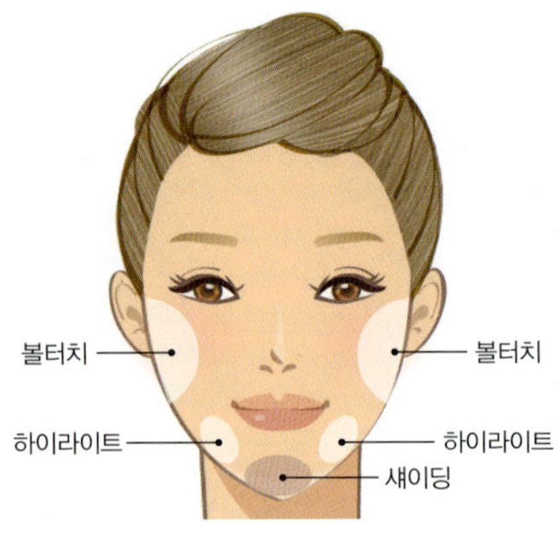

▲ [그림 7-30] 뾰족한 턱

자기중심적으로 자신에게만 주의가 집중되기를 좋아하는 타입으로 너무 뾰족한 턱을 수정하고 싶다면 턱 끝 부분 양옆쪽에 볼륨감 있게 넓어 보일 수 있도록 자연스럽게 하이라이트를 해주고, 턱끝 부분에 차분한 계열의 셰이딩을 약하게 넣어 주도록 한다.

›› 복을 부르는 메이크업

∷ 피부 표현

- 얼굴 전체적으로 흉터나 점, 사마귀 등은 최대한 컨실러나 피부
  보정용 화장품으로 가려주고 좋은 운이 함께 할 수 있도록 밝은
  표정과 차분하고 예쁜 마음가짐을 유지하도록 매순간 노력한다.
- 얼굴의 산봉우리인 오악五嶽: 다섯오, 큰 산 악인 이마, 코, 오른쪽 볼,
  왼쪽 볼, 턱이 조화를 이루어 화사하게 빛나게 메이크업을 해준
  다. 이마 중앙, 콧등 중앙 직선라인, 양 볼 중앙, 턱 중앙부터 끝
  부분을 미세한 펄과 섞어서 한 톤 밝은 리퀴드 파운데이션을 발
  라주어 초년운, 중년운, 말년운을 조화롭게 좋은 운으로 만들어
  준다. 단 얼굴 전체에 펄을 섞어서 바르지는 않는다.
- 이마가로와 코세로, 양 볼둥글려서, 턱둥글려서에 자연스럽게 펄 파
  우더를 발라준다.

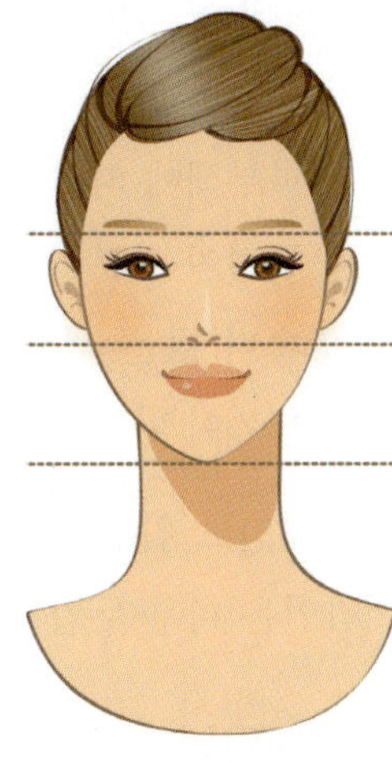

∷ 이마 메이크업

- 이마를 머리카락으로 가능한 많이 가리지 않고 훤하게 나오도록
  하고 얼굴이 작아보이도록 이마의 헤어라인에 어둡게 섀이딩을
  하지 않는다. 이마가 너무 좁고 잔머리가 많은 경우 이마를 넓게
  보이도록 모를 적당히 뽑아준다.
- 이마가 측면에서 봤을 때 도톰하게 튀어나오지 않고 특정 부분
  이 함몰되었을 경우 들어간 부분을 나와 보이도록 하이라이트를
  자연스럽게 해준다.

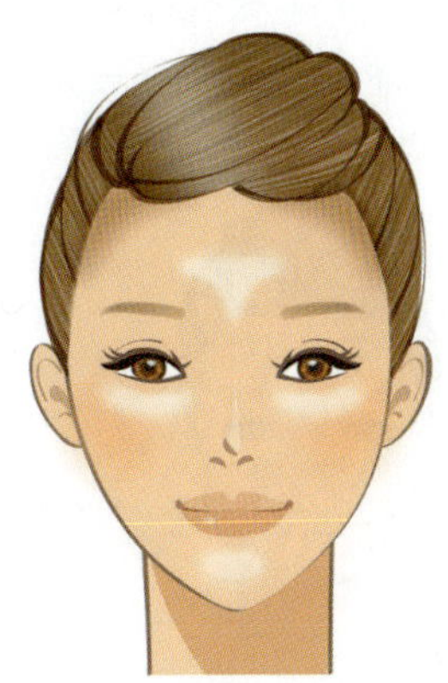

∷ 눈썹 메이크업

- 눈썹은 가지런히 다듬어서 둥근 모양으로 눈보다 길게 자연스럽
  게 그려준다. 남성의 경우에 찢어진 우산처럼 눈썹 중간에 모가
  빠져서 하얗게 보이기도 하는데 반드시 펜슬을 이용해서 매워주
  고 모가 너무 거칠고 한쪽으로 뻗치는 경우 눈썹용 가위를 이용
  해서 단정하게 다듬어 주어 형제 운을 좋게 해준다. 눈썹 아래
  부분눈두덩이은 깔끔하게 다듬어서 눈썹이 높게 자리하면서도 맑
  고 윤기가 흐르는 귀한 상의 좋은 운을 부르는 전택궁이 되도록
  재물 운을 좋게 눈썹정리와 메이크업을 해준다.

:: 눈 메이크업

- 눈은 너무 어두운 색의 아이섀도를 바르지 않으며 피부색에 어울린다면 재복을 좋게 하는 노란색 계열이나 좋은 운을 부르는 옅은 핑크나 오렌지 계열을 피부색에 따라서 선택해서 발라준다. 전택궁인 눈두덩이 부분이 함몰된 경우 재물운이 나빠질 수 있으니 밝은 색으로 함몰되어 보이지 않고 도톰한 느낌이 나도록 아이섀도를 발라준다.

- 아이라인도 위부분과 아랫부분을 동시에 그리지 않으며 아이라인은 너무 두껍지 않게 그려준다.

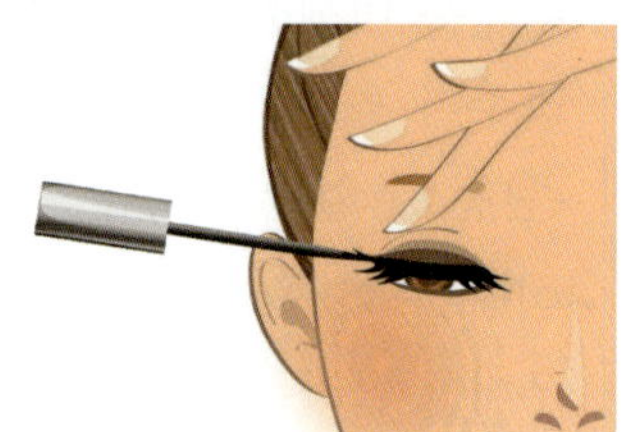

:: 코 메이크업

- 콧대가 삐뚤어진 경우 노즈섀도를 이용해서 반듯하게 수정 메이크업 해주고, 코 중앙 콧대부분에 복이 내려오는 길인 관상의 핵심자리 명궁부터 질액궁^{질병과 수명운}, 재물운을 좋게 해주는 재백궁까지 반듯하게 하이라이트 해준다.

하이라이트 위치

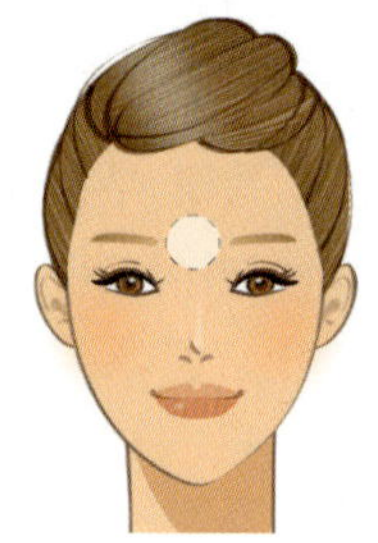

명궁(관상의 핵심자리 평생운)

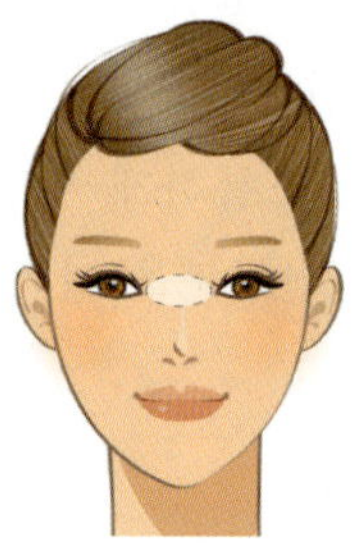

질액궁(건강, 수명운)

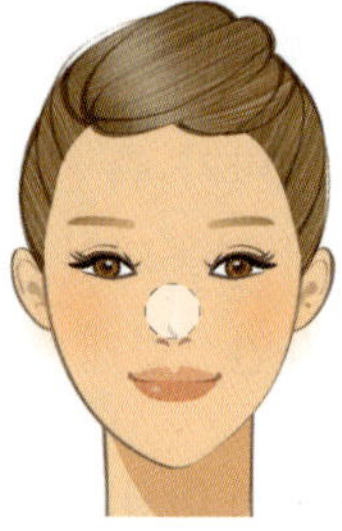

재백궁(재물운)

▲ [그림 7-31] 개운 메이크업 위치

:: 볼 메이크업

- 볼 메이크업은 진하게 하지 않으며 핑크나 오렌지색으로 진하지 않으면서 자연스럽고 화사하게 발라서 중년운의 명예운, 소망운을 좋게 해준다.

 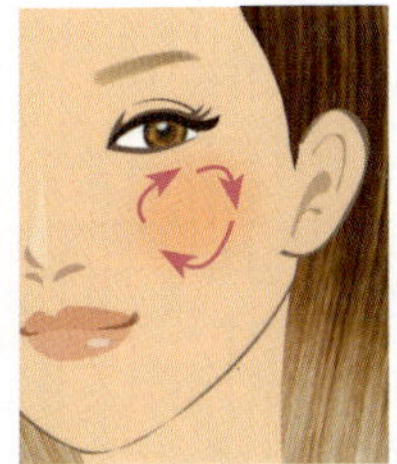  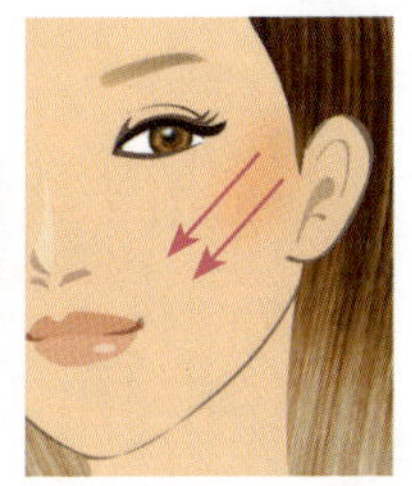

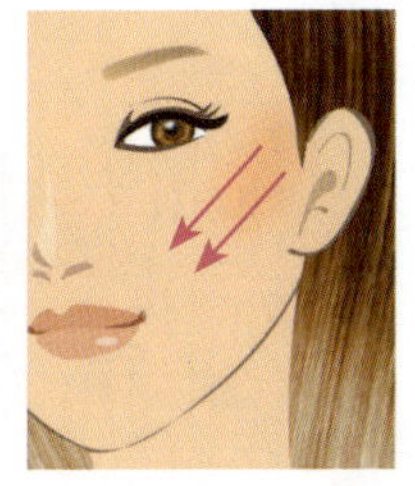

:: 입술 메이크업

- 입술은 1 : 1.5의 비율로 립스틱을 발라주며 주름이 많은 경우 눈에 띄지 않게 글로시^(glossy)하고 통통하게 립글로스를 발라주어 말년운을 좋게 해준다.

▲ 출처: www.whoo.co.kr,
www.hera.co.kr

:: 턱 메이크업

- 턱이 너무 짧은 경우 하이라이트를 주어 턱이 짧아 보이지 않게 수정하고 넓고 살이 두둑하게 둥근 모양의 턱으로 개운 메이크업을 해줌으로써 본능적 영역인 성적, 육체적 에너지의 영역인 말년운, 대인 관계운을 좋게 해준다.

- 본인의 피부에 맞는 색상과 의상을 선택해서 한 번 더 쳐다보고 싶은 호감 가는 사람, 행운이 따르는 아름다운 개운 메이크업을 실천하도록 하자.

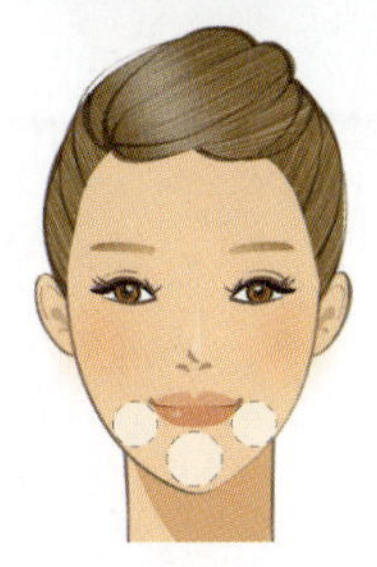

▲ [그림 7-32] 노복궁(노년운)

머리부터 발끝까지 토털 스타일링

8

얼굴형에
어울리는
헤어 스타일

여성 헤어 스타일

》얼굴형에 어울리는 헤어 스타일

:: 계란형

▲ [그림 8-1] 계란형

- **계란형**은 어떤 헤어 스타일도 잘 어울리는 이상적인 얼굴형으로 선의 느낌을 살린 각진 스타일 보다는 부드럽고 자연스런 느낌을 살린 스타일이 잘 어울린다.

:: 긴 형

▲ [그림 8-2] 긴형

- **긴 형**은 실제 나이보다 더 성숙하게 보이는 얼굴형이며 세로로 긴 얼굴형이므로 얼굴 길이 범위 내에서 가로선의 느낌으로 시각적 컷팅 효과를 주는 것이 좋다. 윗부분에는 컬을 주어 볼륨감을 주지 않으며, 옆으로 퍼지는 스타일의 볼륨감을 주는 헤어 스타일이 어울리고 시선을 분산시켜서 부드러운 이미지를 위해 밝은 갈색으로 염색을 하는 것도 좋은 방법이다. 긴 얼굴을 커버할 목적이라면 앞머리를 내려주되 무겁게 모두 내리는 스타일 보다는 살짝 층을 낸 자연스런 스타일로 앞머리를 내려서 긴 얼굴형이 짧아 보이도록 한다. 또한 머리카락을 모두 올려서 연출하는 업스타일은 피하도록 한다.

:: 통통하고 둥근형

- **통통하고 둥근형**은 실제 나이보다 동안으로 보이는 얼굴형이
  며 과감한 보브 스타일의 커트를 하는 것도 잘 어울린다. 옆
  머리를 볼륨감 있게 길게 늘어뜨리면 더욱 통통하고 둥글게
  보일 수 있으므로 포인트를 윗부분에 두어 셋팅을 하거나 볼
  륨을 주면 시선을 분산시켜서 통통하고 둥근 얼굴을 커버할
  수 있다. 옆머리를 약간 층을 주면서 통통한 볼을 감추는 것
  도 둥근형에 어울리는 헤어 스타일이다.

▲ [그림 8-3] 통통하고 둥근형

:: 역삼각형

- **역삼각형**은 이마는 넓은 반면 턱 선은 좁고 날카로운 얼굴형
  으로 얼굴 전체의 균형을 살려서 각진 턱선의 느낌을 부드럽
  게 시선을 분산시켜 주는 것이 중요하다. 가능한 굵은 컬의
  흘러내리듯 풀린 듯한 스타일에 헤어의 탑 부분부터 볼륨을
  주지 않고 생머리처럼 내려오도록 해서 이마는 좁아보이도
  록 하면서 옆 부분부터 굵은 컬을 살려주는 스타일로 턱이나
  어깨까지 자연스럽게 내려오도록 해서 역삼각형의 얼굴형에
  어울리는 고급스런 웨이브를 연출한다. 또한 이마는 모두 드
  러나지 않도록 연출한다.

▲ [그림 8-4] 역삼각형

:: 사각형

- **사각형**은 턱 선이 각이진 개성이 강한 얼굴형으로 각진 턱선
  을 자연스럽게 감싸줄 수 있는 앞부분으로 웨이브를 주어 자
  연스럽게 흘러 내려오는 듯한 헤어 스타일이 어울린다. 또한
  시크하고 보이시한 느낌의 자연스럽게 층이져서 앞으로 쏠
  리듯 연출하는 헤어 스타일도 잘 어울린다.

▲ [그림 8-5] 사각형

남성 헤어 스타일

》 얼굴형에 어울리는 헤어 스타일

:: 둥근형

▲ [그림 8-6] 둥근형

- **둥근형**은 윗머리를 볼륨감있게 살려서 세로의 길이감을 살려준 헤어 스타일을 연출하는데 왁스나 젤을 이용해서 뿌리를 살려주고 모발의 끝부분은 손으로 가볍게 비벼서 살짝 띄워준다. 옆머리는 최대한 붙여서 볼륨감 없도록 해주는데 살짝 층을 내서 커트한다.

:: 긴 형

▲ [그림 8-7] 긴형

- **긴 형**은 긴 얼굴형을 커버하기 위해 앞머리로 이마를 가리는 방법이나 앞머리를 약간 짧게 잘라서 이마가 살짝 보이는 깔끔한 인상을 주도록 한다. 헤어젤을 이용해서 모발의 전체를 주먹으로 살짝 쥐었다 놓으면서 자연스럽고 깔끔한 스타일을 연출한다.

:: 사각형

▲ [그림 8-8] 사각형

- **사각형**은 너무 짧은 커트는 인상이 더욱 강해보여서 피하는 것이 좋으며 적당히 길고 살짝 층을 낸 헤어 스타일이 잘 어울린다. 가볍게 살짝 볼륨을 주어 부드럽게 보이도록 하는데 젖은 상태에서 살짝 브러싱 한 뒤 왁스나 젤을 이용해서 컬이 있는 모발의 끝을 주먹으로 살짝 쥐었다 놓으면서 자연스러운 웨이브 연출을 한다.

:: 역삼각형

▲ [그림 8-9] 역삼각형

- **역삼각형**은 이마가 넓은 반면 턱이 날카롭게 뾰족하여 강한 인상을 줄 수 있는 형으로 옆머리는 너무 짧게 자르지 않도록 하며 앞머리를 너무 많이 가려서 턱선을 강조되게 하지 않으면서 앞머리를 약간 층을 내거나 자연스럽게 앞으로 내려준다.

샴푸는 두피에 존재하는 노폐물이나 비듬, 노화 각질 등을 제거해 주고 혈액순환을 좋게 해서 모근부의 기능 활성화를 돕는 생리적인 기능과 모발의 발육 상태를 좋게 하는 중요한 과정으로 몇 가지 중요한 체크포인트를 소개한다.

두피 관리 체크 포인트

▸ 샴푸는 낮보다 밤에 하는 것이 좋다. 피부가 자외선에 노출되었을 때 자극을 받아서 잡티나 노화가 진행되는 것과 같이 두피나 머리카락도 마찬가지이다. 머리를 감고 바로 외출하는 것은 모발 손상의 큰 영향을 미친다. 또한 부교감신경이 활발한 밤 10시 ~ 새벽 2시까지는 말초 혈행이 활발한 시간이기 때문에 하루 동안 쌓인 먼지나 피지, 땀 등을 깨끗하게 제거해주고 수면을 취하는 것이 건강에도 좋은 습관이다.

▸ 큰 비듬조각이 떨어지는 지성 두피의 경우에는 관리를 소홀히해서 먼지와 각종 세균들이 모공을 막고 부분 탈모가 생길 수도 있으므로 지성 전용 샴푸와 오일이 들어있지 않은 Oil free 타입의 지성 전용 토너를 사용함으로써 청결한 두피 상태를 유지한다.

▸ 수분이 많이 부족해서 건조한 건성두피는 건성전용 샴푸를 사용해주고 뜨거운 물 사용을 피하고 미지근한 물을 사용하며, 더운 바람보다는 찬바람으로 모발을 말려준다. 건성두피 전용 에센스로 수분 공급을 충분히 해준다.

▸ 샴푸할 때 너무 많은 양의 샴푸는 사용하지 않으며, 적당량의 샴푸를 이용해서 손바닥에서 거품을 충분히 내준 뒤 손가락의 지문 부위로 세심하게 클렌징한다.

▸ 린스는 모발의 큐티클 층을 부드럽게 해주고 보습, 광택, 자외선으로부터 모발 보호, 대전 방지 등의 효과를 주며, 린스 사용 시 꼭 지켜야 할 사항은 두피에 닿지 않도록 사용한다.

▸ 손상된 큐티클 층이나 약한 큐티클 층의 경우 피막 형성의 코팅막으로 인해 모발을 자외선이나 열, 바람 등으로부터 보호해주는 기능을 하며, 헤어 트리트먼트를 사용하는 것은 좋은 머릿결을 유지하는 비결이다. 트리트먼트 종류에는 빗질이 잘 되도록 모발의 엉킴을 방지하는 액상타입 트리트먼트, 자연스러운 헤어 스타일 연출에 수분 공급용 로션타입 헤어 트리트먼트, 헹궈줘야 하는 번거로움은 있지만 보습과 보호기능이 우수한 크림타입과 고농도의 유효 성분의 앰플 트리트먼트 등이 있으며 기호에 맞게 사용한다.

▸ 샴푸 후에는 모발의 가장 바깥 층인 큐티클 층이 물에 젖어서 모발 손상의 원인이 될 수 있으며, 샴푸하기 전에는 두피를 적당한 압으로 눌러주기, 문질러주기, 손끝으로 가볍게 두드려주기 등의 동작을 통해서 무거운 머리를 가볍고 혈액순환을 좋게 해서 신진대사가 원활하게 되도록 관리하는 습관을 갖도록 한다.

▸ 피부에 자외선차단제를 꼭 챙겨 바르는 것과 같이 두피나 모발에도 모발전용 보습 및 보호제를 발라주도록 한다.

다양한 헤어 스타일링 제품의 특징

시중에는 다양한 헤어 스타일링 제품이 있다. 특징을 잘 파악하고 사용하는 것도 요령이다.

▶ 헤어 스프레이는 습도가 높은 날이나 바람이 심하게 부는 날에도 정발력이 좋아서 원하는 헤어 스타일을 오랜 시간 동안 고정시킬 수 있는 장점이 있는데 환경 문제 등을 고려해서 소량을 사용하는 것이 좋다.

▶ 헤어 무스는 거품 타입으로 마른 모발이나 젖은 모발 모두 사용가능하며, 원하는 스타일로 고정시킨 뒤에는 손을 씻어줘야 하는 번거로움이 있다.

▶ 헤어젤은 수용성 고분자로 만들어진 젤리상의 투명타입의 정발제로써 강한 고정력이 있지만 물을 다시 뿌려주면 원하는 헤어 스타일로 바꿀 수 있는 장점이 있다.

▶ 글레이즈는 젤과 비슷한 특징이 있으며, 셋팅력은 좋으면서 고정된 모발이 너무 딱딱하게 굳어지지 않도록 만들어진 스타일링 제품이다.

▶ 왁스는 딱딱하게 굳지 않아서 원하는 헤어 스타일을 마음대로 다양하게 연출할 수 있는 특징이 있으며, 헤어 손질에 미숙한 사람도 쉽고 간단하게 스타일 연출을 가능하게 하는 해주는 제품이다.

헤어 관리 요령

▶ 긴 머리의 경우 모발이 손상될 수 있으므로 머리를 너무 세게 묶지 않는다.

▶ 샴푸, 트리트먼트, 린스는 잘 헹구어주어 모발이 상하거나 가늘어지지 않도록 한다.

▶ 샴푸 이후 모발은 뿌리 부분부터 말려주고 모발 손상을 막기 위해 모발 보호제를 바르고 말려준다.

▶ 드라이어 사용은 15cm 이상 거리를 두고 사용한다.

▶ 헤어에센스 사용으로 촉촉하고 건강한 모발을 유지한다.

▶ 빗을 청결히 세척하고, 소독하여 위생적으로 사용한다.

▶ 너무 잦은 펌이나 염색은 하지 않는 것이 좋다.

▶ 헤어롤, 집게핀, 롤브러시, 꼬리빗, 드라이어, 스타일링 제품 등으로 미용실에 가지 않아도 미용실에서 손질하고 온 것과 같은 우아하고 아름다운 헤어 스타일을 얼마든지 연출할 수 있다.

머릿결을 나쁘게 하는 것들

▶ 염색, 음주, 펌, 흡연, 과도한 다이어트, 자외선, 인스턴트 식품, 트랜스 지방, 맵고 짜거나 기름진 음식, 스트레스, 우울감으로 인한 호르몬 이상, 유전적 요인, 단백질 부족

만지고 싶은 예쁜 손 관리

호감가는 손 관리하기

　　얼굴 피부와 같이 상대방에게 가까이에서 직접 보여주게 되는 곳이 손이다. 통통하게 복이 있어 보이는 손, 가느다란 손, 큰 손, 작은 손, 주름이 많은 손, 잡티 없이 깨끗하고 탄력 있는 만지고 싶은 손, 시골에서 농사를 짓는 까맣게 탄 농부의 손, 그림을 그리거나 악기를 다루는 예술가의 손 등 우리는 많은 사람들을 만나면서 얼굴 생김새 만큼이나 모두 다르게 생긴 손을 보며 다양한 느낌을 받게 된다. 이 손을 통해서 아름답고 호감 가는 이미지를 만들 수도 있고, 그렇지 않을 수도 있다. 어찌 보면 얼굴보다도 더 상대방과 가까운 거리에 있으면서 상대방에게 보여주는 곳이 손이고, 상대방과 앉아서 대화를 하거나 식사를 할 때 상대방의 손을 보면서 그 사람의 손에 담긴 삶 속에서의 흔적을 얼굴표정과 같은 선상에서 함께 느끼고 이미지를 각인시킨다 해도 과언이 아닐 것이다.

>> 예쁜 손 관리의 기본 방법

- 손톱 및 손의 청결을 유지한다.

- 보습효과가 좋은 핸드크림을 바른다.

- 팔과 손의 노화 및 잡티가 생기는 것을 막기 위해 계절에 관계없이 자외선 차단제를 충분히 바른다.

- 여름에도 가능한 긴팔소매를 입고 자외선 차단 기능의 얇은 장갑을 낀다.

- 운전할 때 자외선 차단용 원단으로 만들어 진 장갑을 반드시 끼고 운전한다.

- 겨울철 자외선의 반사율이 높은 스키장 및 눈이 많이 쌓인 곳에서 특히 손 관리에 신경 쓴다.

- 큐티클을 제거하고 호감가는 건강하고 아름다운 손 관리를 위해 꾸준한 관리를 받는다.

▲ 출처: www.hera.co.kr

체형에 따른 호감 주는 패션 이미지 스타일링

여성 체형 분석

》 여성 체형에 따른 스타일 코디 방법

:: 직사각형 체형

- **체형 특징**: 어깨, 허리, 엉덩이, 대퇴부의 넓이가 별 차이 없이 통으로 일직선의 느낌을 주는 둔탁한 느낌의 체형이다. S라인과는 거리가 멀어서 허리선의 구분이 뚜렷하지 않은 특징이 있다. 살이 통통한 직사각형이 있고, 살집이 없이 마르면서 어깨, 허리, 엉덩이, 대퇴부의 넓이가 별 차이 없이 통으로 일직선의 느낌을 주는 체형 관형 체형 이 있다.

- **코디 방법**: 살집이 있으면서 직사각형 체형의 경우에는 너무 얇은 소재의 옷이나 몸에 붙는 소재와 같이 몸매 라인이 드러나는 옷은 피하도록 하며 자연스럽게 전체적으로 여유 있게 결점을 덮어주면서 흘러내리는 느낌의 스타일을 선택한다.

가로 줄무늬의 문양은 피하고 기하학적 문양으로 착시현상을 주는 것도 좋은 선택이며, 파이핑piping과 단추나 장식 등과 같은 디테일을 통해서 시선을 중앙으로 모아주는 방법도 효과적이다. 허리 라인을 강조한 벨트는 피하는 것이 좋으며, 귀걸이, 목걸이, 스카프 등으로 시선을 상승시키고, 중앙으로 모아주는 것이 좋다.

또한 살집이 없이 마르면서 어깨, 허리, 엉덩이,

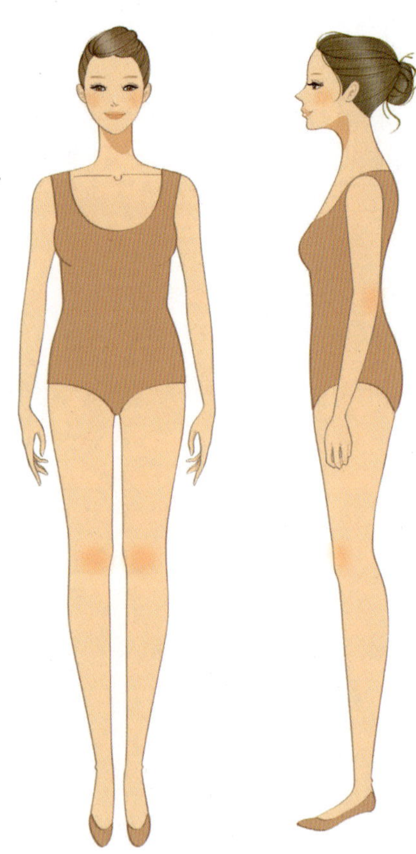

▲ [그림 10-1] 여성 직사각형 체형

대퇴부의 넓이가 별 차이 없이 통으로 일직선의 체형^{관형 체형}은 마르고 각진 몸매를 커버시키기 위해 살집이 있는 직사각형 체형보다도 더 여유 있게 체형을 덮어주는 듯한 의상을 선택하도록 한다. 색상은 어두운 색 보다는 밝은 색을 선택해주고, 차가운 느낌의 소재보다는 포근한 소재의 니트와 같은 것이 좋으며 너무 얇고 하늘거리는 소재는 피하도록 한다.

:: 삼각형 체형

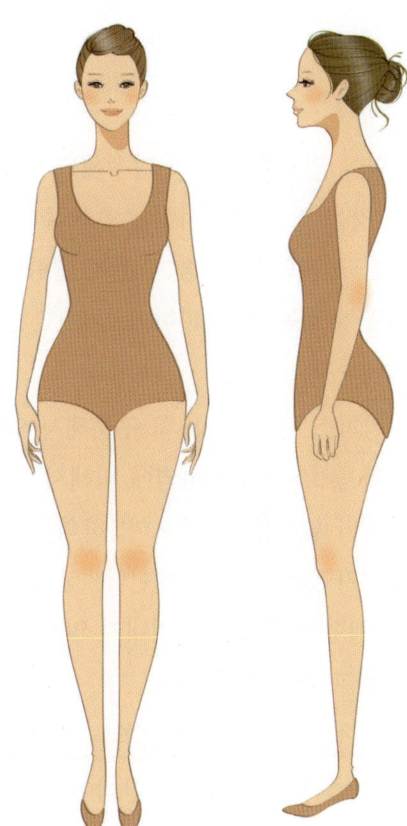

- **체형 특징**: 좁은 어깨와 허리 위쪽으로는 작고 빈약한 상체가 특징이며 허리는 가늘지만 엉덩이와 대퇴부가 넓으면서 짧은 다리가 특징이어서 상체에 비해서 하체가 많이 무거운 느낌을 받는 체형이다.
- **코디 방법**: 볼륨감을 살려준 상의를 입어주는 것이 중요하므로 어깨부분에 포인트 브로치를 달아주거나 재킷 자체에 숄더 패드가 있는 옷을 입어준다.

안에 입어주는 옷의 경우에도 어깨에 숄더패드가 있거나 시선을 넓혀줄 수 있는 가벼운 어깨 장식이 있는 옷을 선택하는 등 상체에 액세서리를 착용해 준다.

원피스 보다는 상·하 구분해서 입어줄 수 있는 투피스가 좋고 상의는 하의에 비해서 밝은 색을 입어주고 무늬가 있는 것이 좋으며, 하의는 어두운 색을 입어주며 무늬가 없는 단색코디를 하도록 한다. 하의는 너무 타이트한 것을 입어서 삼각형 체형의 결점을 드러내지 않도록 코디하고 몸에 딱 달라붙는 느낌의 옷은 피해서 일자형의 어두운 색상을 선택한다. 구두는 앞부분이 전체적으로 슬림한 느낌의 뾰족한 것을 선택한다.

▲ [그림 10-2] 여성 삼각형 체형

:: 역삼각형 체형

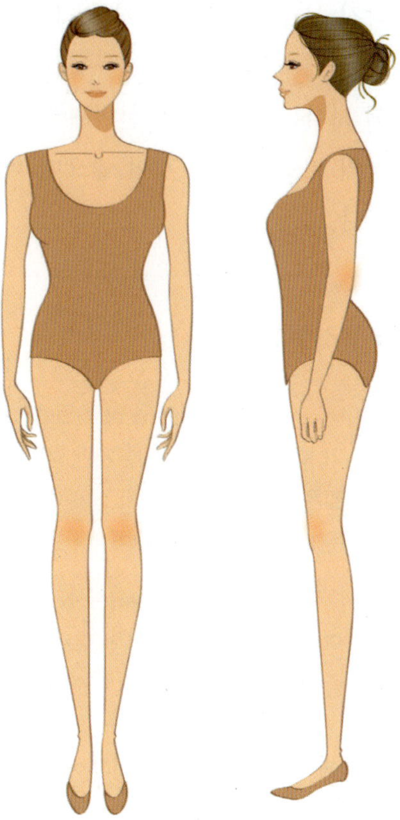

▲ [그림 10-3] 여성 역삼각형 체형

- **체형 특징**: 어깨와 등 가슴 부분의 상체부분은 넓고 큰 반면 엉덩이와 대퇴부의 하체 부분은 상대적으로 좁고 작은 체형이다. 가슴은 보통이거나 크고, 허리는 중간 정도이거나 짧으면서 굵으며 엉덩이는 납작하면서 곡선은 굴곡이 심하고 가슴둘레가 어깨나 엉덩이 둘레보다 넓은 것이 특징이다. 상대적으로 다리는 길지만 하반신에 비해서 비대한 상반신이 둔탁해 보이고 무거워 보이는 체형이다.

- **코디 방법**: 너무 짧은 상의나 볼륨감을 살려준 상의를 피하는 것이 좋고 어깨부분에 포인트 브로치를 달아주지 않으며, 재킷 자체에 숄더 패드가 없는 옷을 입어준다.

안에 입어주는 옷의 경우에도 어깨에 숄더패드가 없는 것을 입어주고 시선을 좁혀줄 수 있는 옷깃이 좁은 옷을 선택한다. 가슴 부분에 볼륨감을 주는 프릴이나 셔링이 있는 옷은 피하며, 최대한 상의는 심플한 옷을 입어준다.

원피스 보다는 상·하 구분해서 입어줄 수 있는 투피스가 좋고 상의는 하의에 비해서 어두운색을 입어주고 무늬가 없는 것이 좋으며, 하의는 밝은 색을 입어주며 무늬가 있는 옷을 선택한다. 상의는 너무 타이트한 것을 입어서 역삼각형 체형의 결점을 드러내지 않도록 코디하고 몸에 딱 달라붙는 느낌의 옷은 피하는 것이 좋다.

하의는 볼륨감을 살려주는 플리츠 스커트, 플레어 스커트, 개더 스커트가 좋으며 포켓이나 장식이 들어간 디테일로 포인트를 준 여유있는 바지를 입어서 역삼각형의 결점이 드러나지 않도록 코디한다.

:: 모래시계형 체형

• **체형 특징**: 어깨와 등, 가슴 부분의 상체 부분이 넓고 크며, 튀어나온 엉덩이와 대퇴부의 하체 부분도 볼륨감 있고 넓은데 반해, 허리는 매우 가늘고 쏙 들어간 체형이다. 얇고 가는 허리로 인해서 엉덩이와 가슴이 더욱 커 보이는 특징이 있다.

• **코디 방법**: 허리 벨트를 넓은 것으로 느슨하게 상하의보다 밝은 색으로 해주거나 허리선을 강조하지 않은 넉넉한 원피스로 모래시계형 체형의 결점을 커버해서 코디한다. 상체나 하체 모두 너무 밝은 색상의 옷이나 무늬가 큰 옷은 삼가고 단색의 차분한 색으로 입어주는 것이 좋다.

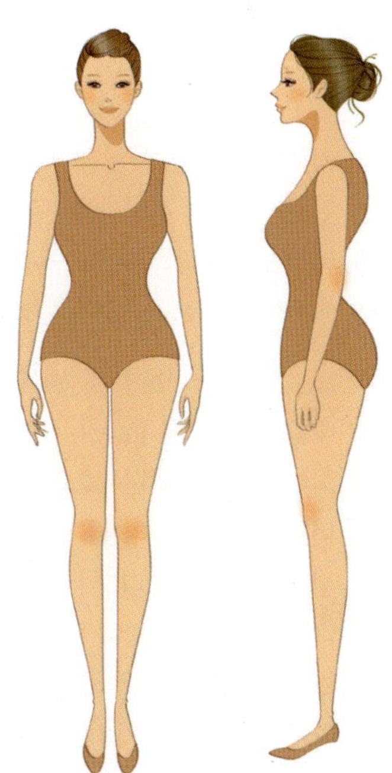

▲ [그림 10–4] 여성 모래시계형 체형

:: 다이아몬드형 체형

• **체형 특징**: 허리부분과 몸통이 작고 엉덩이와 어깨 넓이에 비해 넓고 굵은 체형이다. 대체로 가슴이 작고, 엉덩이는 작으면서 선의 굴곡은 높은 것이 특징이며 다이아몬드형의 체형을 보았을 때 몸의 중간 부분인 몸통 부분이 살이 많고 답답한 느낌을 받는 체형이다.

• **코디 방법**: 허리가 굵은 체형이므로 허리선이 드러나는 너무 얇은 소재의 옷은 피하고, 자연스럽게 체형을 덮을 수 있는 옷을 입어주며, 벨트로 허리를 강조하지 않도록 한다. 허리를 덮어서 길게 내려오도록 입을 수 있는 긴 셔츠도 좋으며 스커트 밑 하단에 볼륨이 있는 플레어 스커트나 마름모 체형의 단점을 커버할 수 있는 나팔바지 같은 것도 좋다. 시선을 위쪽으로 올려줄 수 있는 목걸이나 밝은 색의 스카프로 균형 있는 코디를 하는 것도 좋은 방법이다.

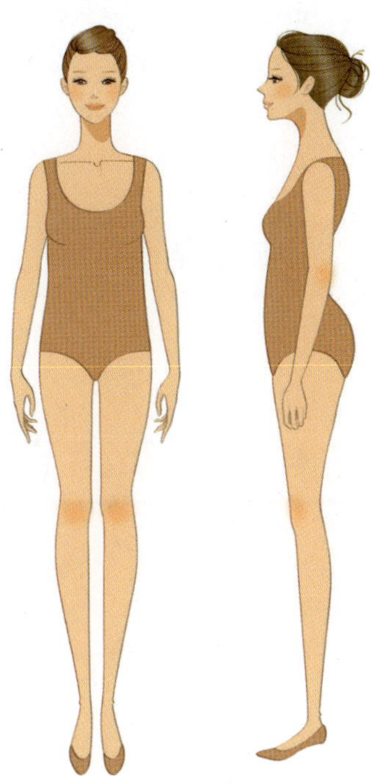

▲ [그림 10–5] 여성 다이아몬드형 체형

:: 둥근 체형

- **체형 특징**: 신체 전체적으로 둥근 체형으로 어깨라인, 팔, 등이 둥글고, 몸통 부분과 허리, 엉덩이, 복부, 다리도 살이 많아 둥글둥글한 이미지의 신체 특징을 가지고 있다. 특히 측면에서 보았을 때 복부에도 살이 많아 비만형인 경우가 많으며 전체적으로 통통하고 둥근 체형이다.

- **코디 방법**: 곡선을 너무 살린 둥근 라인의 의상이나 박스 스타일은 피하도록 한다. 너무 밝은 색의 의상보다는 차분한 후퇴색의 의상을 입어주고 선의 느낌을 중앙 부분에 라인이 들어가도록 살려준 의상을 입는 방법도 좋으며, 도트나 체크 무늬는 피하도록 한다. 너무 얇은 소재나 두꺼운 소재는 피하고 헤어핀이나 목걸이 등으로 시선을 얼굴쪽으로 올릴 수 있는 코디를 해준다. 상의의 하단 부분이 둥근 느낌이 나지 않고 선적인 느낌으로 컷팅된 의상을 선택한다. 둥근 네크라인이나 둥근 라인의 목걸이, 구두의 앞부분이 너무 둥근 모양은 피하는 것이 좋으며, 끝을 둥글게 부풀린 퍼프소매 같은 것은 피하도록 한다. 둥근 체형은 허리라인을 만들어 주는 것이 중요하며 벨트는 얇은 것을 착용하고, 답답하게 올라간 네크라인 보다는 파인 네크라인을 선택하고 중채도의 색상을 선택한다. 시선이 위로 가도록 눈을 강조한 메이크업을 하면 체형 결점 커버에 효과적이고 스트라이프 무늬의 옷으로 슬림해 보이도록 코디한다.

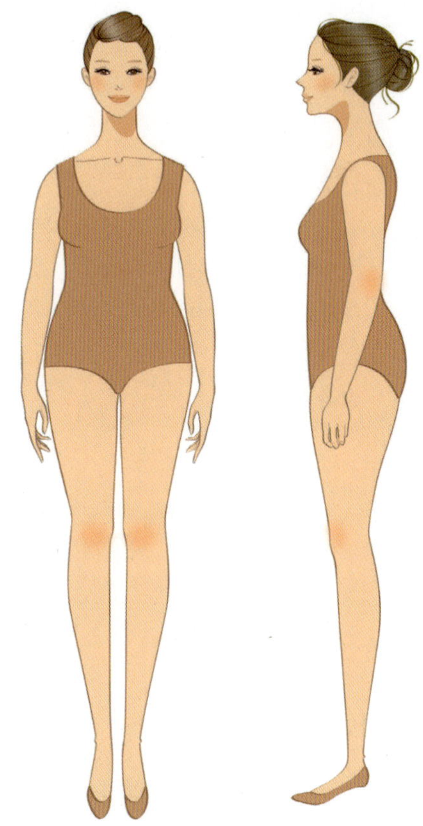

▲ [그림 10–6] 여성 둥근 체형

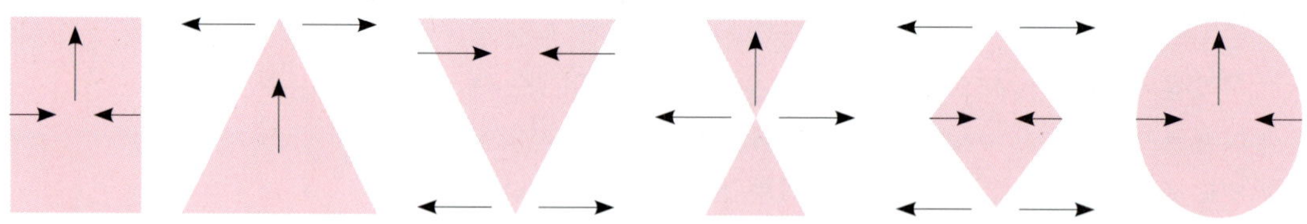

▲ [그림 10–7] 여성 체형 유형

》 여성 체형에 따른 패션 코디네이션 포인트 · 살릴 점 & 피할 점

:: 키가 크고 마른 체형

☑ **너무 말라보이지 않게 코디하는 것이 포인트이다.**

　몸매가 드러나지 않는 여유 있는 옷이 좋으며, 상의와 하의가 같은 색의 원피스 보다는 **다른색의 원피스**나 **투피스**를 입어준다. 소매가 없는 옷이나 마른체형이기 때문에 너무 작은 무늬의 옷이나 가방 등은 피하도록 하며 벨트를 매서 가로 방향으로 시선을 이동시켜 주는 것도 좋은 방법이다. 레이스와 같은 볼륨감을 주는 옷이 효과적이며, 옷감의 재질이 부드럽고 팽창되어 보일 수 있는 상의는 가급적 피하고 따뜻한 색상의 옷과 큰 무늬의 프린트를 입도록 한다. 강하고 굵은 세로줄 무늬는 키가 더 커보이므로 볼륨감을 줄 수 있는 연한색의 가로 방향의 줄무늬나 옷을 겹쳐 입어줌으로써 너무 마르고 약해보일 수 있는 체형적 단점을 부피감 있는 건강해 보이는 체형으로 만들어 준다. 헤어 스타일은 볼륨감을 살려주어 전체적으로 통통해 보이는 효과를 줄 수도 있으며, 시선이 아래로 가도록 선명한 색의 낮은 구두나 신발을 신어주는 것도 좋다.

▲ [그림 10-8] 여성 키가 크고 마른 체형

:: 키가 크고 뚱뚱한 체형

☑ **거부감 없는 보통 키에 날씬한 체형으로 보이도록 코디하는 것이 포인트이다.**

　어두운 계열의 싱글버튼의 정장이나 V네크라인과 같이 단순한 선의 느낌을 살린 의상을 입어주는 것이 좋다. 직선느낌의 셔츠, 엉덩이를 가리는 긴 재킷과 자연스럽게 내려오는 튜닉이 잘 어울리며, 다리가 예쁘다면 미니스커트나 무릎길이까지 내려오는 너무 퍼지지 않는 A라인 스커트도 어울린다. 긴 **스트레이트** 바지나 강하고 굵지 않은 색상 대비의 줄무늬를 살린 **샤프한 수트** 등이 잘 어울린다.

　키가 크면서 뚱뚱한 체형이므로 자칫 잘못 코디하게 되면 더 뚱뚱하고 커 보일 수 있다. 너무 큰 무늬의 프린트는 피하는 것이 좋고, 몸에 비해서 너무 큰 박스형 블라우스는 피하고, 너무 타이트하게 몸에 달라붙는 옷도 더욱 뚱뚱하고 커 보이기 때문에 입지 않는 것이 좋다.

▲ [그림 10-9] 여성 키가 크고 뚱뚱한 체형

:: 키가 작고 마른 체형

　파스텔 톤의 밝은 옷을 입어주는 것이 좋으며 마른 체형을 커버하기 위해서는 무늬가 들어간 옷이 좋지만 키가 작기 때문에 너무 큰 무늬의 프린트는 키를 더 작아보이게 할 수 있으므로 **적당한 간격의 줄무늬와 보통 크기의 무늬의 옷**을 선택하도록 한다. 키가 작기 때문에 상의와 하의를 다른 색을 입기 보다는 같은 색을 통일해서 입어주어 수직적인 시각 효과를 주는 것이 좋다. 목 부분에 의상보다 한 톤 밝은 스카프나 재킷에 브로치를 해주어 시선을 위쪽으로 끌어올려주는 것도 좋은 방법이다.

▲ [그림 10-10] 키가 작고 마른 체형

:: 키가 작고 뚱뚱한 체형

　재킷의 길이는 너무 길지 않은 엉덩이 중간 정도의 길이가 좋으며, 고어드 스커트가 적당하다. 상의가 너무 많은 부피를 차지하는 것은 무거워 보이고 키가 더 작아 보일 수 있으므로 **가벼운 소재의 옷감**을 선택하며 플레어나 플리츠 스커트는 입지 않는 것이 좋다. 신체선이 너무 드러나거나 너무 헐렁해서 넉넉하게 입지 않는 것이 좋으며, 너무 밝은 색상의 옷이나 광택이 나는 재질은 피하도록 한다. 소매가 짧아 팔이 드러날 경우 상체나 가슴 부분이 더 크게 보이고 뚱뚱해 보일 수 있으므로 긴 소매를 입어준다. 소품이나 액세서리는 작은 것을 착용하도록 하며 헤어핀, 스카프, 브로치, 귀걸이 등을 사용할 때는 의상과 통일감 있게 코디하도록 한다. 높은 굽의 구두와 함께 모자를 써서 키가 더 커보이도록 하는 것도 좋은 방법이며 올린 머리를 하는 것도 좋으나 너무 높게 올려서 강조한 올림머리나 너무 높은 구두 굽은 오히려 작은 키를 강조해서 눈에 띄게 할 수 있으니 주의하도록 한다. 스커트와 스타킹, 구두의 색상은 가능하면 동일 색상 계열로 통일 하는 것이 좋으며, 바지를 입을 경우 바지 색과 맞춘 구두 색상을 선택해서 신어주는 것이 좋다. 가방은 너무 둥근 모양의 큰 가방은 피하도록 한다.

▲ [그림 10-11] 키가 작고 뚱뚱한 체형

∷ 하체가 뚱뚱하고 상체가 마른 체형

　너무 부드럽거나 하늘거리는 얇은 소재의 옷은 피하고 마른 상체를 위해서 체형보정용 속옷을 입어주고 **상체를 볼륨감** 있게 만들어 주며, 상의는 너무 신체선이 드러나지 않는 여유 있는 옷을 입도록 한다. 볼륨감 있는 스카프나 가슴 부분에 프릴이나 주머니가 있는 옷을 입는 것도 효과적이다. 길이가 짧은 트렌치코트, 옷을 여러 겹 입는 레이어드룩 스타일, 짧은 볼레로 스타일의 재킷이 잘 어울리며, **플레어 스커트**를 입는 것이 좋다. 목걸이나 귀걸이 등으로 시선을 위쪽으로 올려서 뚱뚱한 하체로 가는 시선을 위쪽으로 가도록 한다. 이때 목걸이는 자연스런 느낌을 줄 수 있는 부담 없는 것을 착용한다.

▲ [그림 10–12] 키가 작고 뚱뚱한 체형

∷ 상체가 뚱뚱하고 하체가 마른 체형

　상의로 신체선이 드러나는 타이트한 면이나 니트류의 옷은 입지 않도록 한다. 정장도 몸에 딱 맞는 것 보다는 여유 있는 옷을 입어주며 너무 밝은 색의 상의는 피하도록 한다. 상체가 뚱뚱한 체형이므로 네크라인이 답답하게 올라붙은 옷은 피하고 V네크라인과 같은 옷을 선택하며 **튜닉 허리 밑까지 내려와 띠를 두르는 스타일의 여성용 낙낙한 블라우스 또는 코트**이나 가디건을 입어주는 것이 좋다. 상의를 선택할 때 부피감, 광택, 차갑고 빳빳한 소재보다는 자연스럽게 흘러내리는 소재를 선택한다. 상의나 특히 가슴 부분에 요란한 장식이나 주머니, 프릴 등이 있는 옷은 피하며 소매가 짧아 팔이 드러날 경우 상체나 가슴 부분이 더 크게 보일 수 있으므로 긴 소매를 입어준다. 하의는 **파스텔 톤**의 밝은 옷을 입어주는 것이 좋으며, 마른 체형을 커버하기 위해서는 가로줄무늬나 약간의 무늬가 들어간 옷이 좋다. 너무 큰 무늬의 프린트 보다는 상체가 뚱뚱하므로 적당한 간격의 줄무늬와 보통 크기의 무늬가 있는 옷을 선택하도록 한다. 그리고 하체는 마른 체형이므로 바지에 주머니나 장식으로 포인트를 주는 것도 효과적이다. 길게 내려오는 목걸이, 목에 걸어서 길게 내려오도록 연출한 스카프 등이 이 체형에 적합하다.

▲ [그림 10–13] 상체가 뚱뚱하고 하체가 마른 체형

남성 체형 분석

》 남성 체형에 따른 스타일 코디 방법

:: H형

- **체형 특징**: 날씬한 H라인의 직선형 체형을 말한다. 정면에서 보았을 때 어깨는 넓지 않고, 가슴라인과 힙 라인이 일직선상으로 비슷한 선상에 놓인 체형이다. 가슴둘레와 허리둘레가 18cm 이상 차이 나는 T형과는 다르게 15cm 이하의 차이를 보이는 특징이 있다. 키가 매우 작지 않다면 H형은 지적인 이미지를 주므로 현대적 감각을 살린 다양한 남성코디가 가능한 체형이다. H형 중에서도 심하게 마른 체형인 경우에는 예민하고 날카로운 인상을 줄 수 있다.

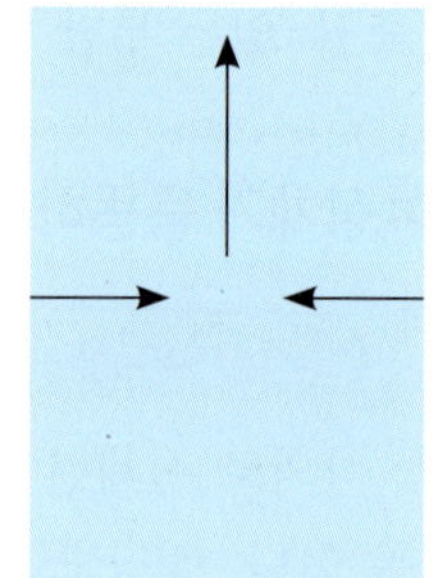

> ☑ **코디 방법**: 심하게 마른 H형의 경우에는 너무 얇은 소재를 피해서 어두운 색의 의상보다는 밝은 색상의 의상을 선택하도록 한다. 베스트를 입어주거나 더블 여밈의 재킷이 잘 어울리며, 겹쳐 입는 것이 효과적이다.

:: T형

- **체형 특징**: 정면에서 보면 어깨가 눈에 띄게 넓고 남성적인 건강미가 느껴지는 체형이다. 가슴둘레와 허리둘레의 차이가 15cm 정도 나는 H형에 비해서 18cm 이상의 차이가 나며 근력운동을 통해서 다져진 건강한 체형이라 할 수 있다.

> ☑ **코디 방법**: 키가 작은 T형은 이마를 가능한 올려주고 헤어 스타일 연출에 있어서 머리의 탑 부분을 볼륨을 주어 키가 더욱 커보이도록 한다.

또한 수트 착용시 V존 라인을 강조하여 시선이 위쪽으로 올라갈 수 있도록 코디해 준다. 통이 좁은 바지 보다는 일자형 바지를 입어주도록 한다. 사선 스트라이프가 들어간 넥타이로 시선의 연결선상을 위쪽으로 올려주어 키가 더 커보이도록 해주 고, 안경으로 시선을 얼굴 쪽으로 올려주어 키가 더욱 커 보이고 넓은 어깨의 건강 미를 살려서 남성다운 매력을 표현한다.

∷ O형

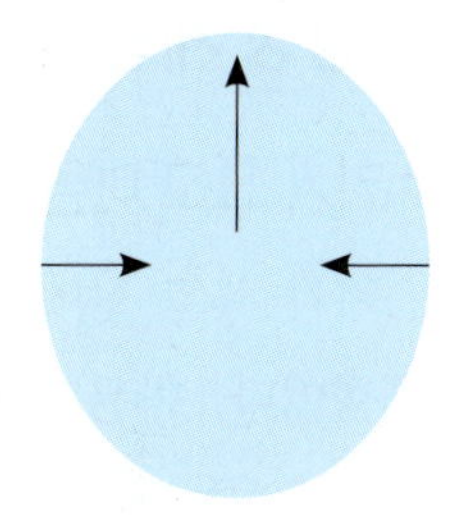

- **체형 특징**: 어깨라인, 팔, 허리, 힙 등 전체적으로 둥글고 살집이 있 는 통통한 체형이다. 엉덩이둘레와 허리둘레가 차이가 많이 나지 않 으며, 복부에 살이 많은 남성의 경우에는 엉덩이둘레보다 허리둘레 가 더 큰 경우도 있다. O형의 특징은 목이 짧고 운동을 잘 하지 않 는 내장 비만이 심한 중년남성에게 많이 보이는 체형이며, 가슴둘레 와 허리둘레의 차이가 13cm 이하인 경우가 많다.

☑ **코디 방법**: O형은 둥글둥글한 체형이므로 너무 보기에 답답하거나 우유부단해 보 일 수 있으므로 선의 느낌을 살려서 둥근 라인을 슬림해 보이도록 해주는 것이 포 인트이다.

또한 목도 짧은데 너무 답답하게 올라붙은 라운드 네크라인은 피하고 V네크라인 으로 슬림해 보이면서 시원한 느낌을 주도록 한다. 네이비 계열의 짙은 색 넥타이 나 얇은 핀 스트라이프 정장을 입어주면 잘 어울린다.

Tip **일하는 남자의 멋진 드레스셔츠 코디 꿀팁**

▸ 남자가 열정적으로 일에 집중할 때 드레스셔츠의 소매를 걷게 되면 키가 3~5cm 정도 커 보이면서 전문가적인 멋스런 분위기를 나타낼 수 있다.

남성 체형에 따른 패션 코디네이션

》 남성 체형별 코디 포인트 · 살릴 점 & 피할 점

:: 키가 크고 마른 체형

키가 크고 살이 없는 마른 체형이므로 등이 구부정하게 되기가 쉬운 체형이다. 마른 체형이므로 니트와 같은 소재가 잘 어울리며 상의와 하의의 색상을 달리 입어주는 것이 좋다. 정장의 경우에는 마른 체형이라고 해서 본인의 신체 사이즈보다 훨씬 큰 옷을 입지 않도록 하며 어두운 색상의 단색 보다는 약간 밝은 톤의 체크 무늬와 더블 여밈의 자켓 스타일이 잘 어울린다.

▲ [그림 10-14] 키가 크고 마른 체형

:: 키가 크고 뚱뚱한 체형

둔탁한 느낌을 줄 수 있는 체형으로 밝은 색상의 의상보다는 남색, 진한 회색과 같은 어두운 색상의 의상을 입어준다. 쓰리 버튼이나 더블 버튼은 피하고 싱글 버튼의 재킷을 입어주며, 스트라이프의 진한 수트를 입어서 뚱뚱한 체형의 결점을 커버한다. 네크라인은 답답하게 올라붙은 라운드형 보다는 V네크라인을 선택한다.

▲ [그림 10-15] 키가 크고 뚱뚱한 체형

:: 키가 작고 마른 체형

차갑고 실제 체형보다 수축되어 보이는 저명도의 어두운 계열의 수축색 보다는 따뜻한 느낌을 줄 수 있는 고명도의 실제 체형보다 커보이는 밝은색 계열의 팽창색을 입어준다. 상의와 하의를 동일 계열의 의상을 입어주는 것이 결점을 보완하는데 효과적이며, 밝은색 계열을 입어준다. 어깨선이 강조된 코트나 재킷, 니트 등이 잘 어울린다. 키가 작기 때문에 엉덩이 부분을 덮어서 너무 길게 내려오는 상의는 피하는 것이 좋다. 넥타이의 무늬가 너무 크지 않은 작은 무늬로 디자인된 넥타이를 선택하도록 하고 멋스러운 안경이나 남성용 브로치나 포켓 치프와 같은 포인트로 시선을 위로 끌어올리도록 한다. 굽이 있는 구두와 모자를 써줌으로써 더욱 키가 커보이도록 하는 것도 좋은 방법이다.

▲ [그림 10-16] 키가 작고 마른 체형

:: 키가 작고 뚱뚱한 체형

키가 작아 보이지 않고 뚱뚱하지 않은 체형으로 보이도록 하는것이 포인트인데 시선을 위쪽으로 끌어올리는 것이 가장 중요하다. 헤어 스타일을 뿌리 부분부터 **볼륨감** 있게 살려서 키가 커보이도록 하며, 남색과 같은 **어두운색** 계열에 세로줄의 **스트라이프**가 강조된 의상을 선택하며 뒤트임이 2개인 옷은 더욱 뚱뚱해 보이므로 뒤 중심에 한 개의 트임이 있는 **싱글 벤티드**를 선택한다. V네크라인의 짧게 내려오는 상의가 잘 어울리며 상의의 색상과 동일하게 팬츠와 양말, 구두의 색상도 통일해 주는 것이 키가 더 커 보이는 효과가 있다. 큰 무늬의 도트무늬 넥타이는 피하는 것이 좋고 진한 색상의 넥타이나 세로줄무늬의 넥타이를 선택하며, 멋스러운 안경이나 남성용 브로치나 포켓 치프와 같은 포인트로 시선을 위로 끌어올리도록 한다. 굽이 있는 구두와 모자를 써서 더욱 키가 커보이도록 하는 것도 좋은 방법이다.

▲ [그림 10-17] 키가 작고 뚱뚱한 체형

여성 부분 체형에 따른 패션 코디네이션

>> 부분 체형별 Good & Bad

:: 목

• 목이 짧고 굵은 체형

상의 네크라인의 선택을 시원하게 파인 V네크라인이나 U자형 네크라인을 선택한다.

목이나 가슴, 어깨부분에 프릴이나 장식이 없는 옷을 선택한다. 큰 귀걸이나 어깨장식이 있는 옷은 피하고 목을 답답하게 감싸는 부피감이 있는 스카프나 목도리는 피한다.

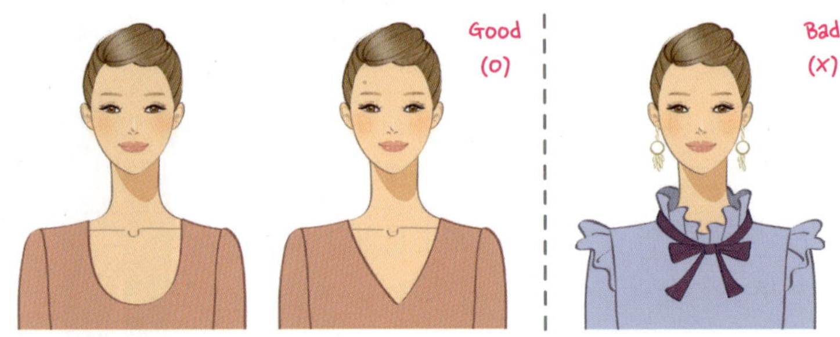

▲ [그림 10-18] 목이 짧고 굵은 체형

• 목이 길고 가는 체형

목을 장식할 수 있는 스카프나 목도리로 멋스럽게 코디한다. 스탠드형 칼라 상의로 긴 목의 결점을 커버하고 목이나 가슴, 어깨 부분에 프릴이나 장식이 있는 멋스러운 옷을 선택한다.

V네크라인이나 U자형 네크라인은 피하고, 폭이 넓고 얕은 보트네크
라인이나 고깔을 앞에 단 것과 같이 느슨한 드레이프^{drape}가 있는 카울
칼라 스타일의 네크라인을 선택한다.

목선이 두드러지는 긴 스타일의 귀걸이는 피하도록 하며 얼굴형을 고
려한 길게 내려오지 않는 약간 두꺼운 스타일의 라운드 목걸이를 해준다.

▲ [그림 10-19] 목이 길고 가는 체형

:: 어깨

• 어깨가 좁은 체형

어깨가 좁은 경우 머리가 상대적으로 커 보일 수 있는 체형으로 어깨
부분에 가로선의 느낌을 살린 어깨패드나 견장과 같은 장식이 있는 옷
을 선택한다. 브로치를 자켓 바깥쪽 어깨부분에 달아준다.

어깨부분과 소매를 잇는 부분에 주름을 잡아서 어깨가 넓어 보이는 옷
을 선택한다.

몸이 드러나는 상의는 피하고 가로줄무늬의 상의를 입어주며, 하의의
경우 바지 밑이 점점 넓어지는 통이 넓은 바지는 입지 않는다.

어깨가 좁으면서 처진 체형도 있는데 이런 체형은 시선을 위로 끌어

올릴 수 있는 포인트 귀걸이나 안경을 이용하는 것도 좋은 방법이다.

의상도 어깨부분을 업시켜서 각이 지거나 어깨패드가 있는 것을 선택해서 좁고 쳐진 어깨에서 풍기는 소극적인 이미지를 없애도록 한다. 눈에 띄는 가방이나 벨트와 같은 패션소품을 이용하는 것도 좋다.

▲ [그림 10-20] 어깨가 좁은 체형

• 어깨가 넓은 체형

어깨가 넓은 경우 머리가 상대적으로 작아 보일 수 있는 체형으로 상의의 폭이 넓고 얕은 보트네크라인은 피하고 V네크라인이나 U자형 네크라인을 선택한다. 어깨와 소매의 이음선을 밖으로 내지 않고 몸 안쪽으로 이어서 만들어진 옷을 선택한다. 상의의 소재에서 너무 뻣뻣한 소재는 피하고 많은 부피를 차지하는 옷은 선택하지 않으며 하의의 경우 바지 밑이 점점 좁아지는 스타일의 통이 좁은 바지는 입지 않는다.

▲ [그림 10-21] 어깨가 넓은 체형

:: 팔

• 팔이 짧은 체형

팔의 길이보다 약간 길게 만들어진 옷을 선택하거나 9부 길이 이상의
소매를 선택한다.

목둘레에서부터 몸판을 비스듬히 가로질러 소매 끝까지 연결된 래글런
소매도 짧은 팔의 체형단점을 보안할 수 있는 좋은 방법이다.

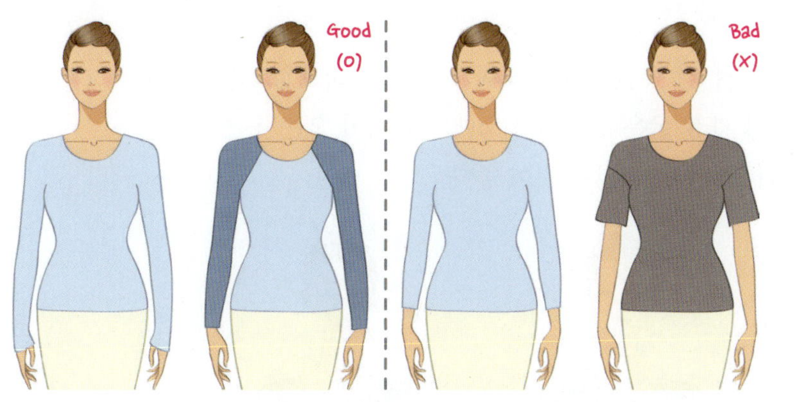

◀ [그림 10-22] 팔이 짧은 체형

• 팔이 긴 체형

어깨가 넓지 않은 긴 팔의 체형이라면 어깨와 소매부분의 이음선이 어
깨 바깥부분으로 내서 만들어진 옷을 선택하면 팔이 너무 길어보이지
않으며, 7부 소매나 소매 폭이 넓은 블라우스나 커프스를 해주어 팔이
너무 길어 보이지 않게 한다. 굵은 팔찌나 시계도 좋은 효과를 줄 수 있
으며, 블라우스 중간에 주름이 잡혀있거나 가로선 방향의 리본이 있는

옷도 긴 팔을 짧게 보일 수 있다. 그 이외에 어깨에 짧게 매는 가방이나 벨트 등으로 시선을 분산시켜주고 가로선을 강조해줌으로써 긴 팔이 부각되어 보이지 않게 할 수 있다.

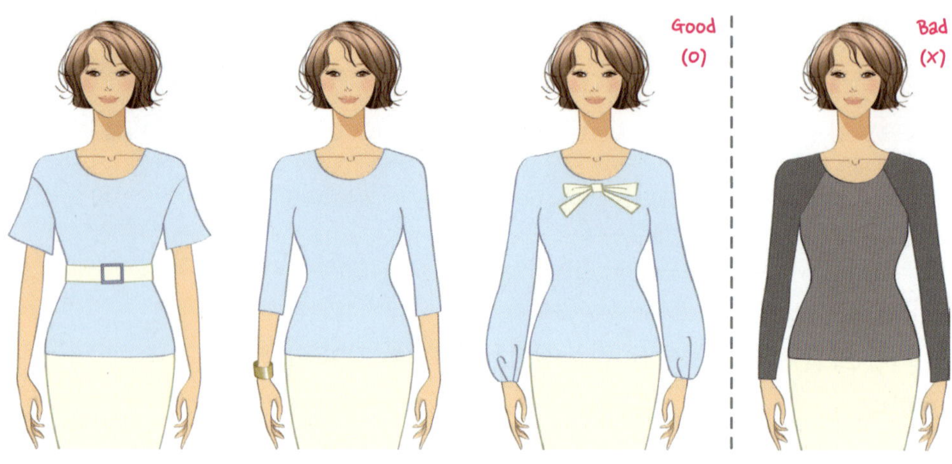

▲ [그림 10-23] 팔이 긴 체형

· 팔이 굵은 체형

굵은 팔이 잘 드러나는 딱 맞는 옷은 피하도록 하고 7부 소매정도가 좋으며, 반팔의 경우 팔의 가장 굵은 부분에서 소매의 끝단이 오는 옷은 굵은 팔을 더욱 부각시켜주므로 입지않는 것이 좋다.

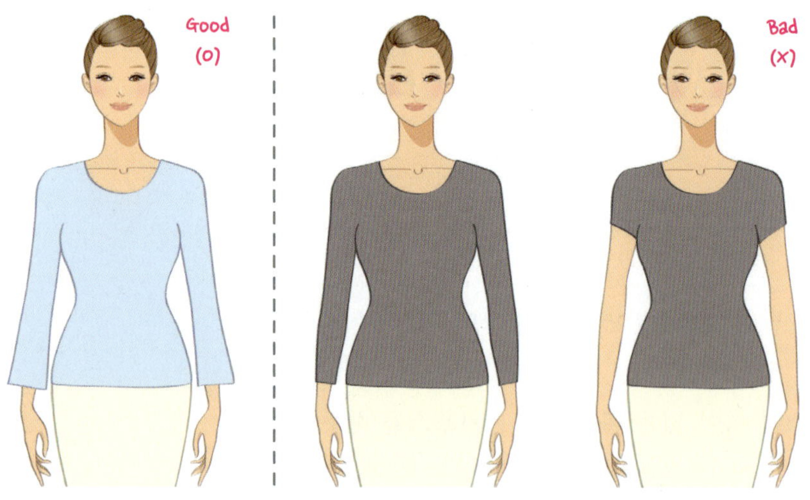

▲ [그림 10-24] 팔이 굵은 체형

• 팔이 너무 얇은 체형

굵은 팔과 마찬가지로 팔이 잘 드러나는 딱 맞는
옷은 피하도록 하고 얇은 팔이 드러나지 않게 넉넉한
소매 품이 좋으며 볼륨감을 살린 소매디자인이 되어
얇은 팔을 커버할 수 있는 것이 좋다.

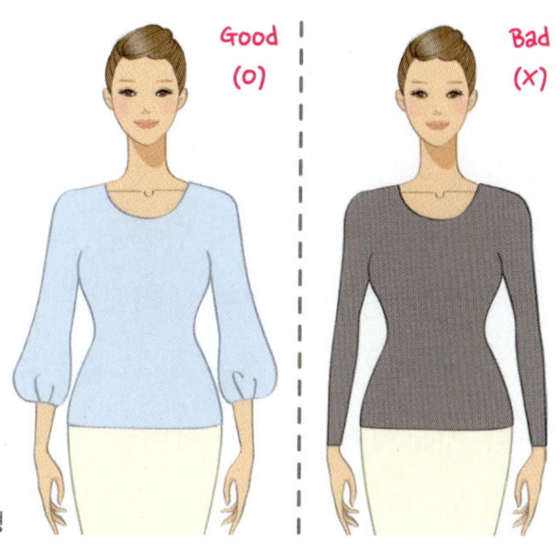

▶ [그림 10-25] 팔이 너무 얇은 체형

∷ 가슴

• 작은 가슴 체형

작은 가슴은 의상의 가슴 부분에 셔링이나 프릴 주머니 등이 있는 옷
이면 작은 가슴을 크게 보일 수 있는 효과가 있다. 또한 가슴 부분에 볼
륨을 살려 줄 수 있는 목도리나 스카프 매듭이 오는 것이 좋으며 가슴
부분으로 내려오는 큰 팬던트의 목걸이나 혹은 스카프 자체에 끼울 수
있게 되어 있는 스카프 팬던트 등은 작은 가슴 커버에 도움이 된다. 팔
이 드러나도록 입는 짧은 상의는 가슴을 커보이게 하는 효과가 있으며,
면소재나 몸에 밀착되는 딱 맞는 상의는 피하도록 한다.

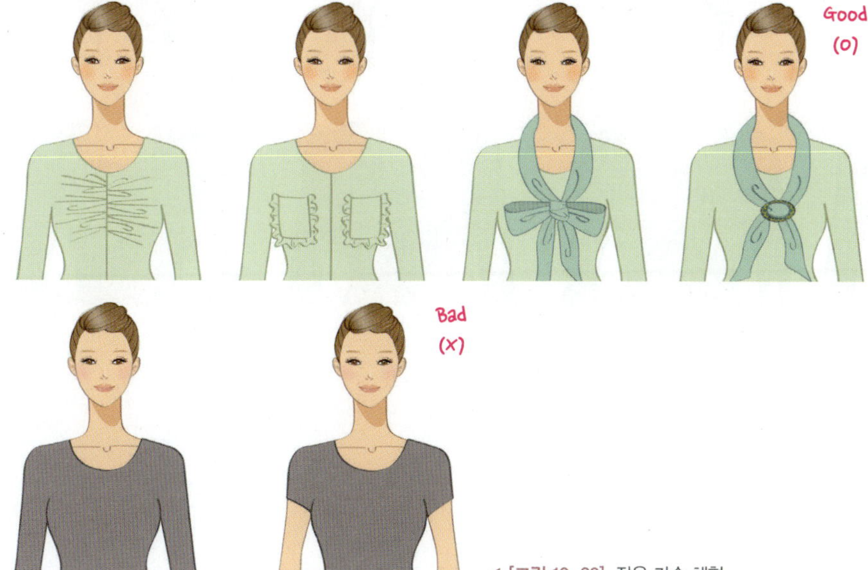

◀ [그림 10-26] 작은 가슴 체형

• 큰 가슴 체형

가슴 부분에 셔링이나 프릴 주머니 등이 있는 옷은 큰 가슴을 더욱 커 보이게 하므로 입지 않는 것이 좋으며 밝은 색 상의보다는 차분한 색의 상의와 싱글브레스트의 단순한 의상이 어울린다. 목걸이와 목도리 스카프 등은 가슴 부분까지 내려오지 않도록 하며 특히 목걸이를 할 경우에는 길게 내려오는 것은 하지 않는다. 허리를 강조한 벨트는 큰 가슴을 더욱 커보이게 하므로 허리를 강조하지 않는 것이 좋으며 상의를 너무 짧게 입거나 딱 맞는 재킷은 입지 않도록 한다. 레이어드룩이나 박스형 셔츠나 블라우스를 입어서 큰 가슴을 자연스럽고 멋스럽게 커버한다.

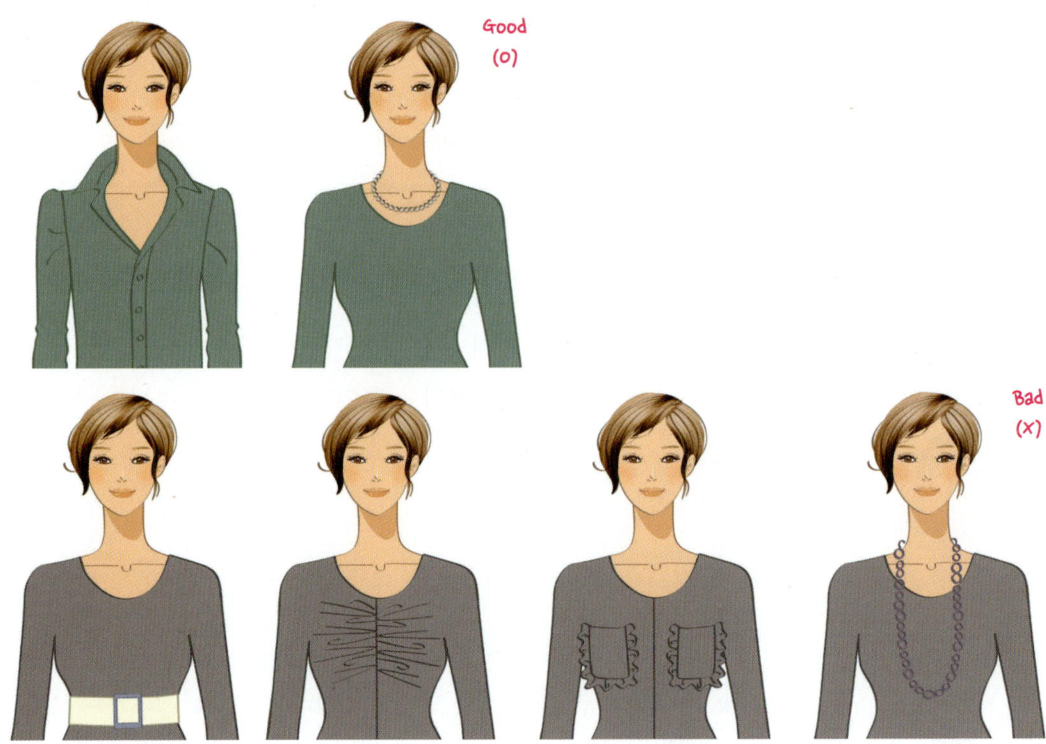

▲ [그림 10-27] 큰 가슴 체형

:: 허리

· 긴 허리 체형

긴 허리는 하체가 짧아 보이는 단점이 있으며 허리선을 위로 올려서 코디하는 하이웨이스트 스타일의 스커트나 바지를 입어 줌으로써 다리도 길어 보이고 허리가 너무 길어 보이지 않도록 해준다. 짧은 블라우스나 재킷이 어울리며 긴 허리에 어울리는 패션 소품으로는 장식이 있는 넓은 벨트를 하는 것도 좋으며 멋스러운 긴 스카프를 벨트 대용으로 코디하는 것도 좋다. 허리에 머무를 수 있는 시선을 위쪽으로 올려주는 브로치나 길게 내려오지 않는 스카프 등을 해주는 것도 좋은 방법이다.

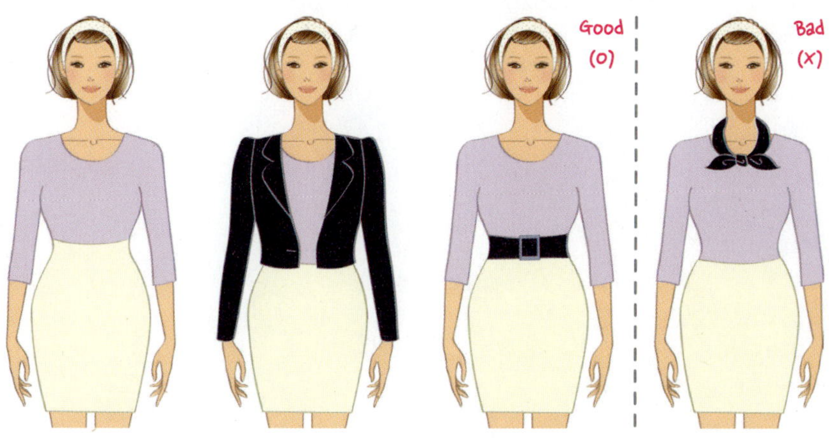

▲ [그림 10-28] 긴 허리 체형

· 가는 허리 체형

블라우스나 면티 등의 상의는 허리라인의 신체선이 드러나지 않게 여유 있는 상의를 입어주는 것이 좋으며, 상의를 하의 안에 넣어서 입지 않도록 한다. 벨트를 맬 경우에 굵게 장식된 벨트를 느슨하게 해서 너무 가는 허리가 부각되지 않도록 한다.

▲ [그림 10-29] 가는 허리 체형

- ## 짧은 허리 체형

　다리가 길어 보이는 반면 상체는 짧아보여서 조금만 살이 쪄도 상체가 뚱뚱해 보일 수 있는 단점이 있다. 허리선이 밑 부분으로 낮게 디자인된 상의를 선택하거나 인위적으로 허리선을 아래쪽으로 내려서 벨트를 느슨하게 매주는 방법이 효과적이다. 벨트는 허리라인에 정확하게 오도록 매지 않는 것이 좋으며 허리가 강조되지 않은 길게 내려오는 블라우스나 자켓을 선택한다. 또한 목이 굵고 짧지 않다면 목선을 높여서 상체가 좀 더 길어 보일 수 있는 스탠드 컬러를 선택하는 것도 좋은 방법이다.

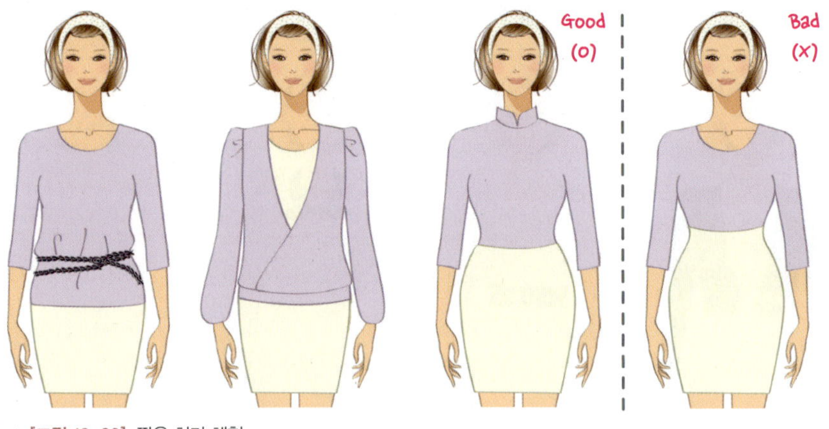

▲ [그림 10-30] 짧은 허리 체형

- ## 굵은 허리 체형

　굵은 허리가 드러나도록 허리를 강조하지 않으며, 너무 무겁지 않은 직물의 의복으로 레이어드 시키면 굵은 허리를 커버할 수 있다. 시선을 분산시키기 위해 중앙으로 시선이 모아지는 선상에 스카프나 브로치, 안경 등을 착용해서 굵은 허리를 커버하는 것이 좋다. 또한 어깨에 매는 스타일에 짧은 가방을 매서 허리라인 전에 가방의 끝의 경계가 생기도록 하는 것도 굵은 허리를 커버하는 효과적인 방법이다.

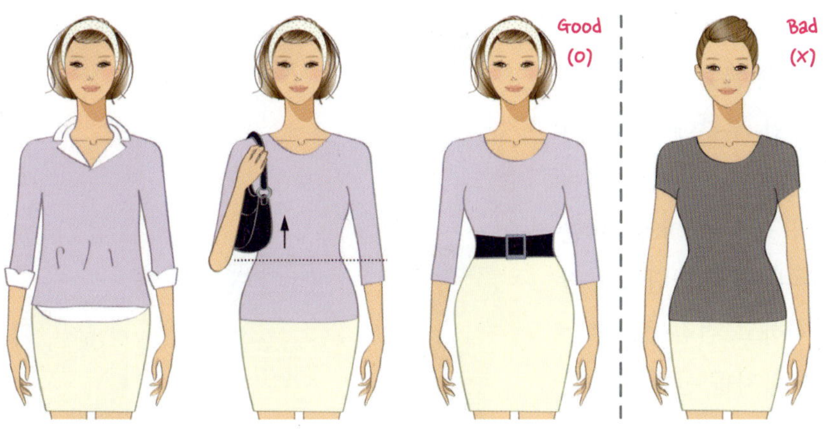

▲ [그림 10-31] 굵은 허리 체형

:: 엉덩이

• 큰 엉덩이 체형

큰 엉덩이에 균형을 맞추기 위해 체형상 문제가 없다면 어깨에 패드를 넣거나 볼륨 있는 상의를 입어준다. 큰 엉덩이를 드러내지 않고 덮어지는 길이의 블라우스나 재킷 등의 상의를 선택한다. 상의는 무늬가 있거나 밝은 색상의 두께감이 있는 소재도 가능하나 하의는 단색의 무늬가 없이 차분한 느낌의 두껍지 않은 소재의 옷을 입어준다.

큰 엉덩이에 신체선이 드러나는 달라붙는 하의는 피하고 여유있는 플레어 스커트나 바지를 입어준다. 짧은 반바지나 스커트는 엉덩이가 더 커보이므로 입지 않도록 한다.

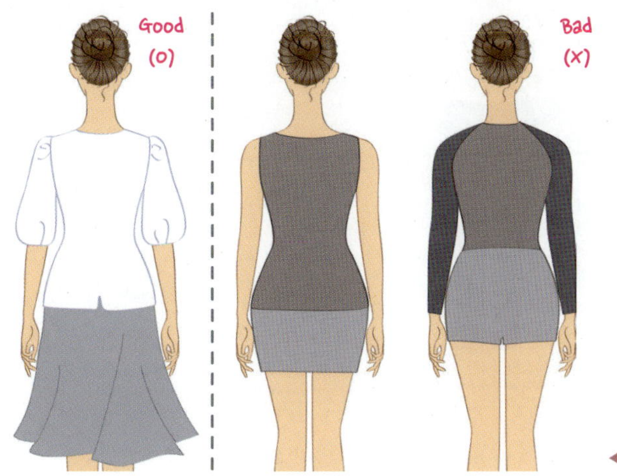

◀ [그림 10-32] 큰 엉덩이 체형

• 작은 엉덩이 체형

보정 속옷으로 엉덩이에 볼륨감을 주거나 바지나 스커트 엉덩이 탑 부분에 포켓이나 장식이 달린 옷을 선택한다. 무늬가 있는 스커트나 가로 주름이 잡힌 스커트, 밝은 색상의 바지를 입어주며, 바지 밑단으로 갈 수록 넓어지는 것은 피하고 점점 좁아지는 테이퍼드형tapered type 바지를 선택한다.

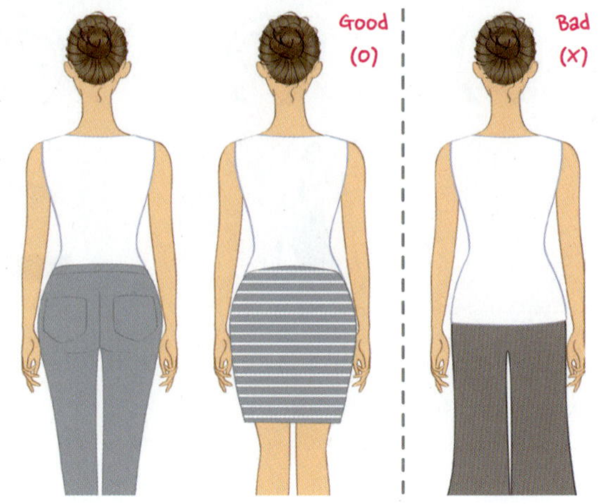

▲ [그림 10-33] 작은 엉덩이 체형

:: 다리

• 짧은 다리 체형

짧은 바지나 바지 끝이 접힌 형태의 턴 업스turn-ups 스타일은 입지 않는다. 짧은 상의에 동일 색상의 하의를 입어주면 다리가 길어 보이며 스커트인 경우에 스커트 색상과 스타킹, 구두의 색상까지 동일계열로 통일시키면 더욱 다리가 길어 보이는 효과가 있다.

세로줄 무늬의 바지는 다리를 더욱 가늘고 길어보이게 한다.

◀ [그림 10-34] 짧은 다리 체형

• **가는 다리 & 휘어진 다리 체형**

　유행한다고 해서 스키니 진과 같은 가늘고 휜 다리를 부각시키는 의상
은 입지 않도록 하며 가늘고 휘어진 다리를 가릴 수 있도록 길게 내려오
는 스커트나 품이 여유 있게 흘러내리는 바지를 입어주도록 한다. 부츠
를 선택할 경우에도 짧은 부츠 보다는 길게 올라오는 부츠가 좋으며 다
리에 밀착감이 좋은 부츠 보다는 여유가 있어서 가늘고 휜 다리가 드러
나지 않게 커버해주는 부츠 선택을 하는 것이 좋다.

　너무 얇아서 하늘거리는 소재보다는 두께감이 느껴지는 소재의 바지
나 스커트가 좋으며 체크 무늬나 무늬가 있는 하의도 가늘고 휜 다리를
커버하기에 효과적이다.

▲ [그림 10-35] 가는 다리 & 휘어진 다리 체형

얼굴형 이미지(해당하는 곳에 "O")		
얼굴 부분적 이미지	곡선 느낌	직선 느낌
전체적인 얼굴형		
헤어 라인		
얼굴 옆선 세로 라인		
턱 라인		
눈썹 모양		
눈 모양		
코 옆면		
코끝		
볼 라인		
입 가로선 모양		
곡선·직선 합계		
비율(곡선: 직선)		
결과		

Tip 얼굴형 이미지와 전체 스타일 분석

전체적인 이미지 ➡ (차가움, 따뜻함)

대화시 ➡ (사고형, 감정형)

신체적 특징과 이미지에 따른 패션

》 신체적 특징과 이미지에 따른 연출법

패션에 있어서 신체적 특징과 개인 이미지를 최대한 살려서 가장 잘 어울리는 패션과 액세서리를 연출하는 것은 매우 중요하다.

아래 [그림 10-36]에서 왼쪽의 날씬한 체형의 차가운 이미지는 스트레이트형 의상으로 도시형 차도녀 이미지를 강조했다면 오른쪽 [그림 10-37]의 글래머러스한 체형에 부드러운 이미지는 곡선형 의상으로 우아한 여성스러움을 살렸다.

▲ [그림 10-36] 직선형의 차가운 도시적 이미지

▲ [그림 10-37] 곡선형의 따뜻하고 우아한 이미지

 이상적인 주얼리 패션 코디법

1. 개인 얼굴형 특성과 이미지를 살려서 패션과 액세서리 라인의 경우 곡선과 직선을 섞어서 코디하지 않는다.

2. 체형 및 얼굴형에 따라서 선, 형태, 패브릭, 컬러, 패턴 등에 따라서 품질을 고려해서 개인 취향에 따라 선택한다.

3. 목걸이의 이상적인 길이는 이마에서 턱까지의 얼굴 길이만큼 내려오고 얼굴의 넓이만큼 퍼지는 것이 가장 얼굴이 예뻐 보이나 지나치게 긴 얼굴형이나 짧은 얼굴형, 키 등을 고려해서 개인의 신체 특징에 따라 목걸이의 길이를 선택해서 착용한다.

4. 피부가 윤기가 흐르고 촉촉한 경우 광택 있고 매끈한 소재의 옷감이나 액세서리를 선택해도 좋으며, 피부가 거칠고 모공이 넓은 경우에는 표면의 재질감이 많이 느껴지는 소재의 액세서리를 선택한다.

 피부결에 따른 액세서리 이미지

▶ 거친 피부에 적합: 액세서리 겉 표면에 광택이 없이 재질감이 느껴지면서 입체감 있는 형태의 액세서리

▶ 매끄럽고 촉촉한 물광 피부에 적합: 액세서리 겉 표면에 광택이 나면서 매끈한 느낌의 반짝이는 소재의 액세서리

패션 소재

>> 신체 특성에 따른 소재 · 색상 · 패턴 선택

:: 소재 이미지

현대에 와서는 옷감을 만드는 데 바탕이 되는 재료인 소재는 각종 천연·합성 섬유를 용도와 취향에 따라서 임의로 개질시켜 다양한 소재의 옷감이 만들어지고 있다. 입고 있는 의상의 소재에 따라서 개인의 이미지에도 많은 영향을 미치게 되며 개인의 체형, 피부타입 등에 따라서도 어떤 소재의 의상을 선택하느냐에 따라 단점을 더욱 눈에 띄게 만들 수도 있고 장점을 더욱 빛나게 만들 수도 있다.

예를 들어 몸이 작고 왜소한 사람은 소재 및 디자인을 잘 선택해서 왜소함을 커버하도록 하는데 포켓, 셔링, 더블브레스트, 스티치 등을 활용하거나 모, 모피, 가죽, 면, 마, 트위드 소재를 선택하는 것이 좋다. 또한 몸이 체격이 좋은 사람은 소재 선택을 잘 해서 살집형의 단점을 커버할 수 있는데 포켓이나 셔링이 없는 심플한 실루엣, 싱글브레스트 자켓, 액세서리 최소화, 하이힐과 킬힐 착용, 실크, 저지, 폴리 소재 선택하는 것이 좋다.

여성의 경우 웨딩드레스 선택 시에도 피부가 좋지 않은 사람은 광택이 특별히 많이 나는 소재는 피한다.

남성의 경우에도 드레스셔츠 선택 시 피부가 좋지 않은 사람은 광택나는 소재는 피하도록 한다.

▲ [그림 10-38] 다양한 옷감 소재

:: 색상 이미지

　색의 이미지는 소재나 패턴, 디자인, 디테일과 달리 가장 빠른 시간에 깊이 지각되는 요소이며 오랜 시간 동안 기억되는 특징을 가지고 있다. 색이 중요한 이유는 개인별로 특별하게 잘 어울리는 색의 계열이 있기 때문에 자신에게 잘 어울리는 색상을 선택해서 메이크업을 하거나 의상을 입었을 때 더욱 멋지고 매력적으로 끌리는 사람으로 이미지를 잘 나타낼 수 있기 때문이다. 색 고유의 느낌 및 특성을 잘 이해하고 T.P.O ^{Time, Place, Occasion} 에 어울리는 적합한 색 선택과 개인의 피부, 체형특성에 맞는 색의 선택으로 감정 효과를 최대로 끌어올려서 호감가는 이미지를 연출하도록 한다.

▲ [그림 10-39] 다양한 색상 이미지

:: 패턴 이미지

　패턴은 색의 이미지 다음으로 개인 이미지에 많은 영향을 미치는 요소이며 반복되어서 보이는 연속적인 모양을 말한다. 대표적인 패턴으로는 플라워, 스트라이프, 체크, 도트 등이 있으며 체형 특징 및 얼굴형, 그리고 얼굴형 안에서의 눈, 코, 입 등의 조밀도에 따라서 패턴의 스케일 및 밀도를 달리 선택한다. 예를 들어서 얼굴의 눈, 코, 입 등의 밀도가 높으면 패턴의 밀도도 높은 것을 선택하고 얼굴의 밀도가 낮으면 패턴의 밀도도 띄엄띄엄 그려진 낮은 밀도의 무늬를 선택한다. 얼굴도 크면서 얼굴 안의 눈, 코, 입의 간격도 넓으니 시원하게 생긴 사람은 넓게 그려진 무늬의 패턴을 선택한다. 부드러운 곡선의 느낌이 우세한 사람은 직선 무늬의 패턴보다는 곡선의 느낌이 살려진 패턴을 선택하고 직선 느낌이 우세한 사람은 직선의 느낌의 패턴을 선택한다. 얼굴이 길거나 키가 커서 마른 경우 세로무늬 패턴보다는 가로무늬의 패턴을 선택하는 것이 효과적이며, 스카프의 경우 길게 늘어뜨리지 않는다. 체형 크기 및 얼굴의 이목구비의 밀도와 패턴의 밀도는 같은 느낌으로 코디해주는 것이 좋다얼굴 안의 이목구비 간격 = 패턴의 간격/ 얼굴 스케일 = 패턴 스케일.

플라워(여성적, 곡선의 이미지)

스트라이프(도시적, 전문적 이미지)

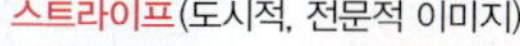

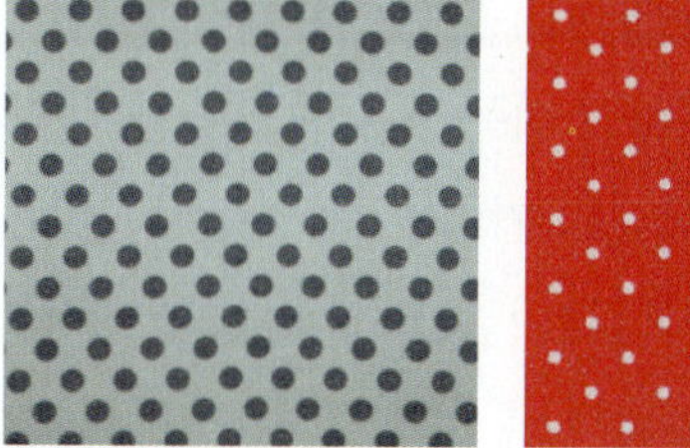

체크(보수적, 전통적, 클래식 이미지)　　　　도트(곡선의 사랑스런 이미지)

▲ [그림 10-40] 다양한 패턴 이미지(출처: http://shueshueroom.co.kr)

여성 패션

옷을 잘 입는 여성은 시간Time, 장소Place, 상황Occasion에 맞게 메이크업과 헤어 스타일을 연출할 줄 알고 자신의 신체 특징을 제대로 알고 본인에게 잘 어울리는 옷을 입는다. 또한 본인만의 이미지를 상대방에게 깊이 각인시킬 수 있도록 개인에게 잘 어울리는 패션과 소품, 향수 선택까지도 신중하게 하며 본인의 장점을 최대한 부각시킬 수 있도록 멋진 이미지를 스스로 디자인할 줄 알아야 한다.

여성 패션의 완성이 옷만 잘 입는 것도 아니고 비싸고 좋은 가방을 든다고 완성되는 것도 아니다. 옷과 가방은 명품인데 사람이 목소리나 말투, 제스처 등 행동 면에서 느껴지는 인품이 덕이 없이 배울 점을 찾아보기 힘들다면 잘 입은 품격 있는 옷과 대조되어 오히려 사람이 더 이상하게 보일 수 있다.

대부분의 사람들의 옷장을 열어보면 참 많은 옷들이 있다. 그러나 봄, 여름, 가을, 겨울 1년 동안 즐겨 입고 편하게 나의 일상생활과 친구처럼 같이 호흡할 수 있는 옷은 몇 벌이나 될까?

유행에 민감해서 입지 못하는 옷, 드라이를 잘 해서 보관하는 데도 약간 변색되었는데 너무 비싼 옷이라 과감하게 버리지 못하고 리폼해서 입을까를 고민하게 하는 옷, 체중이 늘어서 쳐다만 봐야하는 옷, 사놓기는 했는데 입고 나가기에는 왠지 부담스러운 옷 등 참 옷장 문을 열어보면 재미있는 사연들이 있고 그 옷들과 함께 많은 대화를 한다.

좋은 옷이란 무조건 비싼 옷이 아니라 옷이 무겁지 않고 가벼우면서 입고 나가기에 부담 없는 옷이다. 디자인이 개인의 신체 특징에 잘 맞아서 입었을 때 몸매가 예뻐 보이고 몸이 활동하기에 편하고 쉽게 더러워질까봐 부담되지 않아 일하는데 지장이 없는 옷이 좋은 옷이다.

잘 입은 옷과 함께 종합적으로 멋진 패션 연출은 오랫동안 잊혀지지 않을 멋진 나로 예쁘게 이미지 메이킹을 해준다. 또한 타인의 머릿속에 오래 기억되고, 보고 싶은 사람이 되도록 만드는 종합예술의 과정이며, 패션은 나의 소중한 몸과 함께 하는 행복하고 흥미진진한 여행이다.

》 여성 옷 종류별 코디 방법

:: 블라우스

블라우스는 재킷 안에 입어주는 상의이며 단색의 무난한 디자인을 고르는 것이 오랫동안 질리지 않고 입을 수 있다. 목, 가슴, 어깨, 소매 등 작은 디자인 하나에도 큰 영향을 주는 것이 상의이며, 신체 특징을 고려해서 목이 짧은 사람은 너무 목 윗부분까지 올라오는 장식이나 리본과 같은 디자인은 피한다. 가슴이 작은 사람은 가슴 부분에 프릴이나 포켓과 같은 볼륨감을 주는 장식이 있는 것이 좋으며, 어깨가 좁은 사람은 어깨와 팔의 경계선에 주름을 잡아서 볼륨감을 살려주거나 어깨패드가 있는 블라우스를 선택한다. 신장에 비해서 팔이 짧은 사람은 소매 끝에 매줄 수 있도록 예쁘게 디자인된 리본이나 장식이 되어 있는 것을 선택하는 것도 좋다. 블라우스는 한 번만 입어도 목이나 손목부분이 더러워지므로 매번 드라이를 맡겨야 하는 소재보다는 편하게 물세탁할 수 있도록 가격이 좀 비싸더라도 좋은 소재의 블라우스를 선택한다.

| 셔츠 블라우스 | 오픈 셔츠 | 타이매치 셔츠 |

▲ [그림 10-41] 여성 브라우스의 종류셔츠.

:: 셔츠

셔츠는 재킷 안에 입어주는 상의로 고르게 잘 짜진 순면의 셔츠를 고르는 것이 좋으며 개인의 신체 특징을 고려하여 너무 크지도 않고 너무 몸에 붙는 느낌도 나지 않는 잘 맞는 셔츠를 고르는 것이 좋다. 색상이 너무 밝거나 무늬가 있는 것은 피하고 기본적인 컬러로 블루나 화이트 셔츠를 권하며 상체가 뚱뚱하면서 하체에 비해서 상체가 짧은 사람이라면 은은한 색으로 들어간 세로 줄무늬의 셔츠를 입어주면 상체를 더욱 날씬하게 커버할 수 있다.

:: 스커트

스커트는 블라우스나 셔츠 재킷과 같은 상의와 잘 어울리도록 입어주는 하의로 스커트의 길이와 디자인 종류에 따라서 다양한 변화를 줄 수 있는 장점이 있다. 신체특징을 고려하여 입어주는 것이 중요하며 다리가 벌어지거나 너무 가는 다리는 짧은 치마보다는 롱스커트를 입어주도록 하고 하체비만형인 경우에는 플레어스커트나 A라인 스커트를 입어주는 것이 좋다. 젊고 귀여운 이미지를 주고 싶다면 본인의 나이나 이미지에 어울리는 짧은 스커트를 입어준다. 이처럼 스커트는 체형의 결점을 커버해주면서도 아름답게 보이면서 걷거나 활동하기에 불편함이 없는 스커트를 선택하는 것이 중요하다.

▲ [그림 10-42] 여성 스커트의 종류

:: 팬츠

　팬츠는 블라우스나 셔츠 재킷과 같은 상의와 잘 어울리도록 입어주는 하의로 스커트의 길이와 디자인 종류에 따라서 다양한 변화를 줄 수 있는 장점이 있다. 일자형 스타일의 바지를 무난하게 가장 많이 입지만 신체 특징을 고려하여 입어주는 것이 중요하다. 다리가 벌어지거나 너무 가는 다리는 통이 좁은 바지 보다는 넉넉한 스타일의 바지를 입어준다. 밑으로 갈수록 퍼지는 스타일의 바지는 다리가 길어 보이면서 날씬한 다리로 보이게 해주며 밑으로 갈수록 좁아지는 스타일의 바지는 발목이 두껍거나 다리가 긴 체형에게 잘 어울린다.

　그 이외에도 스커트와 달리 밑위 길이를 적절하면서도 여유 있는 것을 선택하는 것이 중요하며, 팬츠의 폭과 길이, 포켓이나 주름, 절개선, 허리선의 위치 등으로 결점을 커버할 수 있는 잘 어울리는 팬츠를 선택하도록 한다.

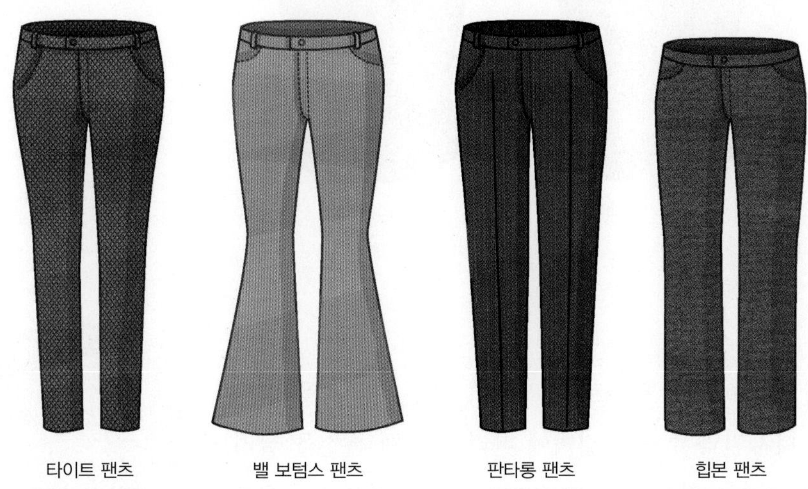

▲ [그림 10-43] 여성 팬츠의 종류

:: 베스트

블라우스나 셔츠 위에 입어주는 소매가 없는 상의를 말한다. 길이는 허리를 중심으로 다양한 종류가 있으며 신체 특징을 고려하여 하의와 밸런스를 맞추어 입는 것이 중요하다. 트임이나 포켓 장식이나 디자인에 따라서 멋스러운 이미지를 연출할 수 있어서 방한용만을 생각한 단순한 기능을 생각해선 안 된다. 키가 커 보이고 싶은 경우에는 단순한 디자인에 밝은 색상의 베스트가 좋으며 가슴이 큰 여성인 경우에는 어두운 색의 가슴 부분에 포켓이나 기타 장식이 없으면서 몸에 딱 붙지 않고 여유있는 베스트가 좋다. 또한 길이가 약간 긴 베스트를 입고 추가로 그 위에 입는 상의와 레이어드 스타일의 연출을 하게 되면 큰 가슴을 커버하기에 좋은 코디가 된다.

베스트

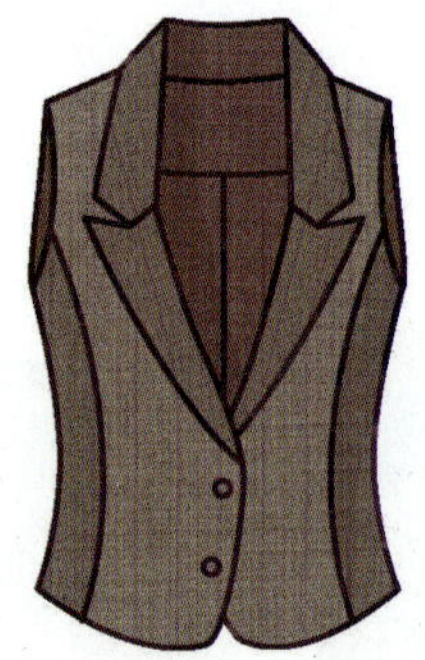

라벨드 베스트

드레스 베스트

▲ [그림 10-44] 베스트의 종류

:: 원피스 드레스

원피스 드레스는 상의와 하의를 하나로 연결해서 만든 드레스를 말하는데 원피스드레스의 디자인과 소재나 길이에 따라서 신체 특징을 살려서 장점을 부각시키고 단점을 최소화 할 수 있다. 그리고 여성의 특징을 살려주는 다양한 분위기의 연출이 가능한 의상이다. 키가 너무 큰 여성의 경우에는 상의와 하의 원피스드레스의 색상을 달리 해주고 키가 작은 여성의 경우 세로줄이 들어간 무늬의 옷을 입어주며 가슴이 작은 여성의 경우에는 가슴 부분에 포켓이나 프릴 등의 볼륨감을 줄 수 있는 장식이 있는 원피스 드레스를 선택한다. 또한 목이 너무 긴 여성의 경우에

▲ [그림 10-45] 원피스 드레스

는 목 부분까지 올라오게 디자인된 원피스 드레스나 멋스러운 스카프로
연출하는 것도 효과적이다.

∷ 재킷

　스커트나 바지에 입어주는 정장 상의를 말한다. 일하는 커리어 우먼의
멋진 이미지를 나타내기에 적합한 의상이며 재킷에도 다양한 종류의 디
자인이 있다. 지나치게 유행에 민감한 디자인 보다는 무난하게 평소에
도 부담 없이 입을 수 있는 가볍고 신체 특징에 잘 맞는 편한 소재와 디
자인을 고르는 것이 중요하다. 칼라가 없는 V네크라인이나 라운드 네크
라인의 경우에는 목을 강조한 멋스러운 스카프나 예쁜 블라우스로 변화
를 주어 입게 되면 같은 옷 다른 느낌의 재킷 이미지를 살릴 수 있다. 칼
라가 있는 재킷도 안에 입어주는 셔츠나 블라우스를 다양하게 코디해서
입게 되면 여러 벌의 재킷 효과를 낼 수 있다.

▲ [그림 10-46] 재킷의 종류

:: 코트

   가장 겉에 입어주는 옷을 말하며 코트의 길이에 따라서 짧고 헐렁한
스타일의 반코트, 롱코트가 있다. 코트는 방한이나 방수 기능으로 구분
되지만 그 두 가지의 기능 이외에도 신체 특징을 살려 결점을 커버하고
장점을 부각시킬 수 있는 스타일을 완성시키는 중요한 마무리를 해주는
의상이라고 할 수 있다. 키가 작은 체형의 경우 너무 긴 코트는 피하고
가로선이 강조된 허리부분에 끈이나 리본, 벨트를 매는 스타일은 피하
는 것이 좋으며 더블버튼 보다는 원버튼 스타일을 선택한다. 너무 무겁
거나 부피감이 큰 코트는 피하도록 한다.

프린세스 코트(princess coat)　　래글런 코트(raglan coat)　　텐트 코트(tent coat)　　랩 코트(wrap coat)

케이프 코트(cape coat)　　판초 코트(pancho coat)

▲ [그림 10-47] 여성 코트의 종류

남성 패션

》 남성 수트 재킷의 명칭

▲ [그림 10-48] 남성 수트 재킷의 앞 · 뒤 명칭

》 남성 셔츠와 재킷

:: 셔츠

   셔츠는 상의에 입는 속옷으로 분류되어 직접 피부에 닿는 의류이므로 셔츠 안에 속옷은 입지 않는 것이 올바른 착장법이다. 땀이 많이 나는 여름철에 속옷을 꼭 입어야 한다면 흰색 드레스 셔츠를 입었을 때에는 베이지 계열의 스킨톤을, 컬러감이 있는 셔츠를 입을 때에는 흰색 속옷을 입어서 비치지 않도록 한다. 셔츠는 수트 만큼이나 남성에게 있어서 중요한 상징의 옷이다. 흔히 잘못된 표현으로 와이셔츠라고 부르는데 이는 화이트 셔츠의 일본식 잘못된 표현이며, 정확한 명칭으로 '드레스 셔츠' 또는 '셔츠'라고 해야 한다. 예를 들어 화이트 색상일 경우에는 '화이

트 셔츠', 블루색상일 경우에는 '블루셔츠' 로 부른다. 셔츠를 선택할 때
에도 개인마다의 목의 굵기나 얼굴형과 크기에 따라서 다른 디자인을 선
택해야 한다. 셔츠의 소매커프스는 단추를 잠그고 풀지 않았을 때 약간
의 여유만 있을 뿐 손가락이 들어가지 않을 정도로 좁아야 한다. 셔츠의
품은 너무 넓어서 재킷의 실루엣을 망치면 안 되므로 너무 넓은 품의 셔
츠는 입지 않도록 하며, 셔츠의 길이는 너무 짧아서 바지 밖으로 나오는
것을 막기 위해서 허리 밑으로 15cm 정도 내려오는 것이 적당하다. 그
러나 상체가 짧거나 여러 가지 이유로 셔츠의 길이가 너무 길게 내려오
면 바지 속에서 셔츠가 겹치게 되고 주름이 잡혀서 미관상 보기에 좋지
않으며, 스스로도 활동하기에 불편할 수 있는 단점이 있으므로 적당한
길이의 셔츠를 선택한다. 포켓이 없는 드레스셔츠라면 포멀한 클래식 룩
에 어울리고 포켓이 있는 드레스셔츠의 경우 셔츠 하나만 입어도 좋다.

• 셔츠와 재킷 입는 법

셔츠는 재킷을 입었을 때 재킷 소매 밖으로 1.5cm 정도 나오도록 입
는 것이며, 칼라 부분에서도 셔츠가 재킷칼라 위로 1.5cm 정도 밖으로
나오게 입는 것이다.

넥 밴드는 실제 목둘레에 너무 딱 맞아서 혈액순환을 저해해서도 안
되고 너무 커서 엉성한 이미지를 주어서도 안 된다. 개인의 목둘레보다
0.5cm 정도 여유가 있는 셔츠를 선택하는 것이 바람직하다. 셔츠를 선
택할 때에는 칼라의 디자인을 개인의 얼굴형과 체형에 맞게 잘 어울리
는 칼라를 선택하는 것이 중요한데 보통체격과 평범한 얼굴형의 남자의
경우 칼라 각이 75° 정도, 칼라 폭이 6~7.5cm 정도의 셔츠를 선택한다.

• 셔츠 칼라 선택법

체격이 좋고 목이 긴 남성의 경우 큰 폭의 단추가 2~3개 있는 높게
올라오는 칼라를 선택하고 체격이 작고 목이 짧은 남성은 작은 폭의 낮
게 올라오는 칼라를 선택한다. 개인 신체 특성에서 목의 길이와 굵기,
얼굴형과 반대되는 칼라 셔츠 디자인을 선택하는 것이 중요하다.

예를 들면 가장 보편적으로 선택하는 모든 사람들이 무난하게 소화할
수 있는 셔츠는 레귤러 칼라이며, 둥근 얼굴형은 라운드 칼라 셔츠 보다는

끝이 뾰족한 각진 모양의 칼라 셔츠를 선택하고, 각진 얼굴형의 경우 끝이 둥근 모양을 선택하며, 긴 얼굴형의 경우에는 셔츠의 각도가 평균 각도보다 더 벌어진 모양을 선택한다. 셔츠의 칼라 끝이 둥글게 된 디자인은 얼굴형이 둥글거나 너무 큰 얼굴형의 남성은 선택하지 않는 것이 좋다. 목이 짧거나 너무 굵어서 답답한 체형의 경우 두 깃 사이를 핀으로 통해서 넥타이를 고정하는 스타일의 핀 칼라 셔츠는 피하도록 한다.

칼라 깃의 끝을 단추로 고정시키는 버튼다운 칼라는 스포츠웨어에서 시작되었고 부드러운 깃이 특징인 만큼 젊은 감각을 살린 활동적인 이미지를 내고 싶을때 입는 셔츠로 생각하면 좋을 것 같고, 정장에는 가능한 입지 않는 것이 좋다.

• 체형과 얼굴형에 따른 칼라 각도와 셔츠 선택

너무 길거나 좁은 얼굴형의 남성은 칼라 각도가 평균 75도의 평균 칼라를 선택하지 않고 더 벌어진 110°~ 140° 정도의 칼라각을 가지는 윈저 칼라 셔츠를 선택한다. 체형이 뚱뚱하거나 키가 작지 않다면 윈저 칼라 셔츠에 잘 어울리는 더블 브레스티드 수트를 입어준다. 윈저 칼라도 너무 꽃미남스타일의 좁고 긴 얼굴형의 남성들에게 남성다움을 강조한 멋스러움을 강조하기 위해 많은 사랑을 받는 셔츠 종류 중의 하나이다. 타이를 매지 않을 경우에 목이 짧지 않다면 깃을 높게 세울 수 있는 단추 2개 달린 셔츠를 입어서 멋스럽게 보이도록 한다. 남성용 캐주얼 셔츠의 경우 셔츠의 뒷부분 밑단이 곡선 모양인 경우에는 셔츠를 안으로 넣어서 입는 것이고, 셔츠의 길이가 엉덩이 밑으로 내려오지 않으면서 직선의 모양의 셔츠는 밖으로 빼서 입을 수 있는 셔츠이다.

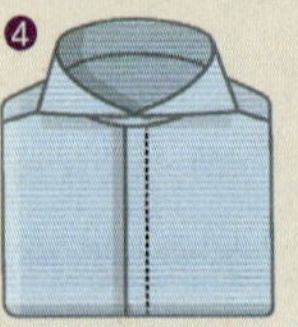

❶ 레귤러 칼라 셔츠 　❷ 와이드 칼라 셔츠 　❸ 세미와이드 칼라 셔츠 　❹ 커터웨이 칼라 셔츠 　❺ 라운드 칼라 셔츠 　❻ 윙 칼라 셔츠

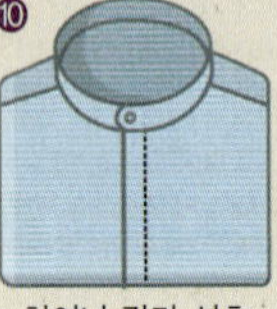

❼ 버튼 다운 칼라 셔츠 　❽ 핀홀 칼라 셔츠 　❾ 탭 칼라 셔츠 　❿ 차이나 칼라 셔츠 　⓫ 클레릭 칼라 셔츠

▲ [그림 10-49] 드레스 셔츠의 종류

❶ 레귤러 칼라(Regular Collar): 캐주얼 스타일을 제외하고 어떤 수트에도 잘 어울리는 칼라로 깃의 각도는 75°이다. 길이나 각도가 가장 표준이 되는 스타일로 어떤 사람에게도 대부분 무난하게 어울리는 스타일이다.

❷ 와이드 칼라(Wide Collar): 140°~180° 에 가까운 정도의 넓은 칼라 각도가 특징이다. 윈저칼라(세미와이드, 하프와이드) 보다는 더 벌어진 형태이다.

❸ 세미와이드(하프와이드) 칼라(Semi-Wide Collar): 100도 이상의 110°~ 140° 이하 벌어진 칼라 각도가 특징이며 깃이 길면서 넓은 것이 특징이다. 셔츠 칼라가 긴 경우에 칼라의 긴 뾰족한 끝이 재킷의 깃에 덮이도록 안으로 들어가도록 입는 것이 깔끔해 보이며 최근에 가장 인기 있는 칼라이다. 윈저 칼라(Windsor Collar)라고도 한다.

❹ 커터웨이 칼라(Cutaway Collar): 180° 이상 벌어진 칼라 각도가 특징이며 포멀한 이미지를 준다.

❺ 라운드 칼라(Round Collar): 깃의 끝 모양이 라운드형으로 둥글게 된 것이 특징으로 부드러운 이미지를 준다.

❻ 윙 칼라(Wing Collar): 칼라의 꺾인 앞부분이 날개를 연상시킨다고 해서 붙여진 이름으로 특유의 클래식한 분위기의 턱시도에 잘 어울리는 포멀한 타입의 칼라이다. 넥타이 보다는 보타이가 더욱 잘 어울린다.

❼ 버튼 다운 칼라(Button-down Collar): 칼라 깃 끝을 단추로 고정하는 것이 특징이며 캐주얼한 이미지이므로 정장에는 착용하지 않는다.

❽ 핀홀 칼라(Pin-hole Collar): 칼라 깃 끝에 있는 구멍에 금속으로 된 핀을 넣어서 고정하여 조여 입는 것이 특징이며 드레시한 느낌의 깔끔한 이미지이다.

❾ 탭 칼라(Tab Collar): 칼라의 깃 양쪽 뒷부분에 1cm 정도의 고리가 있어서 타이의 매듭 밑에서 연결해 고정하는 것이 특징이며 지적인 이미지로 신뢰감을 주는 비즈니스 미팅 등에 입으면 적합한 칼라이다.

❿ 차이나 칼라(Chinese Collar): 중국 정통의상 스타일을 드레스셔츠의 칼라에 접목시킨 디자인으로 넥타이를 메지 않으며 단정하고 깔끔한 느낌의 칼라이다. 격식을 갖추어야 하는 공식적인 자리에서는 피하는 것이 좋다.

⓫ 클레릭 칼라(Cleric Collar): 깃이나 커프스는 흰색이며 나머지 몸통 부분은 색이 있는 원단이거나 줄무늬가 들어간 스타일을 말한다. 격식을 차려야 하는 자리에서는 입지 않는 것이 좋다.

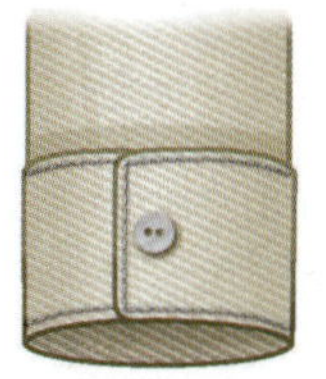
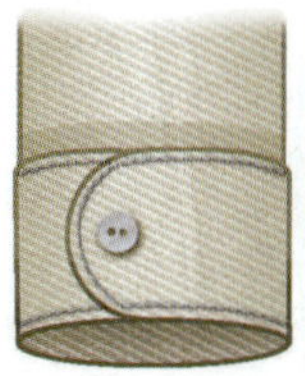
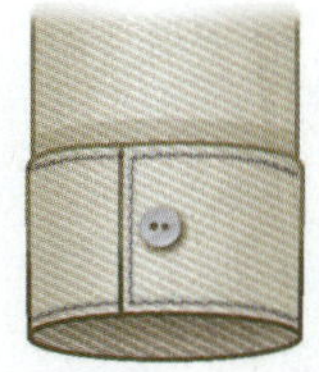
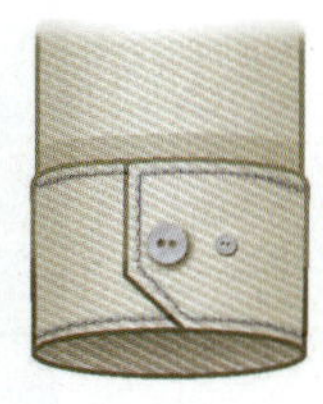
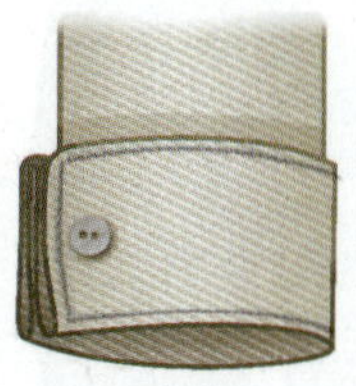
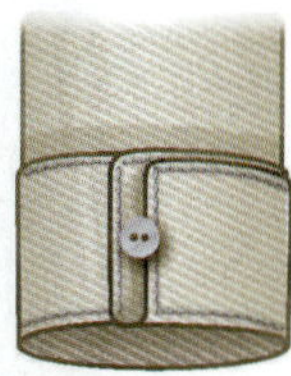

▲ [그림 10-50] 커프스의 종류와 이름

≫ 팬츠와 구두

남성 팬츠의 종류는 크게 두 가지가 있는데 일자형과 밑으로 내려가면서 폭이 좁아지는 테이퍼드형tapered type이 있다.

:: 남성 팬츠

팬츠는 바지 앞쪽에 두 개의 주름이 있는 것이 정통스타일이며 앉았을 때 몸을 편하게 해주는 장점이 있다. 바지단을 접어 올린 턴 업스 스타일은 바지의 무게가 아래에 실려서 바지를 입었을 때 바지의 라인이 멋지게 보이지만 키가 작거나 다리가 짧은 체형은 바지 밑단이 접힌 턴 업스 스타일은 선택하지 않는 것이 좋다.

• 바지 길이와 입는 법

턴업스 스타일의 바지 길이는 구두의 등을 약간 덮어주는 정도가 좋으며 단을 접지 않은 일반 바지를 입은 경우 구두의 뒤쪽에서 보았을 때 구두굽과 구두창이 만나는 경계선에 오도록 입는다. 또한 남성 팬츠에서 바지통은 신발의 3/4 정도 가려지도록 입어주며, 엉덩이 부분의 품이 너무 작아서 주머니와 바지 앞 주름이 벌어지지 않도록 적절한 품의 바지를 입는다. 바지의 적당한 길이는 걸을 때 양말이 보여서는 안된다. 바지에 서스펜더suspender: 바지와 결속, 어깨 위에 착용하는, 직물, 가죽, 메탈로 된 스트랩. 일종의 멜빵를 해서 입고자 할 때에는 벨트용 바지처럼 허리가 딱 맞게 입는 것 보다는 1cm 정도 여유 있게 바지를 입고 바지 길이를 약간 길게 입어준다.

주름 2개인 팬츠   주름 없는 팬츠

▲ [그림 10-51] 주름에 따른 팬츠 구분

:: 남성 구두

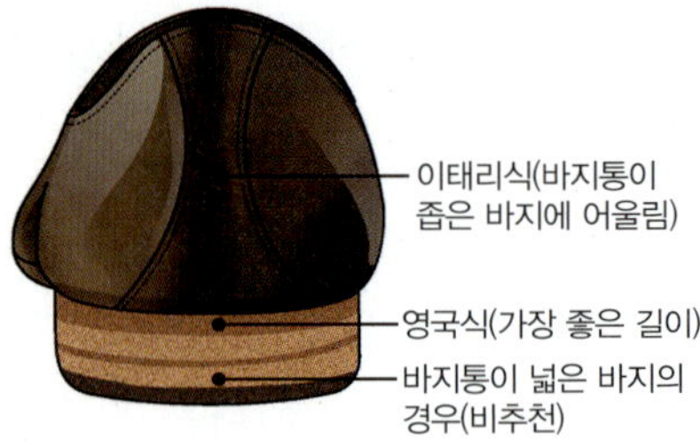

팬츠의 통은 구두의 3/4을 가릴 정도,
바지의 길이는 걸을 때 양말이 보이지 않을 정도

▲ [그림 10-52] 바지통이 좁아지고 있고 짧게 입는 추세이다. 바지통이 넓으면 다리가 짧아보인다.

Tip 정장 차림의 대표적인 구두 스타일

끈이 있는 스트레이트팁과 윙팁이 정장 차림의 대표적인 구두 스타일이다.

• 구두 착장법

▲ [그림 10-53] 남자 구두의 종류. 왼쪽으로 갈수록 정장형, 오른쪽으로 갈수록 캐주얼형이다.

• 정장 양말 착장법

▲ [그림 10-54] 정장 양말 착장법

:: 베스트

남성 패션에서 넥타이가 중요한 것만큼이나 멋스러움을 표현할 수 있는 중요 아이템이 베스트이다. 포멀한 디자인의 베스트는 바지의 허리선을 덮는 정도이며 베스트를 입을 경우에는 서스펜더를 착용하도록 한다. 베스트를 입었을 때 셔츠의 칼라 깃 끝이 약간 눌리는 듯하게 입어주며 투 버튼 재킷을 입었을 경우 베스트의 두 번째 단추가 약간 보이는 것이 일반적인 착장법이다. 보통 베스트는 몸에 맞게 뒤쪽에 백벨트back belt를 조여서 입어주는 것이 일반적이지만 배가 나왔거나 뚱뚱한 체형의 경우에는 살짝 여유 있게 입어주어 결점을 커버한다. 주변에서 베스트를 잘 못 입은 경우를 볼 수 있는데 바지 허리선이 보이거나 상의에 입은 셔츠가 베스트 밖으로 노출되어 내려오지 않도록 한다. 베스트는 맨 아랫단추만 풀고 모두 잠근다. 베스트와 바지의 소재와 색상은 같은 계열로 통일하는 것이 키도 커보이고 멋스럽다.

▲ [그림 10-55] 베스트

:: 수트

수트suit는 남자의 베스트, 재킷, 바지의 세 가지가 모두 갖추어진 같은 소재로 된 정장 한 벌을 말하며 재킷은 수트와는 다르며 같은 소재의 셋트 개념의 갖춰 입는 정장용 상의가 아닌 세미정장용 상의를 의미한다.

잘 갖추어 입은 수트 차림은 남성에게 있어서 신뢰를 바탕으로 멋진 이미지 연출에 중요한 부분이며 T.P.O에 맞게 잘 입으므로써 개인의 좋은 이미지는 물론 신뢰를 쌓는 데 큰 도움이 된다. 수트 선택 시 개인의 체형 특징에 맞고 신체의 결점을 커버할 수 있는 것을 선택하도록 하며 수트를 입었을 때 어깨부분이 잘 맞지 않아서 주름이 가지는 않는지 반드시 체크해야 한다. 또한 수트 재킷의 길이는 엉덩이를 반쯤 가리는 것이 좋다.

▲ [그림 10-56] 수트

• **체형에 따른 수트 착장법**

키가 작고 뚱뚱한 체형은 너무 밝은 색은 피하도록 하며 체크 무늬가 너무 크거나 요란하고 복잡한 무늬는 입지 않도록 한다. 키가 크고 날씬해

보이는 스트라이프가 좋으며 차분하고 안정감을 주고 싶을 때는 스트라이프 간격이 좁은 것을, 젊고 화려한 이미지를 보이고 싶을 때는 간격이 넓은 것을 선택한다. 또한 수트의 디테일에서 뒷트임이 한 줄로 되어 있는 싱글 벤티드^{single vented}를 선택한다. **키가 작고 마른 체형**은 약간의 여유가 있으면서 길게 내려오지 않는 짧은 재킷으로 된 밝은 계열의 수트를 선택한다. 마른 것보다 키가 작은 것을 커버해야 하므로 싱글 벤티드나 노벤티드를 선택한다.

키가 크고 뚱뚱한 체형은 어깨선이 깔끔하게 일자로 떨어지는 것을 선택하고 원단 선택 시 두꺼운 소재는 답답하고 무거운 느낌을 주므로 가볍고 부드러운 소재를 선택하며 바지는 밑으로 갈수록 점점 통이 좁아지는 스타일을 선택한다. 뚱뚱한 체형을 우선 커버해야 하므로 수트의 디테일에서 뒷트임이 한줄로 되어 있는 싱글 벤티드를 선택하는 것이 좋다.

키가 크고 마른 체형은 어깨가 빈약해 보일 수 있으므로 어깨의 각이 확실하게 진 디자인의 수트를 선택하고 마른체형이므로 가로선이 강조된 디자인이나 격자 무늬의 수트 혹은 체크 수트를 선택한다. 패턴이 크고 체크가 굵을수록 캐주얼 느낌을 준다. 키가 크면서 마른 체형을 커버해야 하므로 V존은 부피감을 줄 수 있는 체크무늬 셔츠를 선택하는 것이 좋고 재킷은 어두운 색상 보다는 그레이와 같은 부드러운 컬러의 더블 브레스티드^{double breasted}를 선택한다. 또한 수트의 디테일에서 뒷트임이 두 줄로 되어 있는 더블 벤티드를 선택하는 것이 좋다.

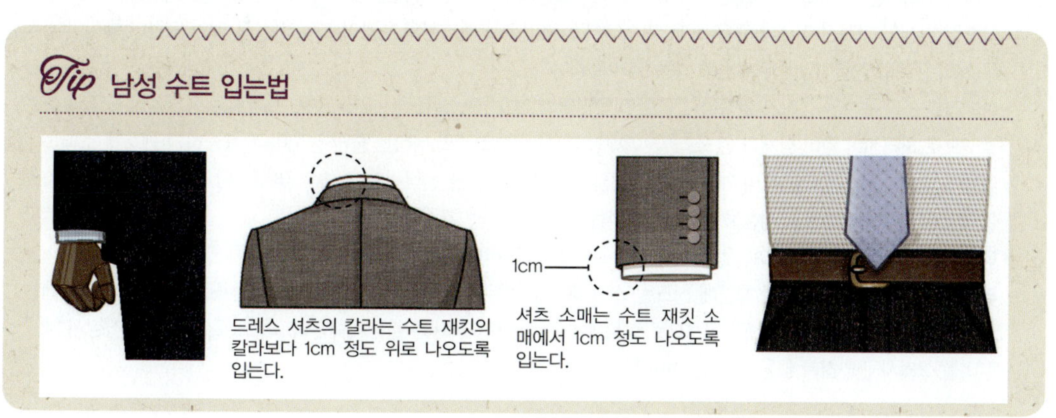

▲ [그림 10-58] 남성 수트의 종류(상)와 뒤트임에 따른 구분(하)

𝒯𝑖𝑝 남성 수트의 종류

▸ **브리티시 스타일**: 영국 전통의 고전적 스타일로 부드러운 어깨 모양을 위해 패드를 넣지 않거나 1장 정도의 얇은 패드를 넣어서 자연스러운 어깨 모양으로 각을 만들고 두 개의 단추가 있으며 싱글 여밈으로 뒤 트임은 하나이다.

▸ **유러피안 스타일**: 격식을 갖추어 입어야 하는 감각적이면서도 화려한 유럽인들의 기호를 잘 나타낸 스타일이다. 각진 딱딱한 느낌의 경직된 어깨와 좁은 소매, 가슴에서 엉덩이까지 허리선의 윤곽이 드러나는 꼭 맞는 모양이 특징이다. 두 개의 단추와 싱글여밈에 뒤트임이 없는 것이 특징이다.

▸ **아메리칸 스타일**: 기능성이고 활동하기 편한 미국인들이 선호하는 실용적인 면을 살린 스타일로 직선적인 느낌의 실루엣으로 허리선이 없이 상체가 긴 스타일, 어깨의 패드는 얇고 깃의 너비는 중간 정도이다. 활동하기 편하게 소매는 여유가 있으며 두 개 또는 서너 개의 단추와 싱글 여밈에 뒤트임은 하나이며 넉넉한 길이로 된 것이 특징이다. 체형을 보완하기에는 적합하나 개성을 살려서 감각적으로 연출하기엔 부족한 스타일이다.

▸ **이탈리안 스타일**: 넉넉하고 여유있는 아메리칸 스타일과 영국의 전통적인 새빌로우의 고전적 균형미와 유러피언 스타일의 곡선미를 조화시켜서 최근에 창조된 스타일이다. 여유가 있으면서 인체의 곡선을 잘 표현한 다른 스타일에 비해 어깨가 약간 넓고 허리선이 곡선으로 살짝 들어간 세련된 스타일이다. 아랫단이 곡선으로 연결되고 착장시 세련미를 살려서 편안하게 입을 수 있는 것이 특징이다.

:: 코트

가장 겉에 입어주는 재킷과는 구분되는 옷을 말한다. 코트는 방한이나 방수 기능 이외에도 중후한 멋을 내주고 권위 있는 이미지를 연출해 주기도 하고 개성을 나타낼 수 있는 다양한 스타일의 코트가 있어서 신체 특징을 살려 결점을 커버하고 장점을 부각시킬 수 있는 스타일을 완성시키는 중요한 마무리를 해주는 의상이라고 할 수 있다. 키가 작은 체형의 경우 너무 긴 코트는 피하고 가로선이 강조된 허리부분에 끈이나 리본, 벨트를 매는 스타일은 피하는 것이 좋으며, 더블버튼 보다는 원버튼 스타일을 선택한다. 너무 무겁거나 부피감이 큰 코트는 피하도록 한다.

• 코트의 종류

캐주얼과는 어울리지 않지만 허리라인이 들어가지 않게 디자인되어 가장 포멀한 스타일이면서 클래식한 분위기의 귀족적인 **체스터필드 코트**가 있고, 큰 체격에 잘 어울리는 더블 브레스티드 스타일의 커다란 주머니에 덮개가 달려 있고 소매 커프스가 접혀 올라가게 만들어진 **폴로 코트**, 어깨 견장이 있고 벨트를 매는 스타일에 등에 케이프 백이 있는 더블 브레스티드 스타일의 체격이 좋은 남성과 포멀한 수트 차림에 잘 어울리는 무릎정도의 길이의 **트렌치 코트**가 있다. 양털과 같은 안감을 달도록 되어 있거나 벨트를 매는 스타일의 어깨 장식이 들어간 **브리티시 웜 코트**, 체격에 관계없이 대부분의 남성에게 잘 어울리는 대표적인 레인 코트였던 **발마칸 코트**는 어깨를 따로 달지 않고 깃에서 바로 소매로 이어지게 만든 푹신한 느낌의 래글런 소매가 특징이며 포멀이나 캐주얼 모두 코디가 가능해서 많은 남성들이 즐겨입는 심플한 구조의 대중적인 코트중의 하나이다.

더플 코트는 방한복으로 코트 뒤에 달려 머리를 덮는 쓰개인 후드가 있는 코트로 짤막한 막대 모양의 토글 단추가 달려있는 것이 특징이다. 캐주얼 남성 의상에 즐겨 입는 코트이며, 너무 딱맞게 입거나 짧지 않게 입는 것이 중요하다.

피 코트는 목둘레에 길게 덧붙여진 큰 리퍼 칼라와 머프 포켓이 있는 짧은 길이의 코트이며, 키가 작은 사람이 입었을때 다리가 길어 보이는 효과가 있다. 셔츠와 같은 캐주얼한 의상에 잘 어울리는 코트이다.

▲ [그림 10-59] 남성 코트의 종류

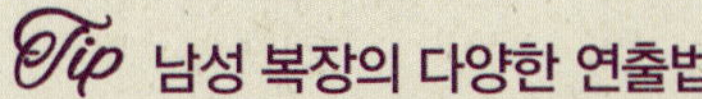

남성 복장의 다양한 연출법

▶ 비즈니스 수트(정장, 양복): 베스트, 재킷, 바지의 세 가지가 모두 갖추어진 같은 색상과 소재로 된 정장을 말하며 격식을 차려서 입는 품격 있는 스타일의 정장이다. 비즈니스 수트 중 옅은 색은 신뢰감이 없어 보인다.

▶ 콤비네이션(세미 정장): 비즈니스 정장과는 다르게 재킷과 바지의 소재나 색상이 각각 다른 반정장을 말한다. 세미 정장에서 재킷용 소재는 비즈니스 정장 소재와는 약간의 차이가 있다.

▶ 비즈니스 캐주얼(세미 캐주얼): 캐주얼 보다는 무겁고 콤비네이션(세미 정장) 보다는 가벼운 느낌의 캐주얼을 말한다. 주로 편하게 옷을 입고 출근할 수 있는 직장이나 창의력을 요하는 직업에 업무능률을 높이기 위해 입을 수 있는 의상이다.

▶ 캐주얼: 특별한 제한이 없이 매우 자유롭게 코디가 가능한 편한 의상으로 스포츠나 레저를 즐길 때 즐겨 입는다.

▶ 검정 계열 정장: 남성들이 주로 즐겨 입는 가장 포멀한 컬러이지만 무겁고 가라앉는 느낌의 정장 컬러로 별로 권하고 싶은 색상은 아니다. T. P. O에 맞게 넥타이나 셔츠의 코디를 잘 해서 멋스럽게 입도록 한다.

▶ 청색 계열 정장: 비즈니스웨어 중 가장 선호하고 인기가 많은 컬러이며, 신뢰와 보수적 이미지가 강하다. 화이트, 블루, 핑크 셔츠 모두 잘 어울리며, 넥타이의 컬러나 디자인도 자유롭게 선택의 폭이 넓은 컬러이다. 너무 무거워서 처지는 느낌이 없으면서도 신선하고 산뜻하게 멋지며 젊어 보이는 남성 코디가 가능한 컬러이다.

▶ 회색 계열: 차분하고 지적이면서도 부드럽고 시크한 이미지를 주는 컬러이며, 파스텔 톤의 셔츠에 잘 어울리는 컬러로 회색 컬러의 명도에 따라서 다른 분위기를 줄 수 있는 고급스런 컬러라 할 수 있다. 계절에 따라서 회색의 명도 차이를 두어 연한 색과 짙은 색 등 다양하게 선택하여 이미지를 달리 할 수 있다. 피부가 좋지 않거나 피부 결이 좋지 않은 남성의 경우 광택이 있는 회색계열 정장은 선택하지 않는 것이 좋다. 광택이 있는 수트로 인해서 안좋은 피부가 더욱 두드러져 보이기 때문이다.

▶ 브라운 계열: 편안하고 차분한 분위기가 느껴지고 따뜻한 이미지를 연출할 수 있으나 넥타이나 셔츠, 구두 등 다른 아이템과 코디하기에 매우 까다로운 단점이 있고 잘 어울린다고 생각하고 입는 경우도 있으나 대부분의 한국남성에게는 가을 느낌의 브라운계열은 잘 어울리지 않는다.

▶ 키가 작은 남자는 그레이나 베이지 색상이 키가 커 보인다.

▶ 기업인들이 회색을 선호하는데 진한 회색을 입도록 하고 직위가 높을수록 진한색을 입어야 한다. ex) 부하직원: 옅은 회색 vs 상사: 진한 회색

▶ 계절에 따라서 회색의 명도 차이를 두고 연한 색과 짙은 색 등 다양하게 선택하여 이미지를 달리 할 수 있다.

▲ [그림 10-60] 벨트, 가방, 구두는 같은 계열의 색상으로 통일!

▸ 다림질 되지 않아서 구겨진 의상을 입은 경우

▸ 몸에 너무 딱 맞거나 너무 크게 입은 의상을 입은 경우

▸ 다리가 짧아 보이는 긴 재킷을 입은 경우

▸ 남자의 품격을 떨어뜨리는 광택 있는 은갈치 소재의 수트를 입은 경우

▸ 너무 튀는 화려한 색상의 정장을 입은 경우

▸ 다림질이 잘 못되어서 특정 부분만 심하게 번들거리는 의상을 입은 경우

▸ 코트에 보풀이 일어난 의상을 입은 경우

▸ 드레스셔츠 소매가 전혀 보이지 않거나 1.5cm 이상 너무 길게 나온 경우

▸ 드레스셔츠 주머니에 볼펜을 많이 꽂은 경우

▸ 드레스셔츠의 품이 너무 커서 재킷의 실루엣을 망친 경우

▸ 드레스셔츠의 커프스(소매)가 단추를 채웠을 때 손가락이 들어가지 않을 만큼 좁아야 하는데
　너무 넓어서 손등 부분까지 내려오는 경우

▸ 드레스 셔츠의 목 부분이 낡아서 헤지거나 세탁이 깨끗하게 되지 않아 얼룩이 있는 경우

▸ 드레스셔츠의 소매 부분이 얼룩이 심하거나 낡아서 헤진 경우

▸ 드레스셔츠 길이가 기본 1.5cm 보다 너무 짧아서 팔이나 상체의 움직임에 따라 바지 밖으로 나와서 겉으로 보이
　는 경우

▸ 정장 차림에 반팔 셔츠를 입은 경우

▸ 넥타이 매듭 부분에 얼룩이 심한 경우

▸ 넥타이를 너무 꽉 조이게 맨 경우

▸ 타이 바를 보이지 않게 한 경우

▸ 배가 많이 나왔는데 서스펜더를 한 경우

▸ 벨트와 서스펜더를 동시에 한 경우

▸ 정장 의상에 캐주얼 벨트를 한 경우

▸ 벨트를 너무 세게 조인 경우

▸ 벨트 포인트 부분이 너무 화려하거나 낡거나 가죽부분이 헤진 경우

▸ 넥타이, 포켓치프, 브토니에를 동시에 너무 화려하게 한 경우

▸ 베스트 밑으로 벨트가 보이는 경우

▸ 베스트를 몸에 꼭 맞게 입어야 하는데 너무 품을 크게 입은 경우

↓

▶ 어두운 색 정장에 흰색 양말 신은 경우

▶ 품격 있게 전체 코디를 잘 하고도 입 냄새, 담배 냄새, 술 냄새 등 불쾌한 냄새가 나는 경우

▶ 바지가 너무 길거나 짧은 경우

▶ 바지 통이 너무 넓거나 신체라인이 드러나게 좁은 경우

▶ 바지 앞 주머니에 지갑, 스마트폰 등 튀어나올 정도로 많은 물건을 넣은 경우

▶ 바지의 엉덩이 부분이 넉넉하지 않아 바지 앞 주름과 주머니가 벌어진 경우

▶ 다림질이 잘 못되어서 바지의 주름이 두 줄로 잡힌 경우

▶ 구두굽이 한쪽부분만 심하게 달아서 경사진 경우

▶ 구두에 먼지가 많이 쌓이고 얼룩이 생기는 등 더러운 경우

추가 참고사항

▶ 소매 없는 속옷에 드레스 셔츠 – 가능한 속옷은 입지 않으며 입어야 한다면 소매가 있는 속옷을 입는다.

▶ 넥타이를 너무 짧게 매거나 길게 매지 않는다(벨트의 버클 중앙에 넥타이 끝이 오도록 한다).

▶ 면접 볼 때는 블랙 수트 보다는 네이비 수트를 입는다.

▶ 눈에 띄는 선명한 체크무늬는 얼굴 이미지가 깔끔하게 보이지 않는다.

▶ 비즈니스 캐주얼에서 분홍색 자켓은 피부가 깨끗하고 흰 사람이 입는다.

▶ 갈색, 카키색은 한국 남성 대부분에게 어울리지 않는다.

▶ 재킷의 단추 두 개중 아랫것은 잠그지 않는다.

▶ 검정바지에 남색 재킷 등 검정색과 네이비 색을 동시에 매치하지 않는다. 명도차가 안 나고 칙칙해 보인다.

▶ 밝은 피부색, 흰 머리가 많은 남성은 회색 계열의 타이가 잘 어울린다.

▶ 솔리드(Solid) 타이는 캐주얼에 가까우므로 직위가 높은 사람이나 프리젠테이션 시에는 부적절하다.

▶ 포멀한 정장에 신는 구두로는 윙팁과 스트레이트 팁이 대표적인 정장구두이다.

패션
액세서리

》 여성 패션 액세서리

:: 헤어핀

시선을 위로 끌어올려서 키가 커보이게 하는 효과가 있으며 헤어 스타일을 더욱 돋보이게 해주기도 하고 헤어 스타일에 다양한 변화를 주기도 한다. 머리를 고정시키기 위해 사용한 헤어핀이 깜찍하고 사랑스런 분위기를 주기도 하며, 헤어핀의 소재나 종류에 따라서, 그리고 헤어핀을 꽂는 각도나 위치에 따라서 얼굴형의 변화를 주는 등 다양한 연출이 가능한 장점이 있다.

▲ [그림 10-61] 다양한 헤어핀(출처: www.tineke.co.kr)

:: 귀걸이

귀걸이의 선택에 따라서 얼굴이 더 돋보이기도 하고 단점이 부각되기도 한다. 개인이 선호하는 디자인이나 소재를 택하겠지만 귀걸이를 선택할 때 주의 점으로는 얼굴형과 같은 모양의 디자인은 선택하지 않도록 한다. 예를 들어 얼굴형이 긴 사람은 길거나 좁은 모양의 디자인의 귀걸이는 얼굴이 더욱 길어보이게 강조되므로 피하도록 하고, 귀걸이 전체가 귀에 밀착된 형태나 둥근 모양 가로선이 강조된 모양의 귀걸이를 선택한다.

얼굴형이 삼각형인 경우에는 얼굴형과 반대되는 형태의 윗부분이 넓고 아랫부분이 좁은 모양을 선택하고, 역삼각형의 얼굴형의 경우 윗부분이 좁고 아랫부분이 넓은 모양을 선택한다. 또한 얼굴형이 사각형인 경우 각진 모양의 디자인은 피하고, 좁은 형태의 살짝 둥글려진 모양의 귀걸이를 선택한다. 둥글고 넓은 얼굴형의 경우 귀걸이의 면적이 넓거나 둥근 모양은 피하고 가늘고 길게 내려오는 디자인이 좋으며, 계란형의 얼굴형은 어떤 디자인도 잘 어울린다. 얼굴형과 의상 및 전체 코디에 어울리는 센스 있는 귀걸이 선택으로 얼굴이 더욱 돋보이도록 한다.

▲ 출처: http://prettica.co.kr

▲ 출처: www.tineke.co.kr

▲ [그림 10-62] 다양한 귀걸이

:: 목걸이

　얼굴형과 밀접한 연관성이 있는 목걸이는 길이와 모양, 소재에 따라서 그리고 어느 의상이냐에 따라서 다양한 연출이 가능하다.

　이상적인 얼굴형의 경우 얼굴의 이마에서 턱까지의 길이만큼 목걸이의 길이도 비슷한 길이로 내려오도록 하는 것이 가장 안정적이고 얼굴이 아름다워 보인다. 얼굴형의 결점을 커버하기 위해서는 얼굴형이 너무 길거나 목이 너무 긴 사람은 길게 내려오는 목걸이 보다는 짧게 내려오면서 넓은 모양의 목걸이를 하고, 둥글고 넓은 얼굴형이거나 목이 매우 굵고 짧은 경우에는 길게 내려오는 목걸이로 결점을 커버하는 것이 효과적이다. 또한 의상에서 허리를 벨트나 액세서리로 화려하게 강조해서 묶는 스타일의 의상에는 길게 내려오는 목걸이는 피하도록 한다. 정장 의상에는 단순한 디자인의 목걸이를 선택하는 것이 전체적인 조화를 이루는데 효과적이며 얼굴을 돋보이게 하면서도 고급스러운 분위기를 주는 진주나 그 이외에 보석, 수정, 화이트골드 등 개인 이미지와 의상 스타일에 맞게 연출하도록 한다.

▲ [그림 10-63] 다양한 목걸이(출처: http://prettica.co.kr, www.tineke.co.kr)

:: 안경과 선글라스

　안경이나 선글라스는 시력이 나빠서 사용하기도 하지만 미세먼지나 자외선으로부터 눈을 보호할 목적으로도 사용한다. 또한 빠르게 변하는 트렌드에 패션의 완성도를 높이기 위한 목적으로도 안경과 선글라스를 사용하는데 얼굴형과 의상스타일에 맞는 안경과 선글라스 선택은 패션 완성에 멋스러움을 더해주는 중요한 소품 중의 하나이다. 다른 액세서리와 같이 안경의 소재나 모양에 따라서 다양한 이미지를 연출할 수 있는데 둥근 얼굴형의 경우 둥근 모양의 안경테는 피하고, 각진 얼굴형의 경우 심하게 각진 안경테를 피하도록 한다. 얼굴이 너무 작고 좁다면 너무 굵은 안경테는 피하는 것이 좋고, 얼굴이 너무 크고 둥글다면 안경테의 굵기가 너무 얇고 렌즈가 얇은 것 보다는 안경테가 두껍고, 렌즈도 어느 정도 두께감이 느껴지는 렌즈를 선택한다. 그 이외에 색상에 따라서도 따뜻한 이미지와 차가운 이미지가 강조될 수 있으므로 소재나 색상 선택에도 신중을 기해서 선택한다. 눈과 눈 사이가 넓은 사람의 경우 코에 걸치는 부분의 브리지 색이 짙어서 시선을 모아주도록 하는것이 좋으며 눈과 눈 사이가 좁은 경우 브리지 색이 밝은 안경테로 선택한다. 눈썹이 진한 사람은 너무 두껍거나 진한 안경테를 하지 않는다.

　안경과 썬글래스 테의 모양, 렌즈의 두께와 색상에 따라서 다양한 이미지를 연출할 수 있다는 것을 알고 얼굴형과 개인 분위기에 맞는 디자인을 선택하도록 한다.

▲ [그림 10-64] 다양한 안경테(출처: www.shopmcm.com)

웰링턴 (wellington)

웰링턴wellington: 사다리꼴 모양의 안경테로 얼굴이 커서 작아보이게 하거나 앞머리가 많이 빠져서 이마가 넓은 긴 얼굴을 커버하고자 할 때, 클래식한 이미지를 나타내고 싶을 때 사용한다.

보스턴 (boston)

보스턴boston: 역삼각형을 띤 둥근 모양으로 각진 얼굴형이거나 부드러운 인상으로 보이고 싶을 때 사용하며 모양이 큰 프레임은 고급스럽고 클래식한 이미지를 주고, 작은 모양의 프레임은 지적인 이미지를 준다.

라운드 (round)

라운드round: 둥근 원형 모양의 안경테로 각진 얼굴형에 잘 어울린다. 클래식한 분위기를 주고자 할 때 사용하며 무표정하거나 깐깐한 인상을 보다 부드럽게 보이고자 할 때 효과적이다.

오벌 (oval)

오벌oval: 가로폭이 넓고 세로폭이 좁은 타원형 모양의 안경테로 다양한 얼굴형에 대체적으로 잘 어울리는 안경테이지만 차가운 인상이거나 역삼각형에 잘 어울린다.

브로우(brow)

브로우brow: 안경테의 윗부분 눈썹부분이 강조되는 안경테로 남성적인 이미지와 샤프한 이미지의 상급자 이미지의 안경테이다. 눈썹 숱이 너무 많고 진한 사람은 피하는 것이 좋다.

스퀘어 (square)

스퀘어square: 사각형 모양의 안경테로 둥근 얼굴형과 부드러운 인상을 좀 더 지적이며 결단력이 있어보이는 샤프한 이미지로 보이도록 하는데 효과적인 안경테이다.

▲ [그림 10-65] 안경테의 종류

:: 반지와 팔찌

손가락의 굵기나 길이, 전체적인 손모양에 따라서 선택하는데 반지나 팔찌를 하는 경우에 시선이 집중되는 만큼 손의 청결 상태나 손톱관리에 관심을 기울여야 한다. 손목이 너무 두꺼운 경우 딱 맞게 조이는 굵은 디자인의 팔찌는 손목이 더 두꺼워 보이고 답답해 보이므로 느슨하게 여러 개의 세로줄의 팔찌나 중앙부분에 포인트를 주어 시선을 중앙으로 모아주는 스타일의 팔찌로 손목이 좀 더 가늘어 보이도록 해주는 것을 선택한다. 반지는 손가락 길이가 길면 넓이가 넓은 것도 무방하나 손가락 길이나 두께에 따라서 어울리는 것을 잘 선택한다. 이처럼 손의 결점이나 피부색의 명도에 따라, 손가락의 굵기와 팔목의 두꺼운 정도에 따라서 보석의 색상이나 소재를 선택하여 결점을 커버해줄 수 있는 디자인의 반지와 팔찌를 선택한다.

▲ 출처: www. tineke.co.kr

▲ [그림 10-66] 다양한 반지와 팔찌들(출처: http://prettica.co.kr)

:: 시계

시계는 의상 스타일과 손목의 굵기나 손의 크기, 개인이 선호하는 스타일과 전체적인 이미지를 고려해서 선택한다. 둥근형, 사각형, 그 이외의 다른 디자인이나 크기 등을 종합적으로 고려해서 선택하며 의상과 동떨어진 느낌이 나지 않고 자연스럽게 어울리도록 연출한다.

정장에서 팔찌와 시계는 같은 곳에 하지 않으며 반대쪽에 착용한다.

▲ [그림 10-67] 시계(출처: http://prettica.co.kr)

:: 브로치

자켓에 연출하는 브로치는 시선을 위로 끌어올려서 키가 더욱 커보이게 하는 효과가 있고, 얼굴형과 헤어 스타일, 의상에 따른 브로치 연출은 스타일을 보다 더 세련되고 멋스럽게 해주는 효과가 있다. 예를 들어서 좁고 긴 얼굴형의 경우 가늘고 긴 모양의 브로치 보다는 둥글고 가로느낌을 살린 브로치를, 둥글고 큰 얼굴형은 넓고 둥근 모양으로 디자인된 브로치보다는 세로선을 살린 무난한 디자인의 브로치를 선택함으로써 결점을 커버한다. 개인이 입은 의상, 헤어 스타일과 얼굴형에 따라서 브로치의 디자인이나 소재, 색상 등을 잘 고려해서 선택함으로써 아름다운 이미지를 연출하도록 한다.

▲ [그림 10-68] 다양한 형태의 브로치(출처: http://prettica.co.kr)

:: 스카프 & 머플러

스카프와 머플러는 목의 보온을 유지할 목적뿐만이 아닌 목의 주름 예방이나, 결점 등을 커버할 목적과 멋스러운 패션을 위해 다양하게 사용하기도 한다. 본인에게 맞는 베스트컬러 선택으로 얼굴이 더욱 환하고 예뻐 보이게 하거나 큰 얼굴을 작아보이게 하는 효과도 있다. 또한 너무 길어서 고민인 목에 스카프를 해줌으로써 매력적으로 연출해주기도 하며 단순한 옷의 포인트 역할을 해줌으로써 같은 옷 다른 느낌의 멋스러움을 표현해주기도 한다.

스카프를 자연스럽게 내려서 착용할 때 길이를 같게 하지 않고 언밸런스하게 한다. 스카프와 목도리는 시선을 위로 끌어올려 키가 더 커보이게 하는 효과가 있으며 체형이나 의상 소재, 디자인 등에 따라 잘 어울리는 스카프와 목도리로 멋스러운 이미지를 연출하도록 한다.

▲ [그림 10-69] 스카프와 머플러

:: 벨트와 서스펜더

벨트와 서스펜더는 바지가 내려가지 않게 하기 위한 목적을 가진 액세서리로 이 두 가지는 동시에 착용하지 않도록 한다. 포멀한 의상에서의 벨트는 버클이 너무 눈에 띄는 색은 피하고 수트와 어울리는 유사한 색상으로 하는 것이 좋다. 벨트와 구두 색상은 맞추도록 하며 벨트의 넓이가 넓을수록 캐주얼에 가까운 것이므로 폭이 너무 좁거나 넓지 않은 것으로 선택한다. 또한 배가 많이 나오거나 키가 너무 작은 사람은 서스펜더를 착용할 경우에 배가 더 나와 보이고 키가 작아보이므로 착용하지 않는 것이 좋다. 서스펜더는 고급스럽고 럭셔리한 이미지를 주는 아이템으로 바지의 주름 라인을 그대로 살려 멋스럽게 연출이 가능하며 캐주얼 의상에도 다양하고 멋스러운 활용이 가능하다.

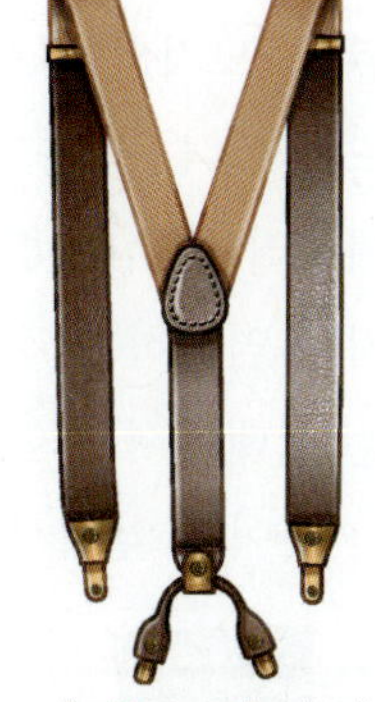

▲ [그림 10-70] 서스펜더

▲ [그림 10-71] 벨트(출처: www.shopmcm.com)

:: 장갑

 자외선으로부터 피부를 보호하거나 추운 겨울날 추위를 막기 위해 장갑을 끼기도 하지만 의상과 자연스럽게 연결되도록 멋스러운 장갑을 활용하기도 한다.

 장갑은 의상소재나 색상에 맞게 선택하고 개인의 손가락의 굵기나 길이에 맞는 장갑을 선택하여 아름다운 이미지를 연출한다. 특히 얼굴 만큼이나 중요한 곳이 손의 이미지이므로 손등의 주름이나 잡티가 생기지 않도록 자외선 차단 기능성 소재의 장갑을 계절에 관계없이 외출 시 반드시 사용하여 피부를 보호하도록 한다.

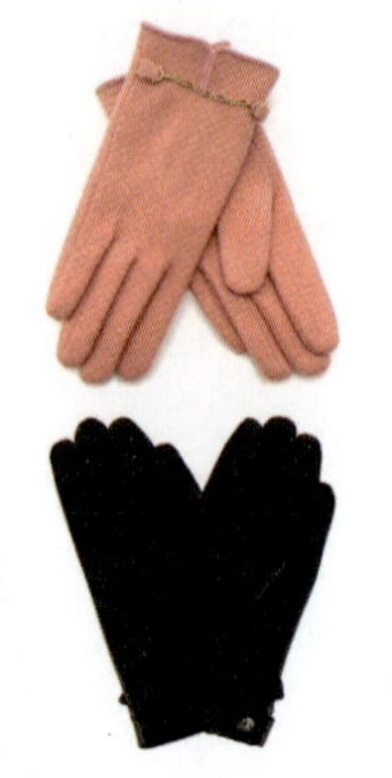

▲ [그림 10-72] 장갑의 종류

:: 모자

 자외선으로부터 피부를 보호하거나 추운겨울날 추위를 막기 위해 모자를 쓰기도 하지만 패션의 완성으로 멋진 모자를 사용하기도 한다. 모자의 디자인에 따라서 결점을 커버할 수도 있는데 크라운이 높은 모자를 써서 키가 더욱 커보이게 하기도 하고, 챙이 넓은 모자로 얼굴을 작아보이게도 한다. 반면 챙이 넓은 모자는 키가 작아보이게도 하므로 키와 얼굴의 크기를 고려해서 중요한 포인트에 맞춰서 모자를 선택하면 된다. 모자의 디자인과 스타일에 따라서 액세서리나 화장 등 잘 어울리도록 한다. 모자가 화려한데 화장도 진하고 헤어 스타일도 요란하고 액세서리도 너무 튀면 조화가 잘 되지 않으므로 주의해서 전체적인 이미지를 연출하는 것이 중요하다. 작업용이나 등산 등의 목적으로 쓴 모자는 실내에서 벗어야 하며, 정장이나 예복에 맞추어서 쓰는 모자는 실내나 웃어른 앞에서도 벗지 않아도 된다.

▲ [그림 10-73] 모자의 종류

:: 가방

　가방 선택은 직업에 따른 일에 관련된 실용적이면서도 개인의 선호도에 맞는 것을 선택해야 한다. 또한 어떤 가방을 매느냐에 따라서 키가 커 보이기도 하고 작아 보이기도 한다. 어깨에 짧게 매는 가방은 시선을 위로 끌어올려 키가 커보이게 하는 효과가 있고, 밑으로 드는 큰 가방의 경우 시선을 아래로 끌어내려 키가 작아보이게 하기도 한다. 단순한 색상의 옷에 포인트 효과를 준 센스 있는 가방이 패션의 멋스러움을 더해주기도 하고, 포멀한 의상색과 유사한 동일계열의 가방이 고상함을 더해주기도 한다. 개인의 신체 특징 및 하는 일을 고려한 멋스러운 가방선택으로 의상과 전체적으로 조화를 이루는 아름다운 이미지 연출을 하도록 한다.

▲ [그림 10-74] 다양한 여성 가방의 형태(출처: http://www.shopmcm.com)

▲ [그림 10-75] 다양한 여성 가방의 종류

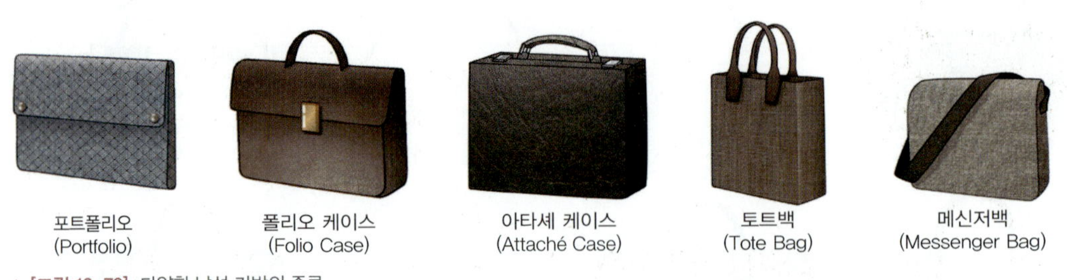

▲ [그림 10-76] 다양한 남성 가방의 종류

:: 스타킹

스타킹은 포멀한 의상에 고상한 이미지를 느끼게
하기도 하고 검정색 망사스타킹과 같이 섹시한 여성
미를 느낄 수 있게 해주기도 한다. 정장을 입을 때에
는 구두 색상과 스타킹 색상을 통일시켜 주는 것이
좋으며, 스커트의 색상과도 잘 어울리도록 선택한다.
또한 구두 색상 보다 짙은 스타킹은 잘 어울리지 않
으며, 자신의 피부색 보다 약간 진한 계열의 색상을
선택하는 것이 좋다. 스타킹은 의상에 따른 선택의
폭이 넓은 만큼 다양한 느낌을 주는 패션아이템이라

▲ [그림 10-77] 의상에 맞게 다양하게 연출할 수 있는
여성 스타킹

할 수 있다. 어떤 목적에서든 스타킹은 여성의 아름다운 다리의 각선미를 나타내주는 중요한 패션의 아이템으로 의상과 잘 어울리도록 연출하며 T.P.O에 맞는 적절한 디자인과 소재를 선택해서 코디하는 것이 중요하다.

:: 구두

구두는 패션의 마무리로 개인의 패션 감각을 느낄 수 있는 것이기도 하다. 남성의 경우 회색, 검은색, 청색 계열의 의상에는 검은 색상의 구두를 신어주고, 올리브 그린계열이나 밤색 계열의 의상에는 밤색 구두를 신어준다.

여성의 경우 하의나 스타킹의 색상 등을 고려해서 구두의 색상을 선택하는데 밝은 색상의 의상의 경우 베이지색이나 흰색구두를 신어주고 회색, 남색, 검정과 같은 정장에는 검정색 구두를 신어준다. 구두의 컬러는 의상의 색상보다는 진한 계열의 색상을 선택해서 안정감을 느낄 수 있도록 해준다. 다리의 굵기에 따라서 구두의 뒷굽의 두께를 신중히 선택하도록 한다. 이유는 다리가 두꺼운 사람이 구두의 뒷굽이 매우 얇고 뾰족한 구두를 신었을 경우 굵은 다리와 비교되어서 더욱 다리가 두꺼워 보일 수 있고 너무 가는 다리의 경우 굵은 구두 뒷굽을 선택하게 되면 가는 다리가 더욱 가늘어 보이기 때문이다. 무엇보다 발이 편한 적당한 높이의 본인에게 잘 맞는 구두를 선택하고 의상과 잘 조화를 이룰 수 있는 예쁜 구두를 선택하도록 한다.

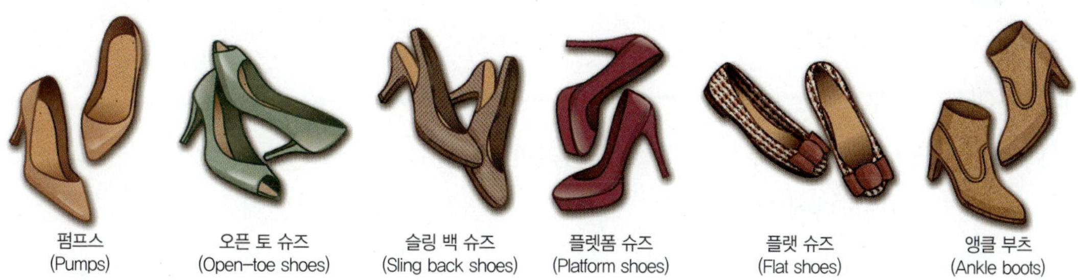

| 펌프스
(Pumps) | 오픈 토 슈즈
(Open-toe shoes) | 슬링 백 슈즈
(Sling back shoes) | 플렛폼 슈즈
(Platform shoes) | 플랫 슈즈
(Flat shoes) | 앵클 부츠
(Ankle boots) |

▲ [그림 10-78] 여성 구두의 종류

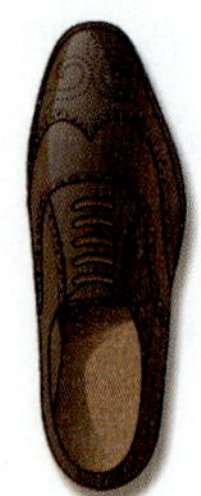

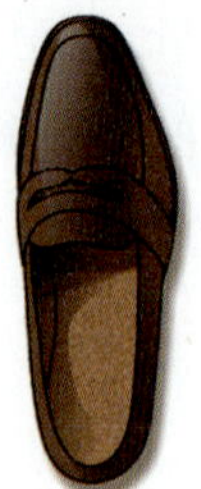

▲ [그림 10-79] 남성 구두의 종류

:: 양말

양말은 일반적으로 구두, 바지와 같은 색상의 계열로 신으며 밝은 색상의 바지를 입을 경우에는 구두에 맞추도록 한다. 바지 색상보다 약간 짙거나 같은 색으로 신어주며 검정구두를 신을 경우에는 바지색과 관계없이 검정색 양말을 신도록 한다. 양말 중에서도 정장에는 긴 양말을 신어주도록 하는데 이유는 정장 바지를 입고 바지 단이 올라갔을때 맨살이 보이지 않도록 하기 위함이다. 또한 짧은 양말은 캐주얼 의상에 신는 것이니 주의한다.

▲ [그림 10-80] 남성 양말

▲ [그림 10-81] 여성 양말

:: 넥타이

넥타이는 남성복에서 매우 중요한 액세서리이며 같은 수트에도 넥타이를 어떤 것을 매느냐에 따라서 다른 이미지를 연출할 수 있다. 본인의 감정 상태나 기분에 따라서도 넥타이를 선택하지만 자신을 바라보는 상대방을 위한 배려 차원에서 생각했을 때에도 넥타이의 선택은 중요한 액세서리라고 할 수 있다.

넥타이의 적당한 길이는 132~147cm로 바지의 허리벨트 버클을 살짝 가릴 정도의 길이가 적당하며 넥타이의 기본적인 넓이는 8.5~9cm이다.

마르고 작은 남자는 폭이 넓은 타이를 하지 않고, 체격이 좋은 남자는 너무 좁은 타이를 매서 몸이 더 커 보이지 않도록 한다. 셔츠의 깃이 좁으면 노트의 매듭을 작게 매주고, 셔츠의 깃이 넓으면 노트의 매듭을 크게 매준다. 대체로 타이의 길이는 벨트의 중간 부분이 적당한데 키가 작은 남자는 벨트 버클 밑에까지 내려오지 않도록 약간 짧게 매주고, 키가 큰 남자는 기본 길이에서 약간 더 내려오는 길이로 매는 것이 체형 보완에 효과적이다. 쓰리피스의 수트를 입을 경우에 베스트 밑으로 넥타이가 보이지 않도록 길이를 조절하도록 한다.

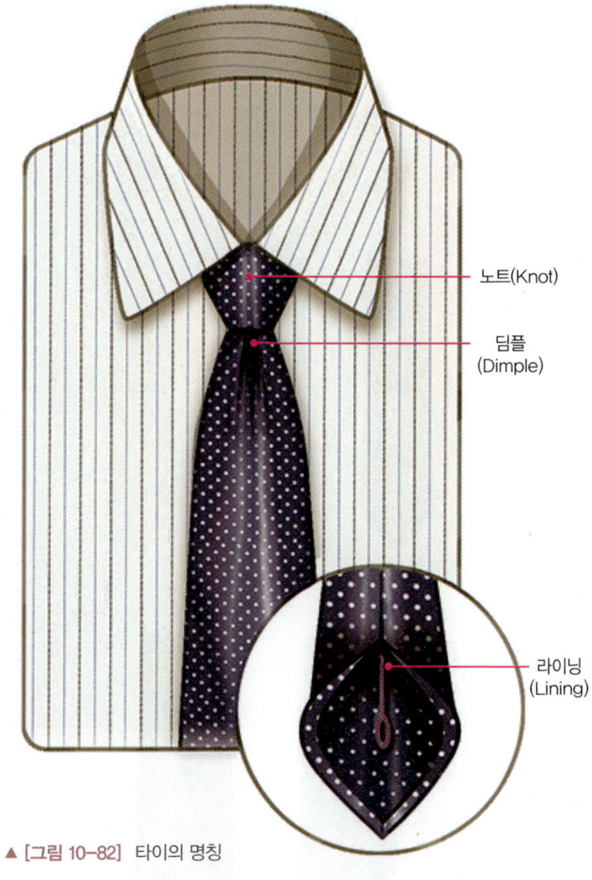

▲ [그림 10-82] 타이의 명칭

넥타이를 맨 상태의 매듭 중심부 바로 아랫부분에 살짝 들어간 홈 부분의 딤플dimple은 중앙에 1개나 2개 정도, 하나는 크고, 하나는 작게 만들기도 하는데 세련미와 우아한 멋스러운 개성을 나타내기에 좋은 방법이나 병문안을 가거나 장례식장에 가는 경우에는 만들지 않는 것이 매너이다.

패턴의 종류에는 **솔리드, 페이즐리, 도트, 스트라이프, 플라워, 체크** 등이 있으며, 이와 같은 여러 종류의 패턴으로 같은 수트나 재킷을 다양하게 연출해서 옷을 입을 수가 있다. 수트와 같은 계열의 넥타이 선택은 지 적이고 차분한 이미지를 주며, 수트와 반대되는 보색대비의 넥타이 색상을 선택할 경우에는 당당하고 자신감 있는 이미지를 연출할 수 있다.

페이즐리는 생기 있으면서 우아한 이미지를, **체크 무늬**는 활기차면서도 친근함을, **도트**는 성실한 이미지를, **작은 플라워 무늬**는 안정적이고 차분한 이미지를, **스트라이프**는 활동적인 적극성을 나타내기에 적합하다.

    넥타이를 선택할 경우에는 수트의 색상에 맞추거나 보색 대비로 고르며 넥타이를 하지 않고 스카프를 할 경우에는 반드시 셔츠 안으로 넣어서 연출해야 하고, 셔츠의 단추는 두 개 이상을 열지 않는 것이 기본이다.

▲ [그림 10-83] 넥타이 패턴의 종류(출처: www.necktiegift.com)

넥타이의 길이는 벨트를 했을 경우 벨트 버클 끝에 오거나 버클을 살짝 덮거나 버클의 중앙 부분 정도가 적합한 길이이다.

넥타이를 벨트의 버클보다 훨씬 더 짧게 오도록 매거나 드레스 셔츠의 첫 번째 단추를 채우지 않은 채 타이를 매는 경우가 있는데 호감과 신뢰감을 주지 못하는 바람직한 코디 방법이 아니다.

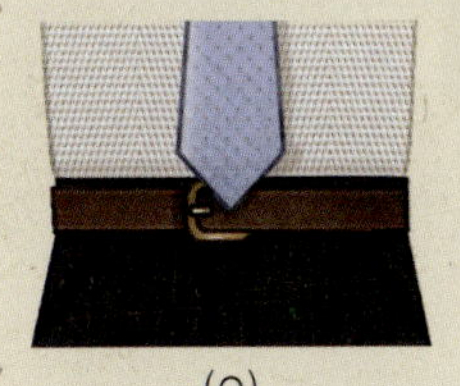
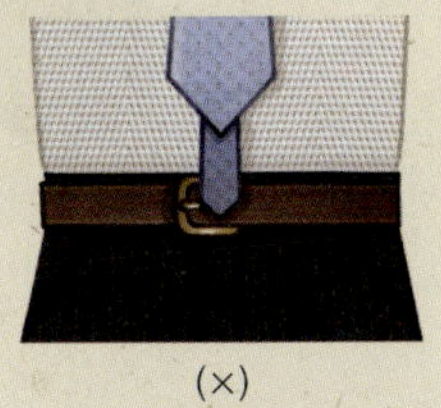

(o) (×)

▲ [그림 10-84] 넥타이에 가장 알맞은 길이

넥타이의 부분 명칭

▸ **노트(Knot)**: 칼라 깃이 좁거나 칼라 각도가 작은 경우 가는 매듭을 만들어 주고, 칼라 깃이 넓거나 칼라 각도가 큰 경우 큰 매듭을 만들어준다.

▸ **딤플(Dimple)**: 타이의 매듭 중앙 바로 아래에 살짝 들어간 홈을 말한다. 대개 딤플은 1~2개 정도를 만드는데 타이를 당겨서 매듭을 만들 때 당기기 전에 손가락을 넣어서 눌러주면서 자연스런 홈이 생기도록 한 뒤에 다른 한 손으로 타이를 천천히 당겨주면 된다. 딤플은 호감을 줄 수 있는 우아하고 멋스러운 남성 이미지를 연출할 수 있으며 장례식장에는 딤플을 만들지 않는다.

▸ **라이닝(Lining)**: 넥타이 안쪽에 형태를 잡아주는 안감

딤플을 만든 이미지   단정한 이미지   단정해 보이지 않는 이미지

▲ [그림 10-85] 넥타이 매는 방식에 따른 이미지

▶ 프리젠테이션이나 강한 의지를 보여주는 타이

▶ 피부색에 따라 신중하게 선택해야 할 타이

▶ 편안하고 부드러운 이미지의 타이

▶ 열정적인 이미지

▶ 신뢰감을 주는 이미지

▶ 이미지에 잘 어울리는 넥타이 선택하는 방법

피부색이 밝거나 연세가 많으신 어르신

피부색이 어두운 남성

▲ [그림 10-86] 피부색에 따른 넥타이 연출법(출처: www.necktiegift.com)

:: 포켓치프

　양복 가슴 포켓에 꽂는 것은 것을 말한다. 이는 사각형으로 접어서 꽂는 것이 일반적이지만 다양한 모양으로 멋을 낼 수 있으며, 더불어 화려하지 않은 넥타이와 매치하는 것이 좋다.

　다양한 소재와 디자인에 따른 색다른 느낌과 신선함을 주는 남성패션의 포인트 패션 소품으로 시선을 위로 끌어올려 키가 작은 남성은 키가 더욱 커보이게 하는 효과가 있고, 세련된 이미지를 연출할 수 있다.

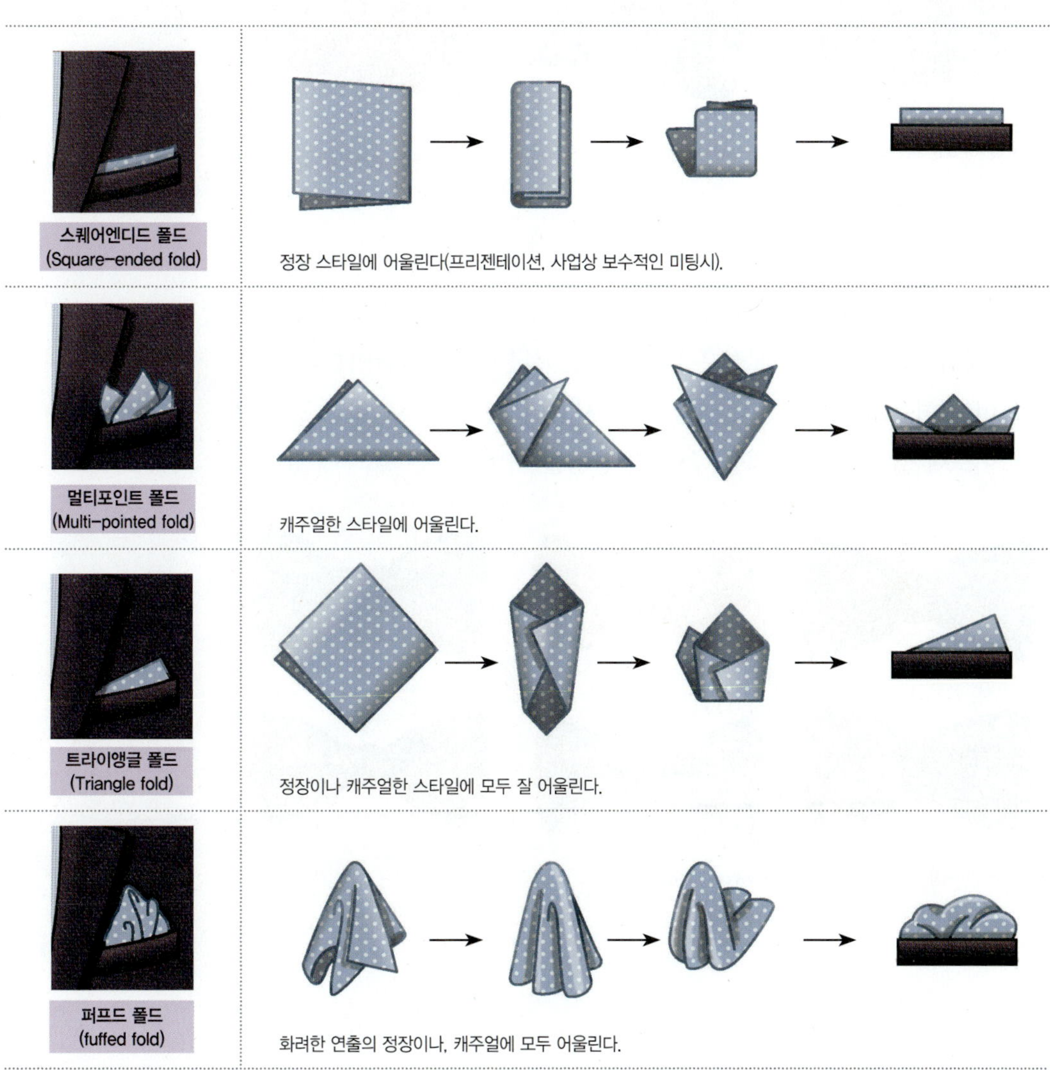

▲ [그림 10-87] 포켓치프 하는법

▲ [그림 10-88] 다양한 포켓 치프(출처: www.necktiegift.com)

:: 보타이

중요한 파티나 모임에 갈 때 착용하면 멋진 이미지를 연출할 수 있는 남성용 패션 소품이다. 키가 작은 남성에게는 시선을 위로 끌어올려 키가 커보이게 하는 효과가 있고, 얼굴이 긴 사람에게는 세로로 내려오는 긴 넥타이보다 짧은 가로 느낌을 주어 긴 얼굴을 커버해주는 효과가 있다.

▲ [그림 10-89] 다양한 보타이(출처: www.necktiegift.com)

:: 브토니에

  프랑스어로 '단춧구멍'을 의미하는 것으로 수트 재킷의 단춧구멍이나
그 위에 꽂기 위한 꽃장식을 뜻한다. 주로 웨딩 턱시도에서 많이 사용
하지만, 넥타이나 포켓 치프를 생략하고 브토니에로 포인트를 주어 감
각적인 패션스타일을 살려서 세련된 이미지를 연출하기도 한다.

▲ [그림 10–90] 다양한 브토니에(출처: www.necktiegift.com)

:: 커프스링크

  커프스링크는 셔츠 소매부분의 커프를 채울 때 단추 대신 떼었다 붙였
다 할 수 있도록 사용하는 장식이다. 커프스링크는 일반 셔츠에 하는 것
이 아닌 커프스링크를 사용할 수 있는 프렌치 커프스french cuffs에만 사
용하는 것이다. 중요한 자리와 같이 격식을 갖추어야 하는 자리인 경우
커프스링크를 하는 것이 예의이다. 커프스링크를 했을 때에는 남성용

팔찌나 손목시계를 생략하는 것이 깔끔하다. 또한 화려한 패턴의 드레스 셔츠를 입은 경우에는 커프스링크를 생략하는 것이 좋으며 너무 화려한 장식의 커프스링크는 고상하지 못하고 가벼워 보일 수 있으니 직업이나 개인 선호도를 고려한 심플한 디자인으로 품격 있는 이미지 메이킹을 하도록 한다.

▲ [그림 10-91] 다양한 커프스링크

:: 타이 바

타이 바는 셔츠와 타이를 집어서 고정시키는 기능의 아이템이다. 실용적인 목적이외에도 수트 V존의 분위기를 바꿔서 클래식한 감성을 살려주는 포인트 액세서리 역할을 하기도 한다. 타이 바는 셔츠 세 번째와 네 번째 단추 사이에 보이도록 꽂는 것이 일반적이다. 이상적인 타이 바의 길이는 타이 너비의 2/3~3/4 정도가 좋으며 타이의 폭보다 길지 않은 것을 선택한다.

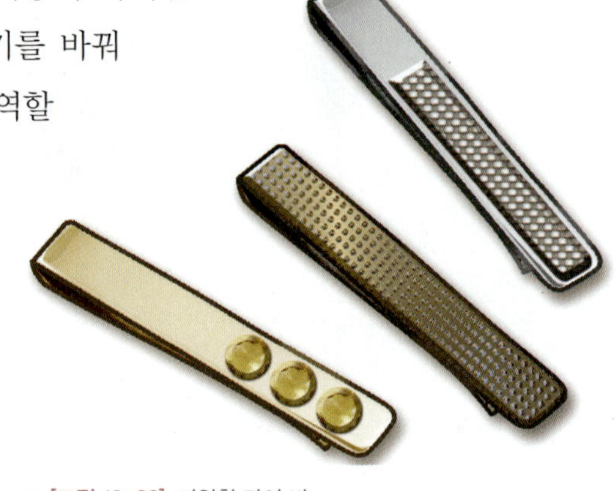

▲ [그림 10-92] 다양한 타이 바

타이 바는 넥타이와 함께 남성의 패션을 완성시키는 아이템인 만큼 개인적인 선호도에 따라서 잘 어울리는 품격있는 타이 바의 선택으로 멋진 남성 패션의 완성도 높은 이미지를 연출하도록 한다.

향수 이미지와 매너

향수

향수^{Perfume}는 라틴어의 'Perfume'으로 per^{through}와 fume^{smoke}의 '연기를 통하여'라는 합성어이다.

≫ 향수의 기원

향수는 종교적인 목적으로 사용하기 시작하여 5,000여 년의 역사를 가지고 있는 향장용 화장품으로 이집트에서는 시체를 방부하기 위한 목적과 종교 의식으로 사용하기도 하였고, 그리스와 인도에서는 신에게 제사를 올리기 위해서 향이 좋은 나무를 태워서 연기와 함께 향을 하늘로 올려 보냈다. 로마에서는 목욕 후 장미의 물을 사용하거나 귀족들의 귀중품에서 점차 일반화 되면서 대중화되기 시작했다. 우리나라를 비롯한 동양에서는 예로부터 조상에게 제사를 올릴 때 향을 피우는 관습이 있었으며 신라시대에 귀부인들이 향료 주머니를 몸에 지니고 다닌 것을 시초로 고려와 조선시대 여인들까지 이어졌다.

최초의 알코올 향수의 시작은 14세기 헝가리의 여왕이 젊고 아름다운 시절로 되돌아가고 싶어 사용한 향수로 알려져 있으며, 우리나라의 향수는 1990년에 접어들면서 점차 대중화되고 다양한 종류의 향수가 등장하였다.

▲ [그림 11-1] 향수(출처: www.hera.co.kr)

　향수는 식물이나 동물에서 얻어진 향료를 20~25%의 에틸알코올에 녹여서 몇 주의 적절한 기간 동안 냉암소^{冷暗所}에 보관하면서 충분히 숙성시킨 후 완성되는 것이다. 숙성이 잘 되었을 때 알코올에 식물이나 동물에서 얻어진 향의 원료가 잘 흡수되어 그 향만의 독특하고 고급스런 하나의 향수가 만들어 지는 것이다. 향수의 향을 디자인 하는 조향사의 감각과 개인 선호도, 취향에 따라서 그리고 향료의 함유율과 부향률에 따라서 다양한 종류의 향수가 탄생된다.

》 농도에 따른 향수의 분류

　향수는 일반적으로 '퍼퓸'이라 칭하지만 향료의 원액 농도에 따라서 향수의 종류와 지속 시간 및 특징 등에 따라서 다양한 분류를 할 수가 있다.

종류	향료 함유율	지속 시간	특징
퍼퓸	15~30%	5~7시간	가장 농도가 진하고 강한 향이 오래 지속됨
오데 퍼퓸	10~15%	5시간	퍼퓸에 가까운 향과 지속성을 가지지만 퍼퓸보다는 부향률이 낮고 경제적으로 부담없이 사용 가능
오데 토일렛	5~10%	3~4시간	부향률이나 지속성이 부담이 없어 캐주얼하게 가벼운 느낌으로 사용이 가능
오데 코롱	3~5%	2~3시간	가볍고 신선한 느낌으로 향수를 처음 접하는 사람에게 적합
샤워 코롱	1%(2~3%)	1시간	부향률이 낮아서 전신에 부담 없이 사용이 가능하며 바디에 사용하는 스킨의 기능과 방향의 효과의 이중 효과를 가짐

▲ [표 11-1] 향수의 종류와 지속 시간에 따른 분류

》 발향의 구조

향수의 구성노트는 탑노트, 미들노트, 베이스노트로 향수 속에 조합된 향료가 발향되는 순서가 각각 다르며 시간이 지나면서 향의 농도는 점점 옅어진다. 향수에서 향의 선정은 베이스노트를 선정하고 미들노트를 정한 뒤 향수를 뿌렸을 때 처음 느껴지는 첫향인 탑노트를 조합해서 완성한다. 향수를 만들 때 향의 오랜 유지를 위한 보류제와 조화로운 향을 위한 조화제를 첨가해서 완성도 높은 향수가 만들어진다.

노트의 구분	향의 특성	향의 작용	향의 종류
탑노트	향수를 처음 뿌렸을 때 나는 강한 향으로 향수를 뿌린 후 10분 전후까지의 향을 말한다.	심신의 고양	휘발성이 강한 시트러스계
미들노트	향수를 뿌린 후 30~60분 정도의 시간이 지난 뒤 나는 향을 말하며 보통 4~8시간 동안 지속된다.	심신의 밸런스	그린계 & 프로럴계
베이스노트	향수를 뿌린 후 2~3시간 이후부터 향이 모두 날아가기 전까지의 잔향을 말하며 4~24시간 동안 지속된다.	심신 진정	휘발성이 낮은 우디계

▲ [표 11-2] 향수의 구성 노트

》 향수 사용

향은 밑에서 위로 올라가는 성질이 있으므로 스커트 밑단 안쪽이나 무릎정도에 뿌려주는 것이 좋은데 몸을 청결히 한 상태에서 귀 뒤, 손목 안쪽, 목 뒤, 관자놀이, 팔꿈치 안쪽, 무릎 뒤에 적당히 뿌려주면 된다. 악취가 나는 대한선이 분포된 곳겨드랑이, 유두, 배꼽 주위 등에는 향수를 뿌리지 않는다.

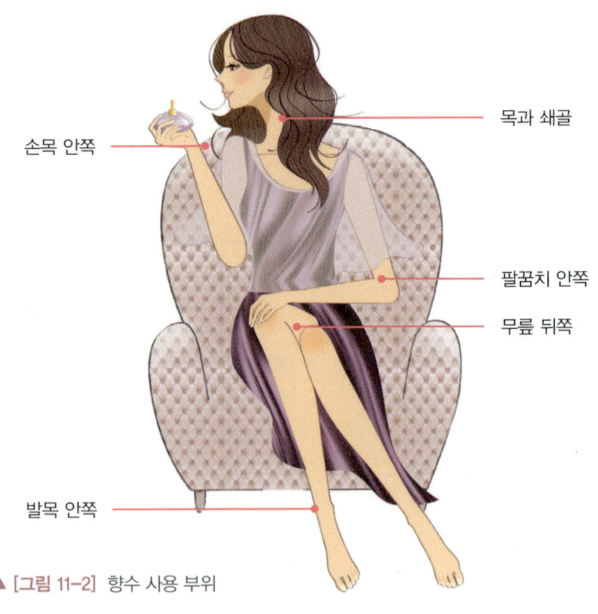

▲ [그림 11-2] 향수 사용 부위

》 향수 선택

　향수 선택은 감각이 평상시와 다른 생리 전후는 피해서 선택하는 것이 좋으며 후각이 예민한 배란기에 향수를 고르는 것이 좋다. 밝은 낮 보다는 후각이 예민해지는 해가 넘어간 저녁에 향수를 선택하는 것이 좋으며 향수를 구입할 목적으로 외출하는 날에는 본인의 향수를 집에서 뿌리지 않고 외출하는 것이 기본이다. 향수의 뚜껑을 열고 처음 느껴지는 탑 노트를 맡고 향수 선택을 하는 것이 아닌 향수 테스트지에 뿌려서 세 차례 정도 흔들어 준 뒤 향을 맡는 것이 좋다. 같은 향수라고 해도 개인의 체취에 따라서 향의 느낌이 달라지므로 손목 안쪽에 뿌린 뒤 10분 정도 지난 뒤에 개인의 땀과 피지가 섞여서 나는 향을 맡고 본인이 선호하는 향인지 확인한 뒤 최종 선택하도록 한다.

 **선호도에 따른 향수 선택 요령 ❶**

- ▶ 향수를 처음 접하는 경우: 거부감이 없고 진하지 않은 달콤한 플로럴 계열(장미, 라일락, 자스민, 백합 등)
- ▶ 가벼운 향을 선호하는 경우: 풀이 연상되는 상쾌하고 시원한 그린 계열
- ▶ 건강미 넘치고 개성 있는 향을 선호하는 경우: 젖은 듯 그을린 나뭇잎 이미지의 시프레 계열(떡갈나무에서 서식하는 베르가못, 오크모스 향 등)
- ▶ 분위기 있고 우아한 향을 선호하는 경우: 식물의 수지나 동물성 향료를 주조로 만들어 어둡고 무거운 느낌과 신비함의 섹스어필적인 느낌의 오리엔탈 계열
- ▶ 강하고 깊은 개성 있는 향을 선호하는 경우: 톡 쏘는 후추나 정향나무, 시나몬을 연상하게 하는 스파이시 계열
- ▶ 은은하고 안정감 있는 향을 선호하는 경우: 나무 향을 연상시키는 우디 계열(백단향, 페츌리, 삼목, 목단, 샌들우드)
- ▶ 상큼하고 가벼운 향을 선호하는 경우: 시트러스 계열(오렌지, 레몬, 귤 자몽, 베르가못)

계절에 따른 향수 선택 요령 ❷

- ▶ 여름철 향수 선택: 무겁고 강한 향은 피하고 그린계열이나 플로럴 계열 혹은 오렌지, 레몬 자몽 등의 감귤류의 시트러스 계열로 시원한 느낌의 향수를 선택한다. 퍼퓸 보다는 가벼운 사용감의 오데토일렛이나 오데 코롱을 선택한다.
- ▶ 겨울철 향수 선택: 그린이나 플로럴, 시트러스 보다는 무게감 있고 분위기 있는 오리엔탈 계열이나 나무와 같이 은은한 느낌의 우디계열을 선택한다. 오데 토일렛이나 오데 코롱 보다는 깊이감이 느껴지는 퍼퓸이나 오데퍼퓸을 선택한다.

≫ 향수 사용 시 주의할 점 및 향수 매너

- 향수는 진주와 같은 보석류에 매우 약하므로 액세서리를 모두 착용한 후 향수를 뿌려준다.
- 대한선이 많이 분포되어 있는 부위겨드랑이, 유두, 배꼽 주위 등에는 향수를 뿌리지 않는다.
- 흰옷과 같은 밝은 옷이나 실크 소재, 피혁과 같은 옷에는 직접 뿌리지 않는다.
- 피부를 청결히 하고 사용하며 생리 전·후에는 다른 느낌의 향이 될 수 있으므로 사용하지 않는 것이 좋다.
- 고급스러운 향수라도 지나치게 많은 양의 향수 사용은 거부감을 주고 역효과를 줄 수 있으므로 적절한 양을 조절해서 사용한다.

Tip T.P.O에 맞는 향수 사용법

▸ 첫 출근 시: 신입사원으로 첫 출근 시 너무 튀는 향은 피하도록 하며 은은하고 상큼한 느낌의 오데 토일렛(Eau de Toilet)이나 오데 코롱(eau de cologne)과 같은 향수를 선택하도록 한다.

▸ 사무실에서: 많은 직원들과 고정 공간에서 근무하는 특성상 너무 진하고 화려한 향은 피하도록 하며 최대한 개인 선호도에 맞게 신선하고 상큼한 이미지를 줄 수 있는 향수를 선택한다.

▸ 첫미팅 시: 좋은 이미지를 남기기 위해서는 신선하고 상큼하게 다가갈 수 있는 향을 선택하는 것이 좋다. 너무 진한 향수는 남성들이 거부감을 가질 수 있으므로 신선한 이미지의 향수를 선택하도록 한다.

▸ 데이트 시: 사랑스럽고 아늑한 분위기를 줄 수 있는 섹시한 로즈향이나 달콤한 과일 향을 선택하도록 한다. 지나치게 캐주얼한 향이나 발랄한 향수보다는 사랑스런 여인으로 다가갈 수 있는 순수하면서도 분위기가 느껴지는 향수를 선택한다.

▸ 파티에서: 화려한 드레스와 메이크업 헤어 스타일에 어울리는 오리엔탈 계열의 유혹적이고 강렬하면서 섹시한 향수를 선택한다.

▸ 결혼식장에서: 신부의 청순함을 압도할 정도의 너무 강한 향은 피하도록 한다.

>> 향수를 피부에 뿌릴 때는 피부 타입에 따라

향수를 피부에 뿌릴 경우 피부 타입에 따라서도 양이나 횟수 조절을 하는 것이 좋다. 아토피 피부나 민감성 피부의 경우 알코올 성분으로 피부에 알레르기를 유발할 수 있으므로 피부에 직접 뿌리기보다는 옷에 뿌려주는 것이 좋으며 옷장 속에 분사해서 좋아하는 향이 옷에 베도록 하는 것도 좋은 방법이다. 건성 피부의 경우 향수를 직접 피부에 뿌리게 되면 지성 피부에 비해서 향이 쉽게 날아가는 경향이 있으므로 지성 피부에 비해서 양을 약간 많이 뿌리거나 3~4시간 마다 소량씩 추가로 뿌려주도록 한다. 같은 라인의 향을 가진 바디 클렌저나 바디크림과 연계해서 향수를 사용하는 것도 향의 지속성을 오래 가게 하는 좋은 방법이다. 지성 피부는 건성 피부에 비해서 피부에 직접 향수를 뿌렸을 경우 향의 지속성이 오래 가므로 건성 피부 보다는 소량을 사용한다.

𝒯𝒾𝓅 향수의 보관 방법

▸ 향수는 쉽게 휘발되므로 뚜껑을 잘 닫아준다.

▸ 직사광선을 피해서 서늘한 곳(13°~15°)에 보관한다.

▸ 화장대 서랍 안에 보관하면 향수가 흔들리게 되고 공기 접촉이 많아져서 변질의 원인이 된다.

▸ 모두 사용한 향수는 뚜껑을 열어서 옷장 안에 넣어 놓음으로써 좋아하는 향이 은은하게 나도록 한다.

PART 5

건강하고 아름답게! 볼륨감 있는 명품 몸매 만들기

⑫ 예쁜 몸매 만들기 요가

예쁜 몸매를 만들어 주는 요가 방법

⑬ 건강한 몸을 위한 10대 건강식품

건강한 몸과 건강한 정신을 위하여

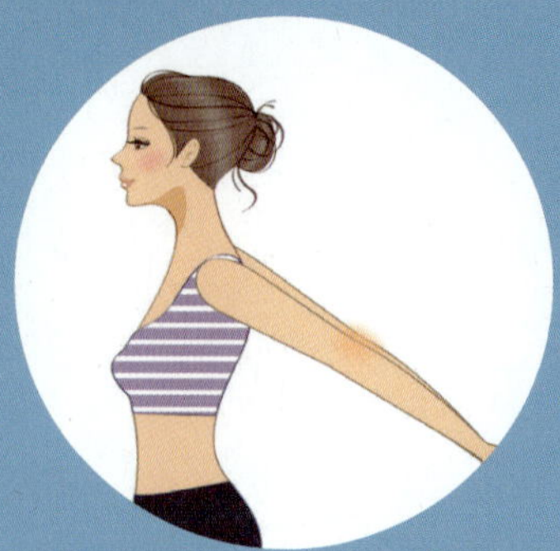

예쁜 몸매
만들기 요가

예쁜 몸매를
만들어 주는 요가 방법

▲ [그림 12-1] 여리한(출처: www.yerihandiet.com)

》 건강하고 탄력있는 몸매를 위한 부위별 요가법

∷ 예쁜 엉덩이와 건강미 넘치는 꿀벅지 다리 만들기

양 다리를 어깨 넓이만큼 벌리고 선 후 허벅지가 바닥과 수평이 될 때까지 무릎직각으로 앉았다 일어나기를 20회 반복한다. 무릎이 발끝보다 앞으로 나가지 않도록 상체를 세우고 엉덩이를 뒤로 빼준다.

Tip 위의 동작을 20회씩 5set 한 뒤 다리를 어깨 넓이보다 넓게 충분히 벌린 뒤 동일한 방법으로 실시한다.

한쪽 다리를 뒤로 꺽어 손으로 잡은 뒤 발뒤꿈치가 엉덩이까지 닿도록 한뒤 20초간 유지한다. 양쪽 모두 번갈아 가면서 해준다.

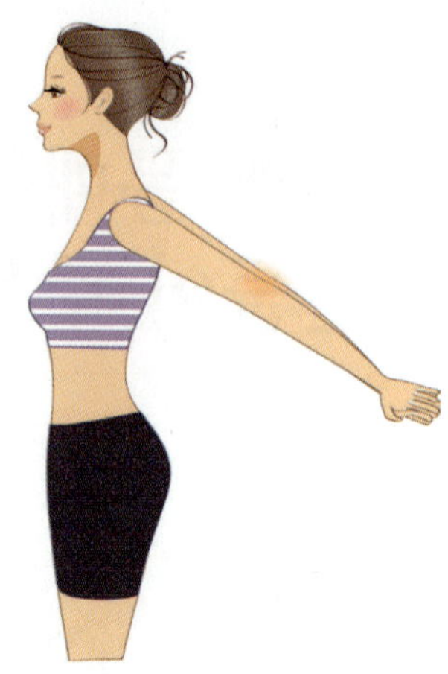

정면을 바라보고 서서 팔을 뒤로 보낸 뒤 양손을 깍지 낀 다음 팔을 최대한 올려준다.

:: 군살 없는 슬림한 예쁜 허리 만들기

허리를 펴고 다리를 최대한 벌려서 앉은 뒤 오른쪽 다리를 접어서 몸 쪽으로 붙이고 오른손 끝을 최대한 왼쪽 발 끝에 닿을 때까지 몸을 스트레칭 시켜준다. 반대쪽도 동일한 방법으로 20회 해준다.

:: 탱탱하고 빵빵한 엉덩이 만들기

정면을 향해 똑바로 선 뒤 왼쪽 다리를 최
대한 뒤로 뻗어준다. 양손은 허리에 올린 뒤
로 균형을 잡은 다음 앞으로 손을 펴주는 동
작을 20회 반복한다. 반대편도 동일하게 실
시한다.

:: 탄력 있는 복부 만들기

팔을 밑으로 내리고 바르게 누운 뒤
붙인 다리를 가슴 쪽으로 끌어올렸다가
천천히 내려주는 동작을 20회 반복한다.

:: 예쁜 팔 라인 만들기

의자를 뒤에 두고 양 팔이 수
평이 되도록 한 상태에서 팔과
다리를 모두 90°로 만들어주고
원래의 자세로 돌아오는 동작을
20회 반복한다.

:: 예쁜 종아리 만들기

의자 뒤에 서서 왼손으로 의자를 잡은 뒤 오른쪽 발을 왼쪽
발 무릎 안쪽에 붙이고 왼쪽 발뒤꿈치를 들었다 내려놓은 동
작을 20회 반복한다. 반대편도 동일하게 실시한다.

:: 슬림한 다리 만들기

앉은 상태에서 두 다리를 나란히 붙이고 편 자세에서 양 손은 뒤로 보
내 어깨 너비만큼 벌려 준 뒤 손으로 바닥을 최대한 멀리 짚어서 고정한
다. 왼쪽 다리를 높이 든 다음 오른쪽 다리 방향으로 넘긴 뒤 자세를 유
지한다. 양쪽을 번갈아 가면서 30초간 실시한다.

:: 팔·다리 군살 없애주기

오른쪽 다리를 뒤로 꺾은 뒤 무릎을 바닥
에 고정하고 발을 들어 올려서 오른쪽 팔로
발을 감싸서 안는다. 이때 왼손을 머리 뒤
로 들어서 오른손과 함께 양손을 잡은 상태
로 30초간 유지한다. 양쪽을 번갈아 가면서
실시한다.

:: 옆구리·허리·팔 예쁜 라인 만들기

다리를 최대한 벌려서 허리를 펴고 앉은 뒤 양팔을 가로로 일자로 크
게 벌려준 뒤 손을 최대한 늘려주면서 상체를 왼쪽으로 틀어주는 동시
에 양 팔을 왼쪽으로 보내준다. 30초 유지하고 양쪽을 번갈아 가면서 실
시한다.

:: 척추 통증 줄여주기

바르게 누운 뒤 무릎은 접어서 90°가 약
간 안 되게 만들어 준다. 양손을 가슴에 모
아준 뒤 복식호흡을 천천히 실시한다.

마시는 숨에는 발꿈치를 바닥에 붙이고
엉덩이를 최대한 높이 들어준 상태에서 5초
간 자세를 유지한다. 이때 엉덩이를 최대한
들어 올리는 기분으로 허리를 곧게 펴주는
것이 중요하다. 엉덩이를 들었을 때 숨을
들이마신 상태로 5초간 자세를 유지했다면
숨을 내쉬면서 엉덩이를 천천히 내려준다.

:: 건강한 허리 만들기

바닥을 보고 누워서 양손과 양발로 바닥을 짚은 뒤 숨을 들이마시면서 상체를 최대한 일으켜 주고 숨을 내쉬면서 머리를 오른쪽으로 돌려 시선을 왼쪽 발끝을 보고 20초간 자세 유지한 뒤 반대편도 동일하게 실시한다.

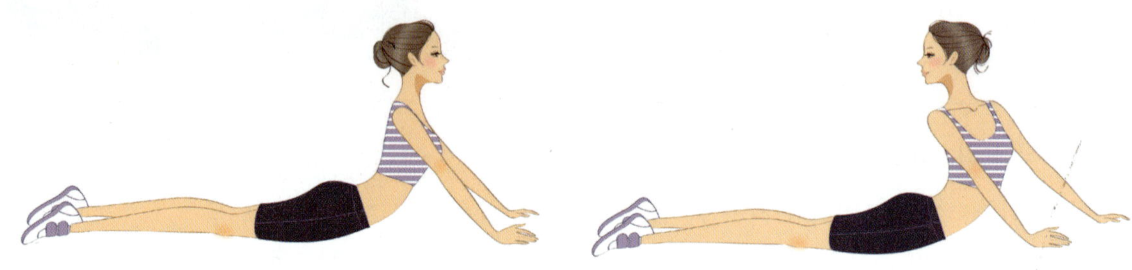

:: 복부 가스 없애주기

바닥 쪽으로 팔과 무릎을 어깨 넓이만큼 벌려준 뒤 허리를 최대한 아래로 내렸다가 등을 둥글게 만들어준다. 다음은 가슴을 바닥에 대고 손을 모아서 턱을 대주고 복식호흡숨을 들이쉴 때는 배를 나오게, 숨을 내쉴 때는 배가 들어가는을 반복한다.

:: 어깨 풀어주기

  양팔을 머리 위로 올린 뒤 오른쪽 손으로 왼쪽 손목을 잡고 오른쪽으
로 천천히 당겨준다. 반대편도 동일하게 실시한다.

:: 다리 피로 풀어주기

  천장 보고 허리가 뜨지 않은 상태로 바르게 누워서 팔과 다리를 90°가
되도록 올려준 뒤 최대한 발목과 팔목을 털어주는 기분으로 가볍게 흔
들어 준 뒤 멈춰서 가만히 오래 자세를 유지하다가 천천히 팔과 다리를
내려놓는다.

건강한 몸을 위한 10대 건강식품

건강한 몸과
건강한 정신을 위하여

》 10대 건강식품

2014년 한국의 1인당 국민총소득이 2만 8,000달러를 기록했다. 국민소득이 향상됨과 동시에 노령인구의 비율이 높아지면서 건강에 대한 관심 또한 증가하고 있다. 다양한 운동 프로그램을 포함해서 각종 건강보조식품에 이르기까지 그야말로 대한민국은 건강에 대한 열풍이 끊이지 않고 있다. "건강한 몸에 건강한 정신이 깃든다"는 고대 로마의 시인 유베날리스Juvenalis의 말처럼 몸이 건강하지 못하면 마음도 정신도 건강할 수 없는 것이다. 의학의 아버지라 불리우는 고대 그리스의 히포크라테스는 "음식은 약이다"라는 말과 함께 음식으로 고칠 수 없는 병은 그 누구도 고칠 수 없다며 음식의 중요성을 강조 한 바 있다. 이처럼 건강한 삶을 영위하기 위해 우리 주변의 숨겨진 보물, 건강식품에 대해 소개하고자 하며, 올바른 식습관을 통해 건강한 정신이 깃들 수 있는 건강한 몸을 유지하도록 노력하자.

• 브로콜리

타임지가 선정한 10대 건강식품 중에서 채소 영양 평가도 1위를 차지하였으며 녹색 성분의 클로로필Chlorophyll 성분이 혈전 개선에 효과를 주며 동맥경화와 같은 혈관질환 예방에 도움이 된다. 또한 위염을 일으키는 헬리코박터−파이로리균을 억제하여 위를 건강하게 해주고 항암·노화 방지 효과가 뛰어나다.

• 포도주

항산화 작용을 하는 폴리페놀 성분과 안토시아닌 성분이 풍부
하여 심혈관질환의 예방과 항암 효과에 좋다.

• 토마토

항산화제인 라이코펜^{Lycopene} 성분이 들어있어서 항산화 작용
이 뛰어나며 각종 암, 심혈관계 질환, 당뇨, 치매 등을 예방하는
효과가 있고, 노화 예방에도 좋다. 칼로리가 낮아서 다이어트에
효과적이며, 기름에 익혀 먹었을 때 더욱 효과가 좋다.

• 시금치

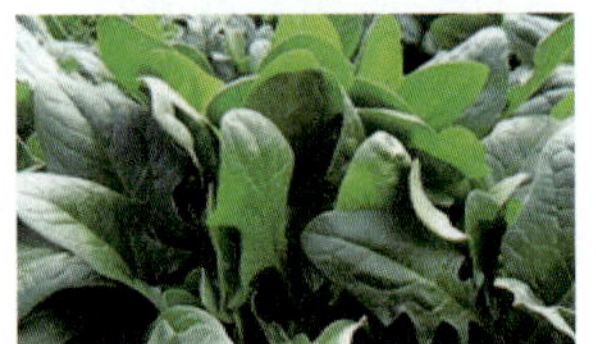

루테인 성분이 시력 저하를 예방하고 철분과 엽산 성분의 빈혈
예방, 프로비타민A와 클로로필 성분이 항산화 작용 및 동맥경화
예방에 효과적이다.

• 블루베리

블루베리·아사이베리·크렌베리 등을 통칭해서 부르는 딸기류를
말하며, 안토시아닌이 항노화 작용과 해독 작용, 항암 효과가 뛰
어나다. 백내장과 같은 노화로 인한 시력 저하 예방 및 시력 보호
효과가 뛰어나다.

• 녹차

녹차에 들어있는 카테킨 성분이 항산화 작용 및 노화 예방 효
과가 있으며, 지방 분해 효과로 다이어트에도 좋다. 강력한 항산
화물질인 폴리페놀을 다량 함유한 녹차는 동맥 경화·혈전 예방
뿐 아니라 위염 발생률도 낮춰준다.

건강을 위한 좋은 습관

- 물을 충분히 마신다.
- 채소, 과일을 즐겨 먹는다.
- 우유와 요구르트, 치즈를 매일 먹는다.
- 고기와 생선을 균형 있게 골고루 먹으며 고기류를 먹을 때에는 기름 부분은 먹지 않는다.
- 밥은 흰쌀밥만을 먹지 않고 현미와 콩 등 잡곡을 섞어서 먹는다.
- 균형 잡힌 영양소 식단을 짜서 음식을 섭취한다.
- 맛있는 음식도 소식하도록 한다.
- 한식 위주의 식사를 하고 뇌의 에너지원인 포도당을 충분히 섭취해서 학업이나 업무 능력을 높일 수 있도록 적당한 양의 밥과 함께 싱거운 반찬으로 규칙적인 식사를 한다.
- 타임지가 선정한 10대 건강식품 이외에 많은 좋은 음식이 있지만 그 이외에도 장어, 표고버섯, 부추, 파, 양파, 양배추, 김, 메생이, 굴, 전복, 미역, 톳, 초석잠, 들깨가루, 당근, 카레, 감자, 마, 콩, 된장, 낫또, 딸기, 사과, 들기름, 참기름 등이 좋으며 양파껍질로 끓인 물을 수시로 마실 것을 추천한다.
- 다이어트 효과가 있는 키스를 즐긴다. 체내의 뉴로펩티드(Neuropeptide)와 같은 화학물질의 배출로 수명 연장 효과 및 스트레스 호르몬 코르티졸(Cortisol)의 생성 억제로 면역력을 향상시킨다.
- 식품의 유통기한을 늘린 트랜스 지방의 고소한 유혹에 지지 않기 – 관상동맥, 뇌졸증, 심혈관질환, 당뇨, 불임, 유방암, 기억력 저하, 치매, 과잉행동 증후군, 뇌 기능 장애까지 일으킨다.
- 저장 기간이 긴 가공식품, 패스트푸드, 인스턴트 식품, 튀긴 음식은 가급적 먹지 않고, 거칠지만 자연에 가까운 음식을 섭취하여 건강한 몸을 유지한다.

▲ [그림 13-1] 청담갯벌장어(출처: http://chdjangeo.com)

• 마늘

마늘의 자극적인 냄새와 매운맛을 내는 유화아릴 성분이 강력한 항암 작용 및 항균 작용을 한다. 또한 혈액을 맑게 해주고 고혈압 예방 및 동맥 경화 예방에도 효과적이다.

• 연어

연어에 함유되어 있는 오메가3 지방산은 뇌기능의 활성화로 기억력을 향상시키고 치매를 예방하는 효과가 있다.

• 견과류

견과류에는 필수지방산을 다량 함유하고 있어서, 두뇌활동의 활성화 및 노화예방 효과가 크다. 그러나 칼로리가 높으니 적당히 먹는 것이 좋겠다.

• 귀리

벼과에 속하는 이년생 초본식물로 귀리는 들보리를 말한다. 귀리에 들어있는 베타글루칸은 체내 노폐물을 분해시켜주고 열을 내리고 독을 없애는 데 효과가 좋으며 현미보다 낮은 탄수화물을 함유하고 있고 칼로리가 낮아서 다이어트에도 효과가 좋다. 귀리는 비타민과 미네랄, 단백질이 풍부한 건강식품으로 알려져 있기도 하며, 콜레스테롤을 감소시키고 체지방 축적을 억제하는 효과가 탁월하다.

> **Tip** 표중 체중 계산법
>
> ▸ 표준 체중(kg) = [신장(cm) − 100] x 0.9

▸ 기름에 튀긴 음식이나 육류를 너무 많이 먹지 않는다.

▸ 맵거나 짠 음식은 피하고 싱겁게 먹는다.

▸ 과식하지 않는다.

▸ 식사 시간을 너무 짧게 갖지 않고 오래 씹은 뒤 삼킨다.

▸ 믹스커피나 콜라 등을 줄인다.

▸ 균형 잡힌 영양소 식단을 짜서 음식을 섭취한다.

▸ 패스트푸드를 줄인다.

▸ 아침식사를 하지 않게 되면 혈당이 저하되어 집중력이 떨어지고 학업이나 업무 능력이 떨어지게 된다.

▸ 7시 이후에는 식사나 야식을 먹지 않는다.

▸ 햄버거, 피자, 빵, 과자, 국수, 튀김류, 인스턴트, 가공식품, 라면, 믹스커피, 탄산음료, 사탕, 흰 설탕, 술, 담배는 특히 멀리 하도록 한다.

▸ 주 3회 30분 이상 전신 근력 운동을 해서 건강도 지키고 평균 수명을 늘려나간다.

나의 가치를
높여주는
고품격 매너

고품격 매너

고품격 매너의 첫걸음, 바른 자세

〉〉 바르게 선 자세

- 복부에 힘을 주고 가슴을 펴고 허리를 반듯하게 한다.
- 어깨는 힘을 빼고 개인의 키 높이에 따라 자연스럽게 정면을 바라본다.
- 발의 무게중심이 한쪽으로 쏠리지 않도록 발을 나란히 하거나 뒷꿈치는 붙이고 앞부분을 30° 정도 벌린다.
- 측면에서 보았을 때 귀의 탑 중앙 부분부터 어깨, 허리, 다리, 복사뼈 중앙까지 일직선이 되도록 한다.
- 팔과 손은 몸의 양 옆에 자연스럽게 내리거나 공수 남성: 왼손이 위에/여성: 오른이 위에 자세로 손을 모은다.
- 턱은 너무 들지 않고 살짝 당기고 입은 자연스럽게 다문다.
- 눈과 입을 중심으로 자연스런 미소를 짓는다.

▲ [그림 14-1] 올바른 자세 vs 나쁜 자세

》 바르게 앉는 자세

:: 여성

  의자 앞에서 발을 반보 정도 뒤로 간 뒤 팔의 옆 라인이나 어깨 뒤쪽으로 의자를 확인하고 옷을 깔끔하게 하며 의자 등받이에 허리와 엉덩이가 닿도록 반듯하게 앉는다. 이 때 왼쪽으로 다리를 모은 경우 왼발이 앞으로 나온 상태에서는 오른발을 살짝 뒤로 모아서 11시 방향으로 다리를 예쁘게 모으고, 오른쪽으로 다리를 모아서 오른발이 앞으로 나온 경우에는 오른발 옆에 왼발을 살짝 뒤로 모아서 1시 방향으로 다리를 가지런히 한다. 스커트를 입었을 경우 속옷이 보이지 않도록 하며, 앉은 상태에서 오른손을 왼손 위에 포개어 가볍게 올려놓는다. 이 때 어깨에 힘을 빼고 시선은 정면을 바라보며 자연스럽게 호감 가는 미소를 짓는다. 의자에서 일어난 경우 의자를 처음 상태로 바르게 되도록 정리한다.

▲ [그림 14-2] 의자에 앉는 단계

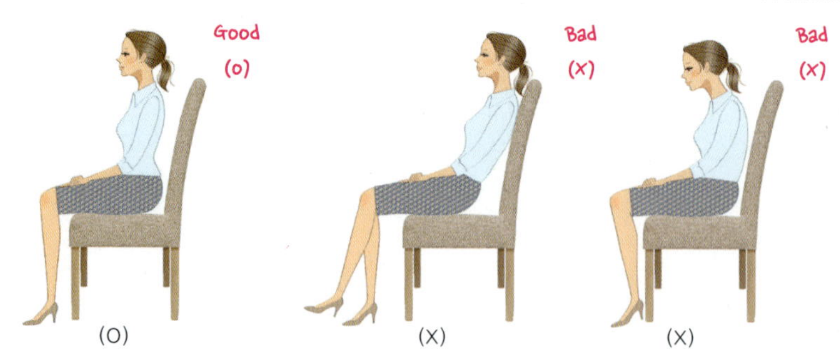

▲ [그림 14-3] 바른 자세와 바르지 않은 자세

의자 반보 정도 앞에서 바르게 선 뒤 한쪽 발을 뒤로 해서 팔의 옆 라인이나 어깨 뒤쪽으로 의자를 확인하고 의자 등받이에 허리와 엉덩이가 닿도록 남자답고 자신감 있게 반듯하게 앉는다. 여성과 달리 발은 나란히 해서 어깨넓이 만큼 11자가 되도록 벌려주고 가볍게 쥔 주먹을 무릎 위에 올려놓는다. 어깨에 힘을 빼고 시선은 정면을 바라보며 자연스럽게 호감 가는 미소를 짓는다. 의자에서 일어나서는 의자를 처음 상태로 바르게 되도록 정리한다.

▲ [그림 14-4] 남 · 여 바르게 앉은 자세

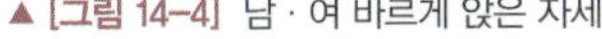

Tip 이것만은 하지 말자   No! No!

▸ 의자 밑으로 다리를 X자로 넣는 것
▸ 일반 모임이나 회의 시 다리를 떠는 것
▸ 다리를 심하게 많이 벌리고 앉는 것
▸ 여성이 짧은 스커트를 입은 경우 속옷이 보이도록 다리를 붙이지 않고 벌린 채로 앉는 것

》 바르게 걷는 자세

고개는 숙이지 않고 턱을 살짝 들어서 시선은 정면의 먼 곳을 향하게 하고 어깨에 힘을 빼고 반듯하게 편 뒤에 몸을 흔들지 않고 개인의 키에 따라 보폭을 알맞게 해서 팔을 앞뒤로 자연스럽게 움직이며 걷는다.

낮은 굽을 신은 여성의 경우 무릎을 스쳐서 발 뒤꿈치부터 발가락 순으로 땅바닥에 닿도록 걸으며 높은 굽을 신은 여성의 경우 무릎을 스쳐서 발가락 끝이 닿고 발뒤꿈치까지 굽 높이에 따라서 자연스럽게 걸을 수 있도록 한다. 이때 발모양은 평행을 이루는 11자 모양으로 걷는다. 남성은 무릎을 스치며 걷지 않아도 되며 8자 걸음이 되지 않도록 주의한다. 발뒤꿈치부터 발가락 끝부분 순으로 땅바닥에 닿도록 자신감 있게 걷는다.

걸을 때 움직이는 팔의 각도는 앞쪽으로 35° 뒤쪽으로 15° 정도가 적당하며 신발을 끌지 않고 가볍게 걷는다.

▲ [그림 14-5] 올바른 걷기 자세와 보폭

고품격 매너의 두 번째, 인사

》 인사의 의미

인사는 인간 관계에서 행해져야 하는 최소한의 예절이며, 상대방에 대한 존경과 애정, 호의의 표현수단이 되기도 한다.

인사를 통해서 밝고 친근한 원만한 인간 관계가 유지되기도 하고 인사하는 모습을 통해서 사람 됨됨이를 판단하기도 한다. 또한 자신을 낮추고 상대방을 높여 정중하게 인사하는 아름다운 모습은 성공적인 대인관계를 끌어내기도 한다. 상대방의 인격을 존중하고 보다 더 따뜻하고 아름다운 사회를 만들기 위해서 마음을 담아서 친절하게 하는 인사는 매우 중요하다고 할 수 있다.

▲ [그림 14-6] 인사할 때의 이미지

》 인사의 기본 자세

- 1단계: 바르게 서서 공수 자세^{여자는 오른손이 왼손 위에/남자는 왼손이 오른손} 위에를 한다. 남성의 경우 바지 옆 재봉선에 자연스럽게 손을 내리고 인사하기도 한다.

- 2단계: 밝게 웃으며 상대방의 눈을 바라본다.

- 3단계: 발뒤꿈치를 붙이고 발 앞부분의 각도를 남성은 $30°$, 여성은 $15°$ 정도 벌린다.

- 4단계: 밝은 목소리로 인사말을 하며 상대방에 따라서 정중례$^{45°}$, 보통례$^{30°}$, 약례$^{15°}$, 목례$^{5°}$로 상체를 1초간 숙인 뒤 1초간 멈춘다.

- 5단계: 2초 정도 천천히 허리를 펴면서 일어난 뒤 바른 자세로 서서 미소짓는다.

Tip 공수拱手란?

손을 모으는 것을 말하는데 예부터 "남좌여우(男左女右)"가 기본으로 평소에 남자는 왼손이 위에 가고 여자는 오른손이 위에 가도록 공수한다. 공수할 때 손가락은 벌어지지 않도록 하며 엄지는 안으로 넣어서 보이지 않게 한다. 예를 갖출 때 하는 기본 자세이며, 장례식장에서는 평상시 공수자세의 반대로 손이 오도록 하면 된다. 단, 추석이나 설과 같은 명절이나 제의례를 지낼 때에는 흉사의 공수법이 아니고 평소와 같이 공수 자세를 취한다.

» 인사의 종류와 방법

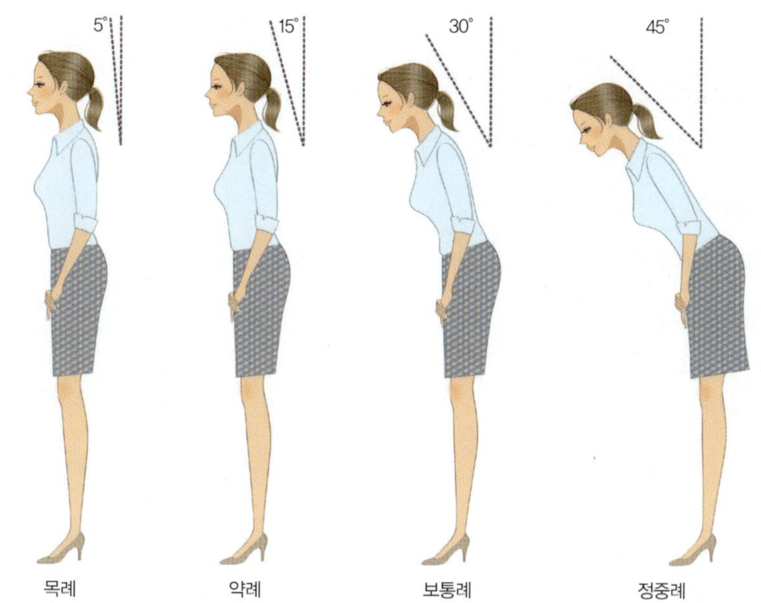

▲ [그림 14-7] 인사의 종류

- **목례**: 상체를 숙이지 않고 5° 각도로 머리만 숙이는 인사로 실내나 복도에서 마주칠 때, 짐을 들고 있거나, 전화를 받는 경우에 하는 인사법이다.

- **약례**: 상체를 15° 각도로 숙이고, 시선은 전방 3m 정도를 향하도록 하는 인사법이다. 복도나 예를 갖추어 인사하기 어려운 엘리베이터와 같은 좁은 공간에서, 친한 동료를 만났을 때나 급하게 지나쳐야 할 때, 하루에도 여러 차례 마주치는 분께 하는 인사법이다.

- **보통례**: 상체를 30° 각도로 숙이고, 시선은 전방 2m 정도를 향하도록 하는 인사법이다. 보통 상사나 윗사람, 손님에게, 나이차이가 많이 나지 않는 학교선배나 사회 선배에게 하는 인사법이다.

- **정중례**: 상체를 45° 각도로 숙이고, 시선은 전방 1.5m 정도를 향하도록 하는 인사법이다. 나이차이가 많이 나는 선배나 어르신께, 중요한 손님이나 높은 상사, 격식을 갖추어야 할 때나 감사와 사죄할 때, 스승이나 부모님께 예를 갖춘 정중한 인사를 드려야 할 때에 하는 인사법이다.

≫ 상황별 인사

- 멀리서 상사를 만났을 경우 가볍게 목례를 한 뒤 2~3m정도 가까워지면 호칭을 사용해서 인사한 뒤 상사가 먼저 지나간 다음에 이동한다.

- 휴대폰 사용 시 인사를 해야 하는 경우에는 통화자에게 먼저 양해를 구한 뒤 휴대폰을 귀에서 뗀 뒤 바르게 서서 인사한다.

- 엘리베이터 안에서 인사를 해야 하는 경우에는 적당한 목소리 톤으로 인사하며 좁은 공간이므로 목례 정도가 적당하다.

- 멀리 떨어진 거리의 계단에서 상사를 만났을 경우 눈을 보며 밝게 인사한 뒤 2~3m정도 가까워 졌을 때 계단은 위험하기도 하고 협소한 공간이므로 15° 정도의 가벼운 인사를 한다.

- 계단 위에서 계단 아래에 있는 상사를 보았을 경우에는 계단 아래로 내려가서 인사한다.

고품격 응대 매너

》 소개 매너

▲ [그림 14-8] 나이가 적고 직위가 낮은 사람을 높은 사람에게 먼저 소개한다.

- 나이가 적은 사람을 나이가 많은 사람에게 먼저 소개한다.
- 상하 관계의 경우에 지위가 낮은 사람을 지위가 높은 사람에게 먼저 소개한다.
- 남성을 여성에게 먼저 소개한다.
- 나이나 지위가 비슷한 경우 본인과 친한 사람을 상대방에게 먼저 소개한다.

》 악수

▲ [그림 14-9] 악수할 때의 이미지

- 친해지고 싶은 상대는 악수한 상태에서 7번 정도 흔든다.

- 비즈니스 만남에서는 5번 정도를 흔드는 것이 좋다.

- 평균적으로 3~4초가 적당하나 싫은 사람과 어쩔 수 없이 악수를 해야 할 경우에는 1초에 끝내기도 한다.

- 악수를 하는 적당한 거리는 50cm 정도이다.

- 악수를 할 때 두 손을 잡거나 허리를 굽히지 않는다.

- 대통령이나 왕족과 악수할 때는 머리를 숙여야 하지만 그 이외의 상황에서는 대부분 머리를 숙이며 악수하지 않는다.

- 상대가 연장자인 경우 두 손을 잡거나 잡은 손을 꼭 쥐고 오래 있는 등, 허리를 많이 숙이는 경우가 많은데 올바른 악수법이 아니다.

- 상대가 높은 윗사람일 경우 허리를 15° 정도 굽혀 목례를 한 후 악수한다.

- 악수하면서 한쪽 어깨를 껴안는 등 불필요한 과장된 행동은 품위가 없어보이므로 하지 않는다.

- 두 손으로 악수하는 것은 실례이며, 연장자의 경우 연소자의 어깨나 팔을 가볍게 두드려주면서 답례한다.

- 기혼자가 먼저 미혼자에게 손을 내민다.

- 상급자가 먼저 하급자에게 손을 내민다.

- 여성이 먼저 남성에게 손을 내민다.

- 연장자가 먼저 연소자에게 손을 내민다.

- 고객이 먼저 직원에게 손을 내민다.

- 선배가 먼저 후배에게 손을 내민다.

- 너무 세게 잡지 않는다_{반지를 낀 경우 아플 수 있으므로}.

- 손의 끝부분을 잡거나 가볍게 잡지 않는다_{상대방을 경멸하는 느낌을 주므로}.

- 너무 오랫동안 잡고 있지 않는다.

- 연소자나 하급자가 먼저 연장자나 상급자의 손을 흔들지 않는다.

- 나의 손등이 위로 가는 악수는 상대방을 지배하고 싶다는 의미로 주의한다.

- 스스로 손바닥이 위로 오게 하는 악수는 순종적인 악수이다.

- 손이 더러워서 악수를 하지 못할 경우 양해를 구한다.

- 장갑을 꼈을 경우에는 장갑을 벗고 악수한다.

- 두 손으로 하는 악수는 부탁, 명령의 의미가 있다.

- 상대가 악수를 청할 경우 남성은 자리에서 일어나서 악수하며, 여성은 앉은 채로 악수해도 무관하다.

- 손을 적당한 압壓으로 잡고, 두 손으로 잡지 않으며, 손을 잡고 흔들 때는 너무 세게 마구 흔들지 않는다. 악수를 하며 너무 허리를 과도하게 굽혀서 비굴하게 보이지 않도록 한다.

- 국가원수, 성직자, 왕족 등은 위의 기준에서 예외가 되기도 한다.

≫ 명함 건네는 매너

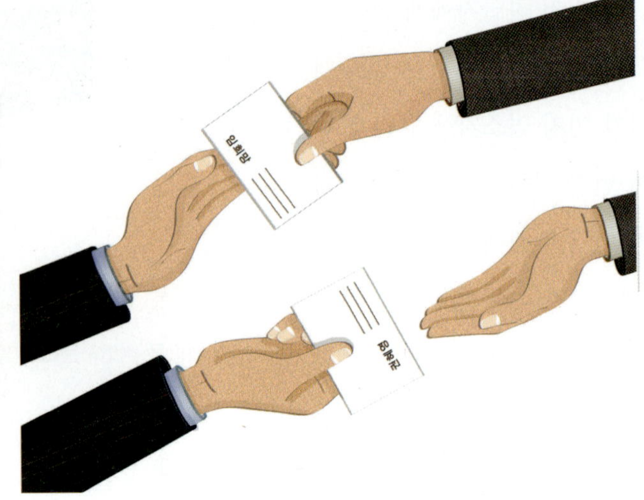

▲ [그림 14-10] 명함을 전달하는 이미지

- 하급자가 먼저 상급자에게 건넨다.

- 연소자가 먼저 연장자에게 건넨다.

- 지위에 상관없이 방문자가 먼저 건넨다.

- 여러 사람이 있을 경우에는 연장자나 상급자에게 먼저 건넨다.

- 명함을 맞교환 할 경우에는 오른손으로 상대방의 가슴 높이로 건네고, 나의 왼손바닥으로 받는다.

- 명함을 건넬 때에는 간단한 소개와 함께 명함 글씨가 상대방에게 바르게 보이는 방향으로 건넨다. 명함은 두 손으로 받으며, 성명이나 직위 등을 읽어서 기억한다.

- 받은 명함은 명함지갑에 잘 보관한다.

- 상대방보다 먼저 꺼낸다.

- 읽기 어려운 이름 글자가 있는 경우에는 정중하게 "대단히 실례합니다만, 무슨 자로 읽습니까?"라고 질문해도 무방하다.

- 응접실 등에서 한 번에 많은 사람과 명함을 교환해야 하는 경우에는 이름을 모두 기억하기 어려우므로 상대방이 앉은 좌석 위치대로 맞춰서 명함을 테이블 위에 나란히 정리해서 놓은 뒤 대화하도록 한다.

- 명함을 받은 뒤에는 직책만 부르는 것보다는 상대방의 이름을 불러주도록 하는 것이 좋다. 예를 들면 "사장님", "부장님"으로 부르는 것 보다는 "OOO 사장님", "OOO 부장님"이라고 부르는 것이 좋다.

🖋 명함 교환 후 주의사항

▶ 명함을 받고 상대방에게 본인의 명함을 건네려고 계속 찾고 있는 것은 매너에 어긋나므로 미리 준비하는데 순서는 인사와 악수가 끝난 후에 명함을 교환하도록 한다.

▶ 명함은 앉아서가 아닌 서서 주고받는 것이 매너이다.

▶ 만남을 마치고 돌아갈 때 테이블 위에 그냥 놓고 가지 않는다.

▶ 뒷주머니나 하의 주머니에 넣지 않고, 명함지갑이 없는 경우에 상의 안쪽 주머니에 잘 보관한다.

▶ 명함이 없어서 명함을 받기만 하고 건네지 못하는 일은 큰 실례이므로 피하도록 한다.

▶ 명함을 준비하지 못했을 경우에 사과의 말을 건넨뒤 메모장에 이름과 연락처를 적어서 정성스럽게 건네준다.

▶ 명함이 상대방에게 거꾸로 보이도록 건네지 않는다.

▶ 명함을 받고 책상위에 아무렇게나 놓고 대화하지 않는다.

》 호칭 매너

∷ 상급자에 대한 바른 호칭

- 상사의 직위나 성에 '님' 자를 붙인다^{예: 한사장님, 장부장님}.

- 성을 모르면 직위 뒤에 '님' 자를 붙인다^{예: 사장님, 부사장님}.

- 상사에게 자기를 호칭할 때는 성과 직위^{직명}나 '저'라고 한다^{예: 임과장}입니다.

∷ 동료직원이나 하급자에 대한 바른 호칭

- 동료직원이나 하급자에게는 성과 직위 또는 직함으로 호칭한다^{예: 이 과장, OOO씨}.

- 연장자, 선임자나 초면일 경우 '님' 자를 붙인다.

- 동료직원이나 하급자에게는 자신을 칭할 때는 '나'라고 한다.

∷ 차상급자에게 상급자를 호칭할 때

- 자신의 상사보다 더 높은 상사에게 자신의 상사를 칭할 때는 '님'자를 빼고 직책이나 직위만 사용한다^{사장님, 이 부장이 지시한 사항입니다}. 본인이 임석 하에 지시를 전달해야 할 때는 '님'자를 붙인다.

- 윗항렬 친족이나 외부인사와 대화할 때는 "이부장께서….." 하는 식으로 말한다.

∷ 틀리기 쉬운 호칭

- 남자직원이 여자직원이나 후배여직원을 부를 때는 OOO씨로 부르며 직위가 있을 경우에는 성에 직위를 붙여서 부른다.

- 아래 남자직원이 선배 여자직원을 부를 때는 "선배님"이나 직위를 부른다.

- 문서에 나타내는 직급에는 '님' 자는 붙이지 않는다^{'사장 직접주문사항', '부사장 특별지시'}

- 경어는 사람에게만 사용한다^{사장 책상, 사장실, 부장 자동차, 과장 결과 보고서}

- 아랫사람이 윗사람에게는 "수고하셨습니다", "수고하세요"라는
  표현은 쓰지 않는다.
- 다른 회사에서 자신의 회사를 칭할 때는 "저희 회사"라고 말한다.

》 안내 매너

▲ [그림 14-11] 안내자가 방문객을 안내하는 매너

외부 방문객을 안내할 때는 방문객보다 앞에 서서 안내하는데 두 걸음
정도 앞부분에서 한쪽으로 비켜 선 상태에서 안내를 하도록 한다. 이 때
방문객은 복도 중앙으로 안내에 따라 걷도록 하고 안내자는 등을 보이
지 않도록 안내하는 것이 예의이다. 그리고 가끔씩 외부 방문객을 뒤돌
아보면서 거리가 많이 떨어지지 않도록 주의하며, 모퉁이를 돌아야 할
때에는 뒤를 돌아보면서 방문객과의 거리를 확인하고 안내해야 할 방향
으로 방향을 가리켜 친절하게 안내하도록 한다. 이때 손가락이 벌어지
지 않도록 해서 친절하고 공손하게 안내하며, 시선은 방문객의 눈, 가리
키는 방향, 고객의 눈으로 이동하면서 방문객이 정확히 이해했는지 확
인하면서 안내한다.

:: 계단 안내 매너

상사와 함께 계단을 올라갈 때는 상사가 먼저 올라가고 뒤따라 올라가며, 내려올 때는 아랫사람이 먼저 내려가고 상사가 뒤에 내려온다. 남녀가 함께 계단을 오를 때는 여성의 짧은 치마 등을 배려해서 남성이 먼저 올라가고 여성이 뒤따라 올라가며, 내려올 때는 여성이 먼저 내려간다 **계단이 좁거나 위험한 경우에는 남성이 밑에서 여성을 잘 내려올 수 있도록 도와준다**. 계단에서 안내할 때에는 방문객보다 한 두 계단 아래에서 안내하며 올라가며 방문객이나 상사가 중앙에 서도록 하고 약간 비켜선 뒤 상황에 맞게 안내한다. 내려올 때는 방문객보다 한 두 계단 앞서 내려오며 안내한다.

:: 엘리베이터 안내 매너

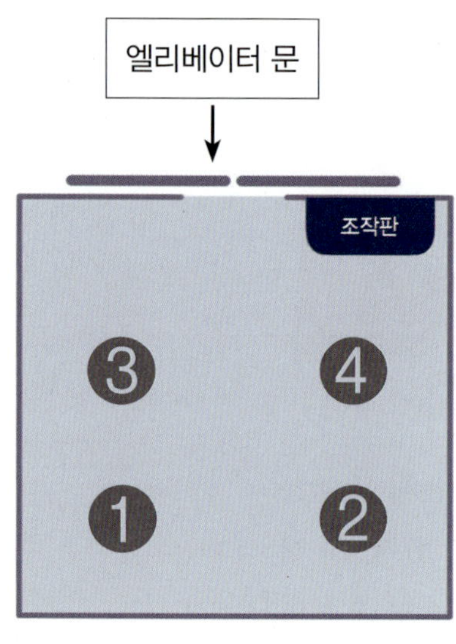

▲ [그림 14-12] 엘리베이터에서의 안내 매너

"몇 층으로 안내하겠습니다"라고 사전에 행선 층을 말하고 이동한다. 상석은 엘리베이터에 들어가서 우측이지만 방문객이나 상위자가 중앙에 선 경우에는 그 주변에 서도록 한다. 엘리베이터 자체 내에 안내자가 있는 경우와 없는 경우에 따라서 상황이 달라진다.

- **엘리베이터 승무원이 있는 경우**
  - **탑승 시**: 방문객이나 상사가 먼저 타고 안내자가 나중에 탄다.
  - **내릴 때**: 안내자가 먼저 내리고 방문객이나 상사가 나중에 내린다.

- **엘리베이터 승무원이 없는 경우**
  - **탑승 시**: 안내자가 먼저 타고 방문객이나 상사가 나중에 탄다.
  - **내릴 때**: 방문객이나 상사가 먼저 내리고, 안내자가 나중에 내린다.

:: 응접실 안내 매너

▲ [그림 14-13] 응접실 안내 매너

방문객을 고객응접실까지 안내하면 "여기입니다"라고 말한다. 응접실에 들어가기 전에는 안에 아무도 없더라고 반드시 노크한 후 문을 열도록 한다. 응접실 문을 여는 방식에 따라서 안내 방법이 달라진다.

- **응접실 문을 여는 방식에 따른 안내 방법**
  - **당기는 문**: 안내자는 문을 당겨서 방문객이 안전하게 들어가도록 안내한 뒤 나중에 들어간다.
  - **미는 문**: 안내자가 먼저 문을 열고 들어가서 문 안쪽에 서서 문의 손잡이를 잡고 방문객이 실내로 안전하게 들어오도록 한다. 방문객이 완전히 들어온 것을 확인 한 후에 안내자가 나중에 이동한다. 응접실의 상석은 출입문과 가장 먼 곳이 상석이다.

▲ [그림 14-14] 자리 안내 매너

응접실이나 방문객을 맞이하는 장소는 출입문에서 가장 먼 자리가 상석이며, 벽면에 좋은 그림이 보이는 곳을 등지고 앉는 자리나 창밖의 아름다운 풍경이 보이는 쪽이 상석이 된다. 좋은 그림이나 풍경이 앉은 방문객의 뒷배경이 될 수 있도록 한다. 또한 책상이 있는 공간의 경우 책상과 거리가 멀리 떨어진 곳이 상석이며, 책상과 가까운 자리는 주인석이다. 긴 소파는 방문객용이고, 팔걸이가 있는 소파는 주인석이다.

안내하기 전에 이미 방문객이 상석이 아닌 곳에 앉았다면 "저쪽으로 앉으십시오"라고 상석으로 다시 안내해서 앉도록 한다. 자리 안내 시 "이쪽으로 앉으십시오"라고 오른손으로 자리를 가리키며 친절하게 안내한다. 면담 중에는 노크하고 목례하고 들어오며, 중요한 연락 내용은 메모지에 메모하여 전달한다. 면담 중에 상급자가 들어왔을 경우에는 반드시 일어나서 방문객을 상사에게 소개하고 방문객과 상사가 자리에 앉은 다음에 자리에 앉는다.

▲ [그림 14-15] 약속명가(출처: http://beautymade.com)

▲ [그림 14-16] 약손명가(출처: http://beautymade.com)

　회의시 출입구의 위치에 따라서 상석과 말석이 결정된다. 출입구에서 가장 먼 가운데 중앙 자리가 ❶의 자리이고, 출입구로부터 먼 곳이 ❷의 자리가 된다. ❶의 자리에서 ❷와 ❸의 자리가 같은 라인일 경우에는 ❶의 자리에서 오른쪽이 ❷의 자리가 된다. 정면에서 보았을 때는 ❶의 자리의 왼쪽에 앉아 있는 사람이 ❷가 되는 것이고 오른쪽에 앉아있는 사람은 ❸이 되는 것이다.

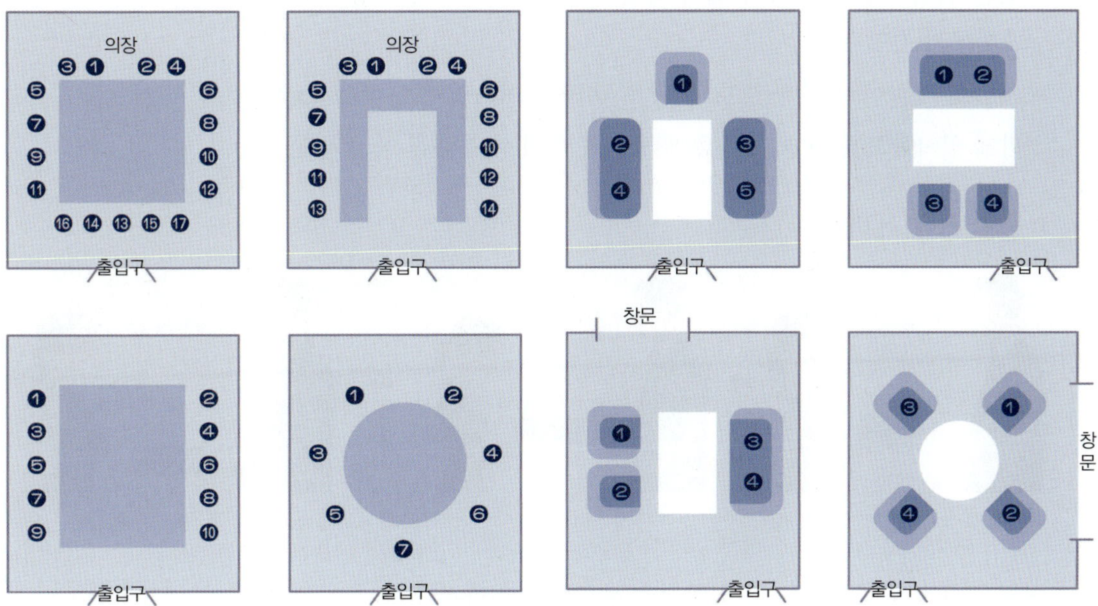

▲ [그림 14-17] 테이블 배치와 출입구 위치에 따라 달라지는 상석

》 차 대접 매너

- 노크한 뒤 "실례합니다"라고 말한 뒤 목례를 하고 응접실로 들어온다.

- 방문객 앞에서 쟁반을 가슴 높이 정도에 두고 인사한다.

- 보조테이블에 쟁반을 내려놓고, 오른손으로 받침접시를 들고 왼손으로 오른손을 받쳐서 두 손으로 정성스럽게 방문객 앞에 차를 낸다.

- 방문객을 먼저 내고, 상석부터 차를 내며, 찻잔의 위치는 방문객의 약간 우측에 내며, 찻잔의 손잡이나 티스푼 손잡이는 방문객의 위치에서 오른쪽으로 향하도록 한다.

- 컵을 건넬 때는 상대방의 입이 닿을 부분에 본인의 손이 닿지 않도록 주의해서 전한다.

- 쟁반의 상단이 몸쪽에 오도록 팔을 내려 자연스럽게 쟁반을 잡은 뒤 밝게 인사하고 등이 보이지 않게 출입문 앞에서 목례를 하고 나온다.

:: 물건 전달 시 매너

▲ [그림 14–18] 물건 전달할 때의 시선

- 밝은 표정과 목소리로 고객의 눈을 부드럽게 바라본다.

- 상대방에게 바른 방향이 되도록 물건을 건네며 시선은 '상대방의 눈
➡ 전달 물건 ➡ 상대방의 눈'으로 밝게 미소 지으며 건넨다.
- 선물이나 영수증, 기타 물품을 고객에게 전달 시에는 바닥에 내려놓
고 밀어서 전달하지 않고 반드시 두 손으로 정성스럽게 전달한다.

:: 손님 배웅 매너

▲ [그림 14-19] 손님 배웅시 엘리베이터까지 정중히 배웅한다.

귀한 손님이 방문 후 돌아 갈 때는 반드시 배웅을 하도록 한다. 엘리
베이터가 있는 경우 엘리베이터 문이 닫힐 때까지 배웅하며, 상대방에
따라서 정문이나 현관까지 배웅하기도 한다. 배웅할 때 더욱 정중히 인
사한다.

≫ 전화 매너

:: 전화 응대의 기본

- 목소리에도 표정이 있으며 매력을 느낄 수 있다. 친절하고 밝은 목소리로 전화 응대한다.

- 내용은 간단, 명료하게 한다.

- 정확한 발음과 표준어로 한다.

- 정성스런 마음으로 집중해서 통화한다.

:: 전화 받는 매너

- 전화벨이 3번 이상 울리기 전에 받는다.

- 늦게 받은 경우 "늦게 받아 죄송합니다."라고 말한다.

- 전화기를 왼손으로 받고 오른손으로 메모할 준비를 한다.

- "안녕하십니까? OO과 OOO입니다."라고 받는다 _{앞의 인사말은 기관에 따라서 적절한 것으로 정해서 통일하는 것도 좋은 방법이다}.

- 집중해서 상대방의 내용을 경청하고 "아 ~ 네 OOO를 원하신 다는 말씀이시군요?"라고 재확인 한 뒤 잘 메모하고 끝인사로 전화를 끊는다. 끝인사는 "감사합니다. 지금까지 상담원 OOO였습니다. 행복한 하루 되십시오."라든가 듣기 좋은 인사말을 정해서 상대방에게 전달하고 상대방이 먼저 끊은 것을 확인한 뒤 수화기를 내려놓는다.

:: 전화 거는 매너

- 전화 거는 목적과 전달사항을 잘 전달하기 위하여 필요한 자료나 서류를 미리 준비한다.

- 왼손으로 수화기를 들고 오른손으로 전화번호를 정확하게 누른다.

- 인사말을 정중하게 건넨 뒤 소속과 직위, 이름을 말하고 상대방이 누구인지 확인한다.

- 통화 가능여부를 확인한 뒤 육하원칙언제, 어디서, 누가, 무엇을, 어떻게, 왜에 따라서 전화를 건 용건을 간략하게 말한다.

- 마무리 인사말을 공손하게 한 뒤 상대방이 먼저 끊은 것을 확인한 뒤 수화기를 내려 놓는다.

- 다른 사람을 바꿔 달라고 할 때 "실례지만 OOO님과 통화하고 싶은데 자리에 계시면 연결 부탁드립니다."라고 한다.

:: 전화 연결 매너

- 전화 받을 사람을 정확히 확인한다"OOO부장님과 통화를 원하신다는 말씀이시죠? 곧 연결해 드리겠습니다. 잠시만 기다려 주십시오, 혹시 연결이 안 되고 끊어질 경우에는 내선번호 OOO번으로 하시면 됩니다."라고 말한 뒤 연결한다.

- 전화를 받을 사람이 통화가 안 될 경우에는 상황설명을 하고 전화 요청이나 메모 전달 등 정확히 확인 후 전달하도록 한다.

Tip **부재시 전화 메모 사항**

[   ]님께

날   짜 : ______월 _____일 _____시 _____분
전 화 하 신 분 : _________________________님
용건, 메모 사항 : _________________________
전 화   번 호 : 000-0000-0000

□ 전화 옴　　　　□ 전화 통화 희망
□ 메모 전달 희망　　□ 다시 전화하실 계획

메   모 :

:: 전화 통화시 기본 화법

- "안녕하십니까? OO에 OOO입니다."
- "죄송하지만 제가 잘 못 들었는데 다시 한 번 말씀해주시겠습니까? "
- "오래 기다리게 해드려서 죄송합니다."
- "메모 부탁드리겠습니다."
- "OO라는 말씀입니까?"
- "예, 잘 알겠습니다."
- "바쁘시겠지만, OO 해주시겠습니까?"
- "잘 알겠습니다. 안녕히 계십시오."
- "지금 자리에 계시지 않는데, 괜찮으시다면 제가 전해 드리겠습니다."

:: 전화통화시 준비 상항 및 주의점

- "여보세요" 라는 말은 지양하고 인사말과 소속, 이름을 밝히는 순으로 하는 것을 지향한다.
- 잘 알지도 못하는 내용을 애매모호한 답변으로 대충 통화하지 않으며, 잘 아는 담당자를 연결해준다.
- 공적인 공간에서 개인적인 전화통화를 오래 하지 않는다.
- 전화 통화 중간에 상대방의 양해 없이 개인적인 업무를 하며 통화하지 않는다.
- 명령조나 매우 강한 어투로 말하지 않는다.
- 수화기를 입에 너무 가까이 대지 않으며 5cm 정도 뗀 후 통화한다.
- 일방적으로 본인의 할 말만 하고 끊거나 상대방이 용건을 모두 말하기 전에 전화를 끊지 않는다.
- 너무 늦은 밤, 이른 아침, 식사시간 등은 피한다.
- 전화가 잘못 걸린 경우 "죄송합니다. 제가 전화를 잘못 걸은 것 같습니다."라고 사과한다.
- 전화 통화가 끝난 뒤 "들어가십시오."라는 끝인사는 하지 않는다.

:: 휴대전화 매너

• 사적인 공간 이외에는 벨소리를 진동으로 한다.

• 운전 중에는 휴대전화를 사용하지 않는다.

• 병원 수술실 앞이나 비행기 내에서는 반드시 전원을 끈다.

• 통화 시 타인에게 피해를 주지 않도록 한다.

〉〉 보고 매너

• 메모할 것을 준비한다.

• 결론부터 말하고 과정을 말한다 결론, 내용, 경과 및 소견 순으로 사실에 입각하여 객관적인 보고를 한다.

• 보고는 지시자에게 직접 보고하며, 정확한 수치와 데이터를 토대로 객관적으로 보고한다.

• 일이 끝나는 대로 즉시 보고하며, 진행과정이 길어서 결론이 나지 않았을 경우 중간보고를 통해서 진행 상황을 정확하게 보고한다.

• 단정한 외모와 공손한 자세로 차분하게 보고한다.

생활 속의 매너 1:
승용차·대중교통 이용시 매너

》 승용차 동승 매너

- 운전 비서나 택시와 같은 별도의 운전자가 있는 경우: 운전사와 대각선 뒷자리가 상석, 그 옆 자리가 2등석, 운전석 바로 옆 자리는 3등석이다. 4명이 탈 경우에 뒷자리 가운데 자리가 말석이다.

- 택시의 경우 여성이 운전기사에게 지시한다.

- 자가용의 차주가 직접 운전할 경우: 운전석의 옆자리에 앉도록 한다.

- 문이 2개인 지프차의 경우: 운전석 옆 자리가 상석이다.

- 운전자의 부인이 탈 경우: 운전석 옆자리가 부인석이다.

- 승용차에 탑승 시 윗사람이 먼저 타고, 아랫사람이 나중에 탄다.

- 승용차에서 하차 시 아랫사람이 먼저 내리고, 윗사람의 하차를 돕는다.

- 상석에 따른 순서와 관계없이 스커트를 입은 여성이 있다면 뒷자리 가운데 말석에 앉지 않도록 한다.

- 승용차 문을 열고 시트에 먼저 앉고 난 뒤, 다리를 가지런히 모아서 차안으로 들여놓는다.

- 승용차에서 내릴 때에는 다리를 모아서 먼저 내놓은 뒤 차 밖으로 나온다.

운전기사가 있을 경우

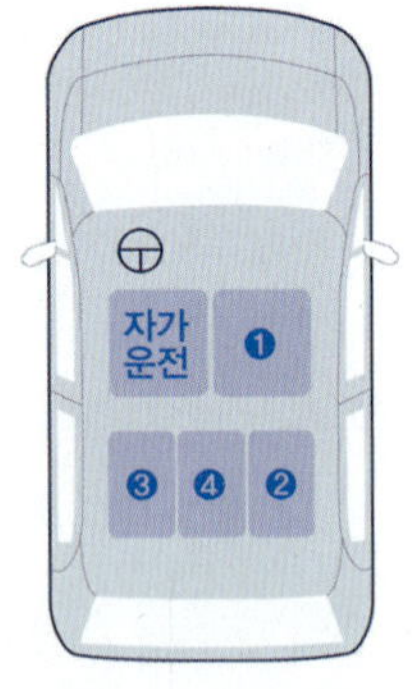

자가 운전의 경우

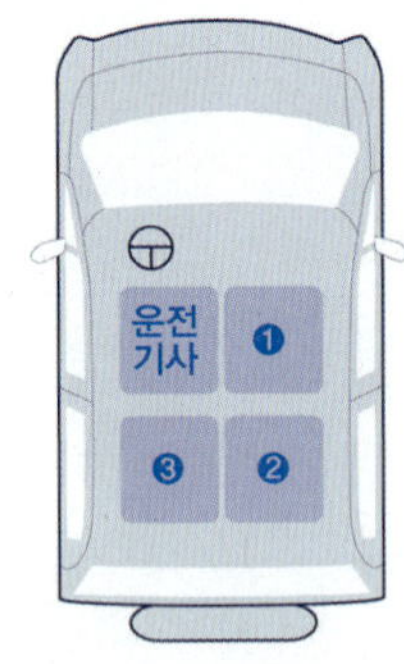

지프의 경우

▲ [그림 14-20] 승용차의 좌석 배열

>> 대중교통 이용시 매너

- 버스나 지하철, 기차 안에서 다리를 벌리고 앉지 않는다.

- 기차와 같은 좁은 통로에는 짐을 놓지 않는다.

- 노약자석에 일반인이 앉지 않는다.

- 지하철과 같은 혼잡한 대중교통수단 안에서 다른 사람 몸에 너무 가까이 접촉되지 않도록 간격을 유지한다. 가방 등의 소지품을 이용하는 것도 요령이다.

- 대중교통 승차 시에는 여성이 먼저 오르고, 남성이 나중에 오르며, 하차 시에는 남성이 먼저 내리고, 여성이 나중에 내린다. 어르신과 같은 노약자, 임산부 등을 먼저 안전하게 배려한다. 음악이나 방송을 크게 틀어 놓고 듣지 않는다.

- 버스에서는 운전기사의 바로 뒤쪽 창가 자리가 상석이다.

- 기차에서는 창가 쪽이 상석이고, 통로 쪽이 말석이다.

- 기차 내에서 네 사람이 마주보며 이동하는 경우에 이동하는 방향의 창가 자리가 상석, 그 맞은편이 2등석, 첫 번째 상석 옆자리가 3등석, 그 맞은편 자리가 말석이다.

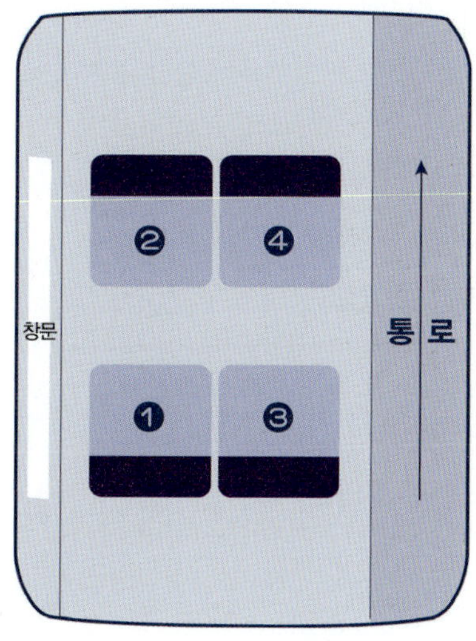

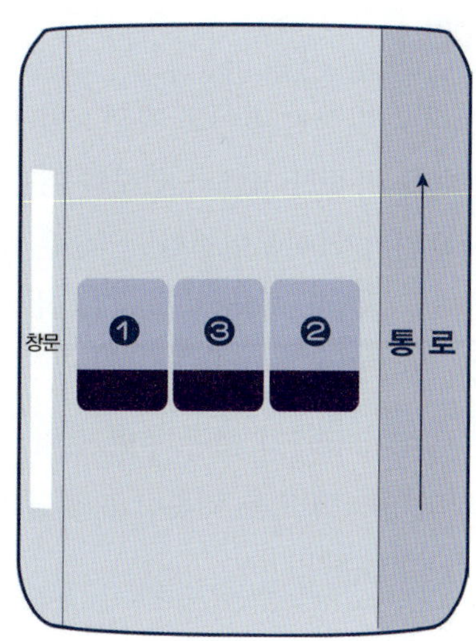

▲ [그림 14-21] 기차, 비행기에서의 상석과 말석

》 비행기에서의 매너

- 코트나 가벼운 짐은 선반에 올려놓고, 무거운 짐은 자신의 아래 바닥에 놓는다.
- 기내 서비스를 받을 경우에는 승무원에게 "감사합니다."라고 한다.
- 옆 좌석의 승객과 대화를 하고 싶을 경우에는 본인 소개를 먼저 한 뒤 다른 좌석에 앉은 사람에게 피해가 되지 않게 조용히 가벼운 대화를 한다.
- 장시간의 여행의 경우 슬리퍼나 가벼운 옷차림을 하는것은 무방하나 양말을 벗거나 속옷차림 등의 과한 행동은 피하도록 한다.
- 국제선의 경우 면세품을 기내에서 판매하는데 면세품 안내서를 보고 구입하고자 하는 물품은 정한 뒤 판매 왜건^{wagon}이 근처에 가까이 왔을 때 구입하도록 한다. 판매 왜건^{wagon}이 자리에서 멀리 떨어져 있는데도 일어나서 난리 야단법석을 떠는 일은 품격이 떨어져 보이고 좋은 이미지를 줄 수 없으므로 피하도록 한다.
- 안내방송에 따라서 안전벨트를 반드시 착용하며 금연 등 기내 준수 사항에 철저히 따른다.

》 유람선에서의 매너

상대방을 소개받는 정식 과정이 없이도 자연스럽게 교제가 가능한 장소이며, 갑판 위에서 처음 마주친 사람과 식사와 차를 마시며 대화를 할 수 있는 자유스러운 분위기가 이루어진다. 의상은 일반적으로 낮에는 스포티하고 가볍게 입고, 밤에는 정장을 입는다. 여성은 드레스를 입고, 남성은 턱시도를 입는 것이 일반적이다.

유람선에서의 팁은 여행이 끝나갈 때쯤 주며 서비스 정도에 따라서 금액이 달라지는데 운임의 10% 정도를 기준으로 식당의 웨이터나 서비스를 제공한 사람에게 나누어 준다.

생활 속의 매너 2: 여가 생활과 관람 매너

》쇼핑 매너

▲ [그림 14-22] 쇼핑 매너

• 직원에게 말을 놓거나 무례한 행동을 하지 않으며, 공손하게 상품 정보를 묻거나 도움을 청한다.

• 가격이 정해진 정찰제 매점에서 할인을 요구하지 않는다.

• 마음에 드는 물건이 없을 경우에는 "감사합니다. 안녕히 계세요"라고 인사한다.

》공연 관람 매너

• 이동전화는 전원을 끄거나 무음으로 놓는다.

• 영화나 연극이 시작되기 10분 전에 착석한다.

• 공연이 시작되면 음식물을 먹지 않는다.

• 착석한 뒤에는 가급적 이동하지 않는다.

• 막이 내릴 때까지 일어나지 않는다.

▲ [그림 14-23] 공연 관람 매너

≫ 박물관 및 전시장 매너

- 박물관 내에 전시물품에 손을 대지 않는다.

- 사진을 허가 없이 촬영하지 않는다.

- 안내자의 지시에 따라서 질서 있게 이동한다.

- 큰소리로 이야기 하지 않는다.

- 한 곳에 오래 머물거나 다른 관람객을 방해하지 않는다.

- 다른 관람객과 부딪혔을 경우 "실례합니다"라고 말한다.

▲ [그림 14-24] 박물관 및 전시장 매너

≫ 음악회장 관람 매너

- 클래식한 음악회의 참석의 경우 포멀한 정장을 입도록 한다.

- 음악회 시작 10분 전에 본인의 자리를 정확히 확인한 후 착석한다.

- 타인을 앞을 지나가야 할 경우에는 작은 소리로 "실례합니다"라고 말한다.

- 음악회장에 남녀가 함께 갔을 경우 여성이 앉고 난 후에 남성이 앉는다.

- 곡이 모두 끝났을 때 박수를 친다.

- 퇴장 시에는 연주가 완전히 끝난 뒤에 움직이며 여성이 겉옷을 입는 것을 남성이 도와준 뒤 남성의 겉옷을 입고 함께 퇴장한다.

▲ [그림 14-25] 음악회장 관람 매너

생활 속의 매너3:
테이블·식사·와인 매너

》 테이블 매너

- 즐거운 분위기 속에서 맛있게 식사를 하는데 목적이 있는 만큼 상대 방에게 피해를 주지 않고 약속 시간보다 늦지 않도록 한다.

- 고급 레스토랑의 경우 사전 예약을 반드시 한다.

- 캐주얼한 복장이나 편한 복장은 피하며 정장을 입도록 한다.

- 진한 향수를 과도하게 많이 뿌리지 않는다.

- 레스토랑에 도착해서 안내원이 올 때까지 기다렸다가 안내에 따르며 절대 임의로 아무 좌석이나 가서 앉는 일은 없도록 한다.

- 지위가 높거나 중요한 사람이 누구인지 생각하고 웨이터가 맨 처음 의자를 빼주는 자리가 상석이 므로 중요한 손님이 앉도록 한다.

- 연장자나 지위가 높은 사람 혹은 여성 을 본인의 오른편에 앉도록 한다.

- 남성과 여성이 함께 찾은 레스토랑에서 는 여성이 착석한 다음 남성이 앉는다.

- 초대자로부터 상석의 지정을 권유받았을 경우 사양하는 것은 실례이다.

- 여성의 핸드백은 앉은 등 뒤 의자 등받이 앞에 놓으며 남성은 여성이 의자에 앉도 록 도와준다.

▲ [그림 14-26] 테이블 착석시 핸드백의 바른 보관 위치

- 두꺼운 외투나 너무 큰 가방은 레스토랑에 들어와서 리셉션에 맡기고 테이블로 이동한다.
- 허리를 반듯하게 펴고 바른 자세로 의자에 앉는다.
- 멀리 있는 냅킨이나 양념은 가까이 앉은 사람에게 부탁하며, 절대 스스로 일어나서 멀리 있는 것을 가져오는 일이 없도록 한다.
- 냅킨은 초대자^{연장자, 여자}가 다리에 펼친 후 자연스럽게 따라서 자신의 다리에 펼친다.
- 냅킨은 1/3 정도 접힌 부분이 몸 쪽을 향하도록 다리 위에 펼친다.
- 식사 중간에 냅킨을 식탁위에 올려놓지 않도록 한다^{식사가 입맛에 맞지 않거나 식사가 모두 끝났다는 표시이다}.
- 식사 중에 이동해야 할 경우 냅킨은 의자에 올려두고 이동한다.
- 식사가 모두 끝나면 냅킨을 가볍게 접어서 본인의 접시 왼쪽 부분에 올려놓는다.
- 식탁에서 물이나 와인을 흘렸을 경우 냅킨으로 닦지 않으며 종업원을 불러서 닦아주도록 부탁한다.
- 종업원을 큰소리로 부르거나 "여기요" 하면서 일어나는 등의 행동을 하지 않고, 눈이 마주쳤을 경우에 "실례합니다"라고 말하며 부탁한다.
- 식사 중 냅킨을 사용해서 입을 가볍게 닦을 때에는 입을 강하게 문지르며 닦는 행동은 해서는 안 되고 입술을 가볍게 톡톡 두드리며 닦아주며 냅킨에 립스틱이 묻지 않도록 조심한다.

▲ [그림 14-27] 식사 여부를 냅킨의 위치로 표시한다.

◀ [그림 14-28] 신발은 그림과 같이 출구 쪽으로 향하도록 정리해서 놓는다.

- 너무 큰 소리나 거부감을 갖게 하는 웃음소리는 내지 않는다.
- 예약시 날짜, 시간, 참석인원은 물론 예약자 이름과 연락처를 반드시 남긴다.
- 모임의 목적 및 식사 메뉴를 미리 정한다.

》 식사 매너

- 종업원이 메뉴북을 가져오면 천천히 보고 선택한다.
- 메뉴를 정하고 갔어도 메뉴북을 천천히 보고 확인한 뒤 주문한다.
- 메뉴를 선택하고 나면 메뉴북을 덮어놓은 뒤 종업원이 가까이 오면 메뉴북을 열어서 들고 주문한다.
- 착석하자 마자 메뉴를 성급하게 선택하여 주문하지 않는다.
- 메뉴 주문은 초대자나 남성, 식사를 제안한 사람이나 식사를 사는 사람이 주문한다.
- 레스토랑에서 머리를 만지거나 얼굴, 옷 등을 만지는 일이 없도록 한다. 이유는 식사 전 비위생적으로 보일 수 있기 때문이다.
- 물잔은 앉은 좌석에서 오른쪽에 있는 것이 본인의 것이고, 샐러드와 빵은 왼쪽의 것이 본인의 것이다^{좌빵우물}.
- 식전주를 권유받았을 경우에는 술을 못한다하더라도 모임을 갖은 구성원 간의 분위기를 좋게 하기 위함이니 반드시 샴페인은 받도록 한다.
- 수프는 나오자마자 후추나 소금을 뿌리는 것이 아니며, 한 스푼 맛을 본 뒤에 개인기호에 맞게 뿌려서 먹는다.

- 공식적인 자리에서 빵을 수프에 찍어 먹는 일은 없도록 한다.

- 상대방의 식사 속도에 맞추어 식사한다.

- 소리 내서 음식을 먹지 않는다.

- 웨이터를 부를 때 엄지와 중지 손가락으로 "딱" 소리를 내서 부르는 경우가 있는데 점잖은 자세가 아니다.

- 식사가 시작된 이후에 의자를 당겨앉는 다거나 의자 거리를 수정하는 것은 피한다.

- 다리를 꼬고 앉지 않는다. 냅킨이 밑으로 떨어질 경우 냅킨을 줍기 위해 꼰 다리를 푸는 과정에서 식탁 밑 부분을 치게 되면 위험한 상황이 생길 수도 있다.

- 의자에 앉자 마자 냅킨을 바로 무릎에 펴지 않는다.

- 냅킨을 목 부분에 끼우거나 상의 단추나 주머니에 거는 등의 행동을 하지 않는다.

- 수프는 내 앞에서 반대편 방향으로 살짝 뜨는 느낌으로 먹도록 한다.

- 수프를 먹을 때 소리 내서 먹지 않도록 주의한다.

- 빵은 처음부터 끝까지 리필이 된다.

- 빵은 수프를 먹은 뒤에 먹으며 나이프로 잘라서 먹지 않는다.

- 음식이 담긴 접시를 잡고 식사하지 않도록 하며, 왼쪽 팔을 테이블 위에 절대 올려놓지 않는다.

- 식사 접시는 서버가 놓아주는 대로 식사하며, 본인이 임의로 위치를 바꾸거나 움직이지 않도록 한다.

- 식사 중 이물질이 섞여 있는 경우에는 함께 식사하는 사람에게 말하지 말고, 조용히 종업원에게 도움을 요청한다. 입 안에 있는 것을 뱉어야 하는 경우에는 왼손이나 냅킨으로 가린 뒤 보이지 않게 뱉어낸다.

- 기침이 날 때에는 얼굴을 돌려서 팔 소매 부분으로 입을 가리고 하며, 기침이 매우 심할 경우에는 양해를 구하고 밖에 나가서 하고 온다.

▲ [그림 14-29] 레스토랑에서 메뉴북을 확인하는 모습

- 포크는 밖에 놓인 것부터 안쪽으로 하나씩 사용한다.

- 포크의 크기에 따라서 용도가 다른데 작은 것은 샐러드용 큰 것은 육류용이다.

- 포크 사용 시 손잡이 부분을 왼손으로 잡고 고정한 뒤, 나이프로 자른다. 이때 나이프의 사용 시 올바른 각도는 4시 방향이다.

- 고기를 미리 잘라놓으면 식고 맛이 떨어지므로 먹으면서 자른다.

- 나이프로 음식을 먹거나 나이프를 들고 대화하지 않는다.

- 식사 도중 포크나 나이프를 떨어뜨렸을 경우에 본인이 직접 줍지 않으며 서버에게 도움을 요청한다.

- 가정으로 초대받아서 식사하는 중간에 포크나 나이프를 떨어뜨린 경우에는 옆에 앉은 분에게 피해가 되지 않게 숙여서 줍고 다른 것으로 부탁한다.

- 나이프는 오른손에 포크는 왼손에 사용하며 음식을 컷팅한 뒤에는 오른손에 포크를 들고 식사해도 무방하다.

- 식사 중간에 몸 상체를 좌우로 너무 많이 움직이거나 말을 많이 하지 않도록 한다.

- 식사 중에는 포크와 나이프의 간격을 떼서 "人" 모양으로 접시 위에 올려 놓는다.

- 나이프를 내려놓을 경우에는 나이프의 칼날부분이 밖을 향하지 않고 자신의 방향으로 위치하게 내려놓는다.

- 식사가 모두 끝나면 포크와 나이프를 접시의 오른쪽에 나란히 놓는데 포크가 안쪽, 나이프가 바깥쪽에 오도록 비스듬히 놓는다.

- 식사가 모두 끝났다고 해서 종업원의 편의를 돕기 위해서 빈 접시를 모아서 이동시켜 준다든지 휴지를 모으는 행동 등은 하지 않도록 한다. 초대받은 손님답게 품위 있는 행동을 하도록 한다.

- 생선은 한쪽 면을 다 먹었다고 해서 뒤집어서 먹지 않는다.

1 포크로 생선의 머리를 고정시킨 뒤 나이프로 꼬리부분까지 가른다.

2 반으로 가른 생선 위쪽의 1/2을 먼저 먹고 나머지는 나중에 먹는다.

3 뼈 밑 부분에 남아있는 생선의 살 부분을 뒤집지 않으며, 포크로 생선의 머리를 고정시킨 뒤, 나이프를 생선의 뼈 바로 아래에 넣어서 꼬리까지 분리해서 떼어낸다.

4 남아있는 생선의 살을 먹는다. 생선을 먹을 때에는 뒤집지 않도록 한다.

▲ [그림 14-30] 생선 요리 먹는 순서

Tip 생선 요리 먹을 때 주의할 점

▸ 생선 요리의 살은 포크로 먹는다.
▸ 가시를 입안에서 꺼내야 하는 경우에 테이블이나 접시에 입을 가까이 대고 직접 뱉지 않으며, 포크를 이용해서 받아낸 후 접시 한쪽에 놓는다.

▲ [그림 14-31] 양식 테이블 세팅의 기본

❶ 서비스 접시
❷ 냅킨
❸ 수프 스푼
❹ 오르되브로 나이프
❺ 생선용 나이프
❻ 고기용 나이프
❼ 고기용 포크
❽ 생선용 포크
❾ 오르되브로 포크
❿ 빵 접시
⓫ 커피 스푼
⓬ 후르츠 포크
⓭ 후르츠 나이프
⓮ 아이스크림 스푼
⓯ 버터 나이프
⓰ 버터 홀더
⓱ 냉수용 글래스
⓲ 샴페인 글래스
⓳ 적포도주 글래스
⓴ 백포도주 글래스

• 메인 테이블 앞에 오랜 시간 멈추어 서 있
 지 않는다.

• 음식은 먹을 양 만큼만 가져온다.

• 입식 파티이므로 장시간 의자에 앉아있지
 않는다.

• 사용한 접시에 음식을 담아오지 않는다.

• 접시는 한 사람이 한 개씩 사용한다.

• 커피를 마실 경우 작은 접시를 사용한다.

• 접시가 깨끗할 때는 접시 위에 글래스를 올
 려 놓아도 된다.

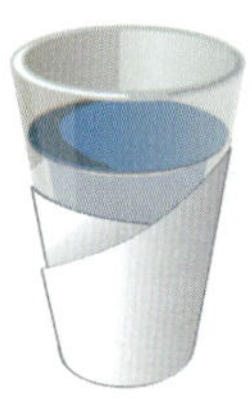

• 글래스에 감긴 냅킨은 벗겨내지 않는다.

• 사용한 접시는 메인 테이블에 놓지 않는다.

▲ 접시와 포크 잡는 방법

▲ 음식을 먹고 마시는 방법

▲ [그림 14-32] 입식 파티 매너

포크를 오른손에 들고 스파게티를 깔끔하게 왼손에 든 스푼에 감아서 먹는다. 스푼이 안 나오고 포크만 나온 경우에는 포크로 접시의 끝부분에 대고 스파게티를 깔끔하게 잘 감아서 먹는다.

≫ 포크와 나이프 쥐는 법

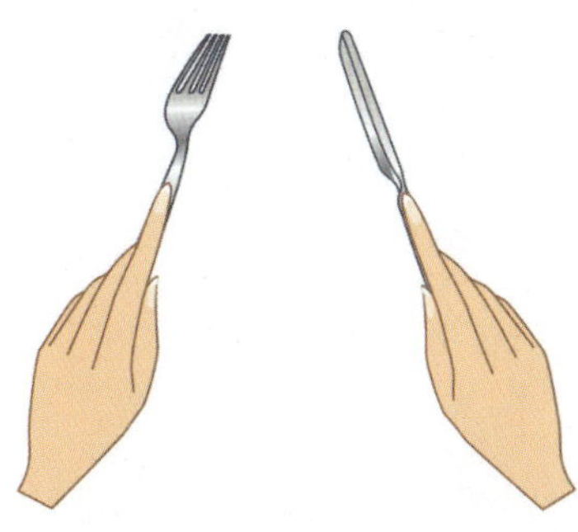

▲ [그림 14-33] 올바른 포크와 나이프 쥐는법

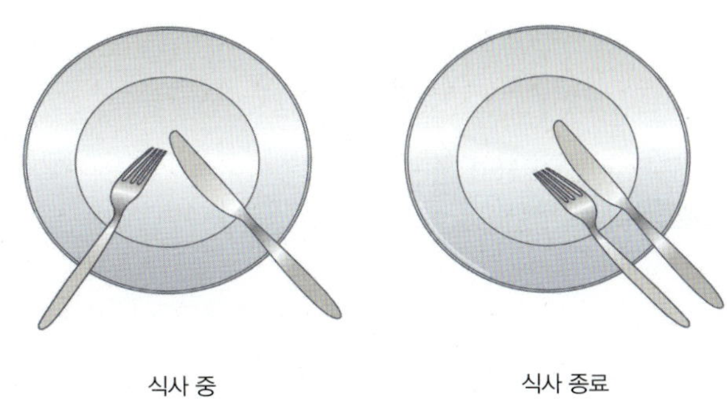

▲ [그림 14-34] 식사 진행 여부를 포크와 나이트로 표시한다.

- 식사 중인 사인: 포크와 나이프를 그림과 같이 '八(팔)' 자형으로 놓는다.
- 식사 종료의 사인: 포크와 나이프를 오른쪽을 가지런히 놓는다.

≫ 회전탁자에서의 매너

- 회전탁자의 회전 방향은 시계방향이다.
- 요리를 먼저 덜 때는 "먼저 실례합니다"라고 말하고 요리를 던 후 옆 사람에게 테이블을 돌려놓는다.
- 다른 사람이 요리를 덜고 있을 때 테이블을 돌리지 않는다.
- 본인의 컵이나 접시는 회전탁자에 올려놓 지 않는다.
- 자신의 앞에 요리가 돌아 왔을 때 옆 사람 에게 "먼저 드세요"라고 양보하는 것은 바 람직하지 않다.
- 한 바퀴 돌아온 음식이 남아 있다면 더 덜 어서 먹어도 좋다.

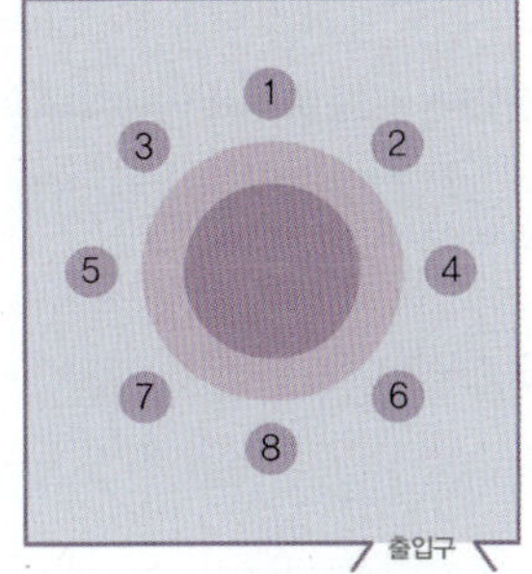

▲ [그림 14-35] 돌아가는 회전 원탁 테이블인 경우

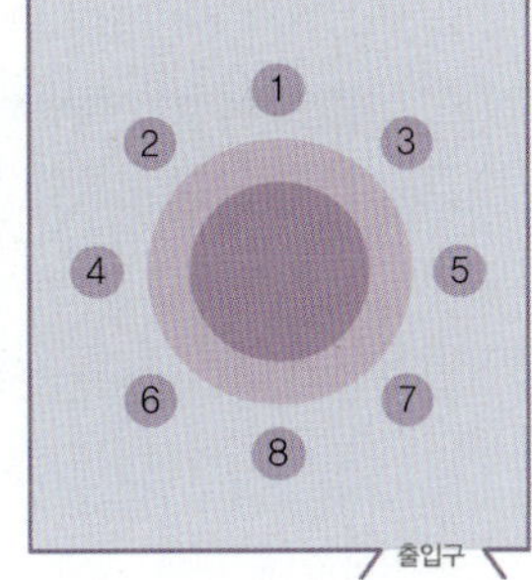

▲ [그림 14-36] 돌아가지 않는 원탁 테이블인 경우

▲ [그림 14-37] 와인 매너 ❶

- 와인은 코르크가 늘 젖어있도록 뉘어서 보관한다. 세워서 보관할 경우에는 코르크 마 개가 마르고 알코올이 휘발되어 공기 접촉으로 변질될 염려가 있다.

- 화이트와인은 10~12° 정도로 차갑게 해서 마시고, 레드와인은 17~ 20°의 실온에서 마 시며, 샴페인은 4~7° 정도로 차게 해서 마시는 것이 좋다.

- 와인은 반드시 15°로 뉘어서 보관하며 흔들지 않고, 침전물이 올라오지 않도록 조심 스럽게 따른다.

- 와인의 코르크는 반드시 남성이 오픈하며 오픈 후 1/4 정도를 글래스에 따른 뒤 밝 은 빛이 있는 쪽으로 글래스를 들어서 색상농도나 침전물을 확인한 뒤, 향을 맡고 2~3 회 잔을 회전 후 코에 대고 향을 맡음, 와인을 소량 입에 넣어 혀끝으로 굴리듯 맛을 천천 히 음미한다. 이 때 떫은맛. 단맛, 쓴맛, 신맛 중 유난히 강한 향이 느껴지지 않고, 식 초 냄새나 코르크 마개의 썩은 냄새가 나지 않는다면 여성부터 따르고 상석의 남성 을 이어서 따른 뒤 주최자를 가장 마지막으로 따른다.

- 와인을 따를 때에는 와인 잔의 크기에 따라 와인 글래스의 2/3~1/3 정도를 따른다.

- 화이트 와인에서 레드 와인 순서로 주문한다.

- 와인을 따를 때는 받는 사람의 오른편에서 따르고, 시계 반대 방향으로 여성부터 잔에 따르며 여성의 잔에 모두 따른 후에 다시 시계 방향으로 남성에게 따른다. 와인 잔과 병 사이의 간격이 2~3cm 정도의 간격을 두고 따르도록 한다.

- 와인을 상대방에게 받을 때에는 나이에 관계없이 와인 잔을 들지 않고 테이블 위에서 놓여진 채로 받으며, 글래스를 기울이지 않는다. 양손을 와인 잔의 받침대 base에 갖다 대놓고 받거나 잔의 다리 stem 밑 부분을 검지나 장지를 살짝 대고 받는다.

- 건배 시에는 눈높이 정도로 들고 상대방의 눈을 바라본다.

- 와인을 마실 때는 소리 내지 않는다.

- 와인을 거절할때는 검지 손가락을 글래스 위^{Rim}에 가볍게 올려 놓고 "이제 됐습니다"라고 정중히 거절한다.

- 글래스에 립스틱이 묻었을 경우에는 손가락으로 글래스의 립스틱을 닦아낸 후 냅킨에 닦는다.

- 차게 마시는 와인이나 샴페인의 경우에는 잔대가 더욱 긴 것을 사용해서 손의 온도로 인해서 와인의 온도에 영향을 미치지 않도록 한다.

- 와인을 마시기 직전에는 입안에 음식이 있으면 안 되고, 반드시 냅킨을 이용해서 입을 닦아 준 뒤 마시도록 한다. 음식물이나 기름기가 묻기 때문이다.

- 와인 글래스 앞에서 담배를 피우는 것은 피한다.

- 요리가 모두 끝난 후 후식타임에 들어가서도 와인을 계속해서 마시는 경우가 있는데 이는 잘못된 것이다. 와인은 요리와 같이 마시기 시작해서 요리와 함께 끝나는 것이다.

- 육류요리를 먹을 때에는 적색 와인을 마시고, 생선요리를 먹을 때는 백색 와인을 마시는 것이 좋다.

- 마지막 잔은 와인을 남기지 않고, 모두 마시는 것이 기본 매너이지만 사정에 따라서 선택한다.

와인 글래스에 립스틱이 묻었을 때: 엄지손가락으로 립스틱 제거 후 냅킨에 손가락을 닦는다.

▲ [그림 14-38] 와인 매너 ❷

- **1단계:** 와인 잔을 바닥에 놓고 베이스에 검지와 중지를 대고 와인을 따르는 소리를 들으며 받는다[청각] [시각].
- **2단계:** 와인의 색을 눈으로 감상한다[시각].
- **3단계:** 눈높이만큼 들어서 건배하고 미소 띤 얼굴로 상대방과 눈을 맞춘다[시각].
- **4단계:** 코로 와인의 향을 맡는다[후각].
- **5단계:** 혀로 와인의 맛을 음미한 후 와인의 맛을 느낀다[미각].
- **6단계:** 와인의 전체 맛을 음미하며 즐긴다[미각].

》 와인 글래스의 종류

① 보르도 레드 와인 잔   ② 브르고뉴 레드 와인 잔   ③ 화이트 와인 잔   ④ 샴페인 잔

▲ [그림 14-39] 와인 글래스의 종류

▲ [그림 14-40] 와인 글래스 쥐는법

생활 속의 매너 4:
팁·선물·카드 전달 매너

》 팁 지불 매너

　고급 레스토랑에서는 식대의 10% 정도를 팁으로 지급하는 것이 매너이며 소믈리에에게 와인을 추천받았다면 주문한 와인 가격의 15% 정도를 팁으로 지급하는 것이 매너이다. 팁을 줄 때에는 현금이 보이지 않게 손바닥이 아래로 가도록 해서 "감사합니다" 하며 건네는 것이 예의이다. 남녀가 함께 있는 공간에서는 남성이 팁을 지불하도록 한다.

》 선물 전달 매너

- 결혼기념일과 생일 축하 선물은 당일이 좋으며 2~3일 전에도 괜찮다. 한참 지난 뒤에 하는 것은 바람직하지 않다.
- 크리스마스 선물은 크리스마스 이브까지 하는 것이 좋다.
- 명절 선물은 1주일 전에서 당일까지가 좋다.
- 출산 선물은 출산 후 1주일은 지나서 3주 전까지가 적당하다.
- 결혼 축의금은 당일이 좋으며, 결혼 축하 선물은 1개월 전에서 2~3일전 까지가 좋다.
- 선배, 상사, 손윗 분에게 선물을 드릴 경우 미리 연락을 한 뒤 방문한다.
- 크리스마스 선물을 제외하고 대부분의 선물은 그 자리에서 밝은 표정으로 풀어본다.
- 선물을 받을 때는 당연한 것으로 받아들여서는 안 된다.
- 선물을 받은 답례로는 1개월 정도 뒤에 하는 것이 적당하다.

• 우편물이나 타인을 통해서 받은 선물의 경우에 전화나 이메일 등으로 감사의 인사를 전하도록 한다.

• 사업상의 선물일 경우에 첫 대면에 한다.

• 옷 선물은 가족이나 연인 등 특별히 가까운 사람에게 하는 선물이다.

• 좋은 의미를 담고 있지 않은 칼이나 가위, 흰 손수건, 거울 등은 선물하지 않는다.

• 개인 취향을 잘 모르는 상태에서 액세서리나 가방, 브로치와 같은 선물은 피한다.

• 받는 사람에게 부담을 주는 고가의 선물은 피한다.

• 선물을 받을 수 없는 경우에는 정중하게 거절하고 포장을 뜯지 말고 바로 반송한다.

▲ [그림 14-41] 선물 전달 매너

》카드 전달 매너

담당 부서에서 서류봉투를 건네받거나 물건을 사거나 식사를 하고 난 다음 계산을 마친 후 카드를 돌려받을 때 눈 맞춤을 하고 밝게 웃으며 손으로 전달하는 곳이 얼마나 될까? 심한 경우에는 인사도 하지 않고 눈도 보지 않고 웃지도 않는 어두운 표정과 퉁명스런 목소리에 전달 물건을 손을 통해 전해주는 것도 아닌 데스크 바닥에 밀어서 전해주고 먼저 자리를 떠버리는 경우도 있다. 정말 중요한 부분을 놓치고 있는 것이며, 특히 서비스 사업을 하는 경우 제대로 시킨 직원들의 서비스 교육으로 마지막 계산하는 그 중요한 시점을 잘 활용해도 다시 오고 싶은 곳으로 고객 확보를 할 수 있다. 또한 밝은 미소와 고객에 대한 공손한 자세는 개인의 이미지는 물론 개인이 소속된 기업이나 기관, 단체의 이미지까지 좋게 비칠 수 있다는 사실을 기억하고 돈을 벌기 위해서 일을 하겠지만 선택된 사람으로서 최소한의 주인 정신을 가지고 고객 마무리와 만족을 위해 보다 더 친절하고 공손한 자세로 임하는 것이 중요하다. 이는 어떤 기관에서든 생활 속에서 몸에 밴 겸손하고 예의바른 아름다운 이미지를 개인과 개인 간에도 실천해야 하는 부분이다. 사소하게 생각할 수 있지만 카드나 기타 물건 전달 시 미소띤 친절한 눈맞춤은 인간적인 정을 쌓고 더 나아가 조직의 큰 성과를 내는 데에도 매우 중요한 부분이다.

- 받는 사람이 불편하지 않게 받을 수 있도록 두 손으로 공손하게 건내 준다.
- 물건을 전달 시 상대방의 '눈 ➡ 물건 ➡ 상대방의 눈' 순서의 3전법으로 물건을 건넨다.
- 공공장소에서 카드나 잔돈 등을 건넬 때는 카운터 위에서 밀어서 성의없이 전달하지 않도록 하며 전달할 물건을 두 손으로 들고 친절한 미소로 따뜻하게 눈 맞춤을 한 뒤 공손하게 전달한다.

▲ [그림 14-42] 카드 전달 매너

PART 7

당당하고 솔직하게!
품격있는
커뮤니케이션 노하우

15 보이스 & 매력적인 스피치와 커뮤니케이션

좋은 목소리를 내려면
호감을 주는 커뮤니케이션과 대화시 기본 예절

16 말하지 않아도 통하는 몸짓 언어

몸짓 언어의 의미 바르게 해석하기

보이스 &
매력적인
스피치와
커뮤니케이션

좋은 목소리를 내려면

목소리란 사람의 목구멍을 통해서 나오는 소리를 말한다. 같은 사람임에도 감정과 상황, 대상과 장소에 따라서 다양한 느낌의 목소리를 내며 살아간다. 매력적인 이미지 메이킹을 위해서는 목소리가 매우 중요하며 아무렇게나 편한대로 내는 막소리를 내면 안 되고 다듬어진 교양 있고 지적인 듣기 좋은 목소리를 내도록 노력해야 한다.

하지만 어떤 목소리를 완벽하고 듣기 좋은 소리라고 단정지어서 정의 내리기는 어렵다. 대부분의 사람들이 외모에는 많은 신경을 쓰고 투자를 하는 반면 목소리나 스피치에는 외모만큼 신경을 쓰지 않는 것 같다. 친절하고 매력적인 목소리만 듣고도 호감을 느끼거나 상대방에게 끌리는 감정을 가질 수가 있으며, 전화 통화를 해야하는 업무가 늘어나고 일반전화 및 휴대전화의 대중화 속에서 많은 업무성과를 끌어내야 하는 상황이 많은 만큼 호감가고 친절하며 매력적인 목소리는 개인은 물론 사회생활에 있어서도 신뢰감을 주고 긍정적인 결과를 가져올 수 있다.

처음 악기를 배울 때는 다듬어지지 않은 이상한 소리가 나는 것처럼 우리 목소리도 계속 의식적으로 다듬고 예쁜 목소리를 내도록 반복된 연습과 노력을 한다면 품격 있는 이미지 메이킹의 마무리를 멋진 목소리로 완성시킬 수 있다. 좋은 목소리를 내기 위한 발성 훈련을 하기 전에 복식 호흡 연습을 많이 하도록 한다.

》 복식 호흡

- 바른 자세로 가슴을 펴고 코로 숨을 2~3초간 깊이 들이마시면서 배를 볼록하게 나오도록 한다.

- 배가 볼록하게 나온 상태에서 잠깐 동안 숨을 참는다.
- 4~6초간 입으로 숨을 내뱉으면서 배를 서서히 집어넣는다.
- 숨이 다 뱉어진 상태에서 10초간 숨을 참는다.

》 좋은 목소리 훈련

- 바르지 못한 흐트러진 자세로 목에서 내는 소리가 아닌 가슴을 올리고 복부를 끌어당겨 힘을 준 뒤 배에서 나오는 소리를 내도록 연습한다.
- 정확한 발음으로 말 할 수 있도록 나무젓가락 등을 이용해서 발음을 연습한다.
- 목소리의 톤과 상황에 따라서 내용전달이 효과적으로 정확하게 될 수 있도록 연습한다.
- 자신감 넘치고 활기찬 목소리를 내도록 발성 연습한다.
- 생동감 있고 밝은 목소리는 젊고 건강한 이미지를 주므로 피곤해서 지친 힘없는 음성을 내지 않도록 평소에 좋은 습관을 들인다.
- 목소리의 톤을 너무 높게 하지 말고 낮춰서 따뜻하고 안정적인 목소리로 상대방에게 신뢰감을 주도록 습관을 들인다.
- 편안하고 좋은 기분을 늘 유지해서 품격있는 목소리가 나오도록 습관화한다.

》 목소리 훈련 호소력 있게 강약을 살려서

- 김부장은 매우 적극적이고 그동안 고생도 많이 했으므로 김부장을 추천합니다.
- 우리 직원들은 참 착하고 일도 잘 합니다. 인센티브제도 상향조정 해야 합니다.
- 이제는 남을 험담하고 깎아내리는 것을 멈추고 스스로를 잘 관찰해서 본인이 부족한 점에 더 집중하고 노력에 대한 진짜 당신의 결과만 가져가세요.
- 이번 목표 달성은 반드시 이루어 내야 합니다.
- 열심히 하는 사람이 대우 받지 못하는 조직은 절대로 발전할 수 없습니다.
- 발로 뛴 만큼 성과는 반드시 낼 수 있습니다.
- 당신이 꿈을 이룬 것은 긍정적인 마음 때문입니다.
- 노력은 당신을 절대로 배신하지 않습니다.
- 당신곁에 사랑하는 친구들과 당신을 진심으로 좋아하는 사람들이 많은 것은 당신의 넓고 따뜻한 마음과 배려 때문일 것입니다.

》 입 모양 연습

- 아, 에, 이, 오, 우
- 볼에 풍선불기
- 입술 상하좌우 움직이기
- 입술 진동 "부우우우우우"
- 혀 최대한 내밀어 상하좌우 움직이기

》 발음 연습

기니디리미비시이지치키티피히
그느드르므브스으즈츠크트프흐
규뉴듀류뮤뷰슈유쥬츄큐튜퓨휴
구누두루무부수우주추쿠투푸후
교뇨됴료묘뵤쇼요죠쵸쿄툐표효
고노도로모보소오조초코토포호
겨녀뎌려며벼셔여저쳐켜텨펴혀
거너더러머버서어저처커터퍼허
갸냐댜랴먀뱌샤야쟈챠캬탸퍄햐
가나다라마바사아자차카타파하

》 목소리의 높낮이 훈련

- 행복한 사람입니다. ∨
- 당신은 할 수 있어요. ∨

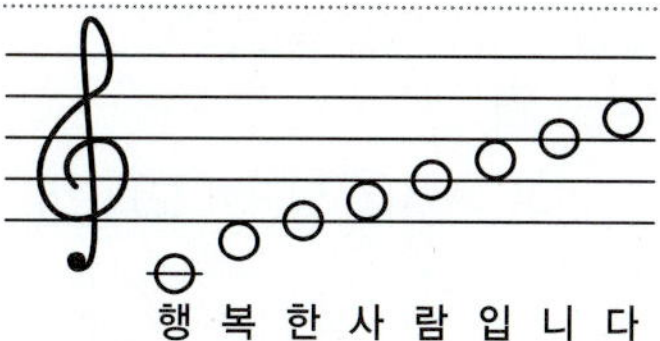

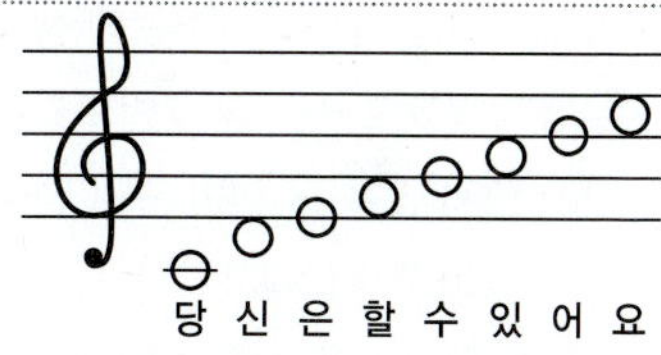

- 너무나 보고싶어요. ∨
- 당신을 사랑합니다. ∨
- 우리 또 다시 만나요. ∨

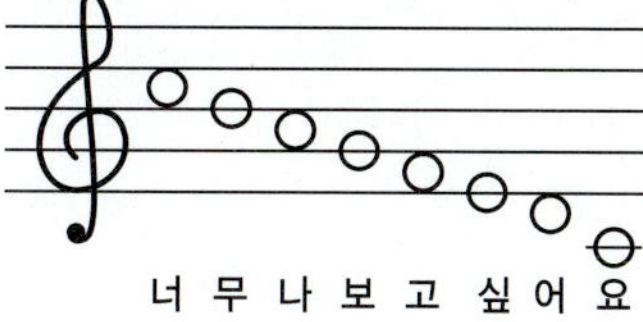

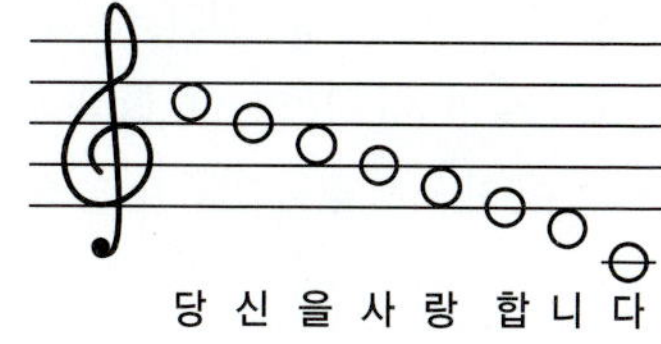

》 리듬 읽기 훈련

- 네, 그렇습니다.
- 아니오, 그렇지 않습니다.
- 네, 그렇습니까?
- 네, 그렇지 않습니까?
- 목표가 확실한 사람에게는 차별화된 계획이 있습니다.

》 목소리 훈련 감정을 살려서

- 자연을 보면 어린 시절 평화롭게 뛰어놀던 옛 추억이 떠오릅니다.
- 아빠가 연필을 깎아주셨던 기억과 나무 조각배를 만들어 주셨던 기억이 생각납니다.
- 고무신을 신고 물에 들어가 미꾸라지를 잡았던 기억이 떠오릅니다.
- 아빠가 사다주신 노란상자에 들어있는 티티 크레파스와 스케치북이 생각납니다.
- 뒷동산에 올라가 진달래꽃에 파묻혔던 아름다운 어린 시절이 떠오릅니다.
- '앞으로 이런 모습으로 살아가야지' 라고 상상하면 더욱 행복해집니다.
- 힘든 경험과 시간은 성공으로 갈 수 있는 또 다른 좋은 길을 열어 줍니다.
- 거절은 먼훗날 더 큰 결과를 가져다 주기도 합니다.

》 소리 훈련 강한 의지

- 그 일이 당신의 꿈을 이루는데 생각할 만한 가치가 있는 일입니까?
- 우리가 목표로 하는 꿈은 반드시 이루어집니다.
- 다시 오지 않을 단 한번 뿐인 인생에서 우리는 멋지고 당당한 모습으로 그 꿈을 꼭 이루고 돌아가야 합니다.
- 따뜻한 온실 속에서 잠시 피었다가 지는 꽃이 아닌 척박한 환경속에서도 자신의 마지막 진액을 내서 끝까지 살아남는 예쁜 꽃과 같은 정신력 강하고 인내심이 있는 부지런하고 성실한 사람이 되어야 합니다.
- 당신은 반드시 꿈을 이룰 수 있습니다.

》 좋은 목소리를 내기 위한 질문

- 입모양을 크게 벌려서 정확한 발음으로 말하고 있는가?
- 나는 상황에 따라서 음량을 잘 조절할 수 있는가?

- 목소리가 자신감이 있고 힘이 있는가?

- 가늘고 너무 높은 소리를 내지는 않는가?

- 중요한 부분이나 핵심어에서 강세를 두어서 말하고 있는가?

- 목소리와 함께 손동작이나 다른 제스처를 사용하며 말하고 있는가?

- 상대방이 말하는 속도에 맞추어 말하도록 노력하는가?

- 복식호흡을 하며 호흡 길이는 적당한가?

- 호흡을 조절하여 말하는 중간에 쉴 곳에서 끊어주기를 적절하게 잘 하고 있는가?

- 쉰 소리나 맑지 않은 소리가 나지는 않는가?

- 내용에 따라서 적당한 목소리의 높이와 빠르기정도, 속도의 변화를 주면서 말하고 있는가?

Tip **상호 칭찬의 시간 (상대방을 구체적으로 칭찬해주세요)**

1.

2.

3.

4.

5.

6.

7.

8.

9.

10.

호감을 주는 커뮤니케이션과
대화시 기본 예절

≫ 예의 바르게 대화하는 법

- 많이 말하기 보다는 상대방의 말을 많이 들어주고 호응해준다.

- 집중해서 경청하고 눈을 잘 맞추며 몸으로 하는 경청의 자세를 성의 있게 보인다.

- 무표정, 찡그린 표정, 화난 표정 보다는 밝은 마음에서 나오는 밝은 표정, 밝은 목소리로 말한다.

- 명령형보다는 의뢰형이나 권유형으로 말한다.

- 부정적인 표현 보다는 긍정적인 표현과 우회적으로 말한다.

- 긍정적으로 교양 있게 말한다.

- 상황에 맞게 성실하고 재치 있게 말한다.

- 겸손하고 상대방을 존중하는 마음을 담아서 말한다.

- 알아듣기 쉽고, 간결하게 정확한 표준어로 말한다.

- "아~", "에~", "저~"와 같은 불필요한 단어는 사용하지 않는다.

- 쉽고 간단명료하게 밝고 생기 있는 목소리로 말한다.

- 칭찬은 많은 사람 앞에서 하고, 충고나 지적은 단 둘이 조용한 곳에서 한다.

- 상대방의 말을 경청하고 적극적으로 반응한다.

- 불평불만의 내용은 듣는 사람의 마음을 어둡게 만들기 때문에 생각 없이 함부로 말하지 않는다.

》 매력적인 스피치를 위한 핵심 체크 포인트

- 청중이 어떤 사람인지를 정확히 파악해야 한다.

- 청중의 입장에서 준비된 스피치여야 한다.

- 처음 시작하는 1분 스피치는 청중의 집중도를 결정짓는 중요한 시간이다.

- 처음 시작하는 주의집중의 내용은 본문에서의 내용과 연결된 것이면 더욱 효과적이다.

- 결언에서는 본문의 핵심을 요약정리해서 다시 말하고 청중이 오래 기억되도록 호감을 주도록 하고 강의를 다시 더 듣고 싶다는 아쉬움과 여운을 남겨야 한다.

- 연설 내용을 모두 적어서 처음부터 끝까지 노트를 보고 읽지 말고 연설 핵심 포인트만 순번대로 짧게 적어서 자연스럽게 청중을 바라보며 말하도록 한다.

- 강의장과 청중에 따라서 적합한 복장과 외모인지 확인한다.

- 정확한 발음, 적당한 크기의 목소리와 빠르기로 리듬감 있는 화법을 사용해서 지루하지 않게 한다.

- 연설 중간에 사례나 경험담을 활용해서 집중도와 흥미를 갖도록 유도한다.

- 청중을 향하는 시선을 15° 각도로 이동하면서 눈을 맞추며 연설한다.

- 자신감 있는 제스처를 사용한다.

- 주머니에 손을 넣지 않는다.

- 한쪽 다리에만 힘을 실어서 서지 않는다.

- 한곳에서만 서서 강의하지 않고 동선을 이동하면서 집중도와 세련된 강의를 연출한다.

- 가능한 강의 중간에 물을 마시지 않는다.

- 마이크는 노래방에서 마이크 잡듯이 청중을 향하게 잡지 않고 강연자의 몸과 수평이 되도록 너무 가까이 대지 않으며, 10cm 정도 입에서 간격을 두고 연설한다.

- 말의 속도는 너무 빠르지도 않고 너무 느려서 지루하지도 않은 1분에 300자 정도가 적당하다 아나운서가 말하는 속도.

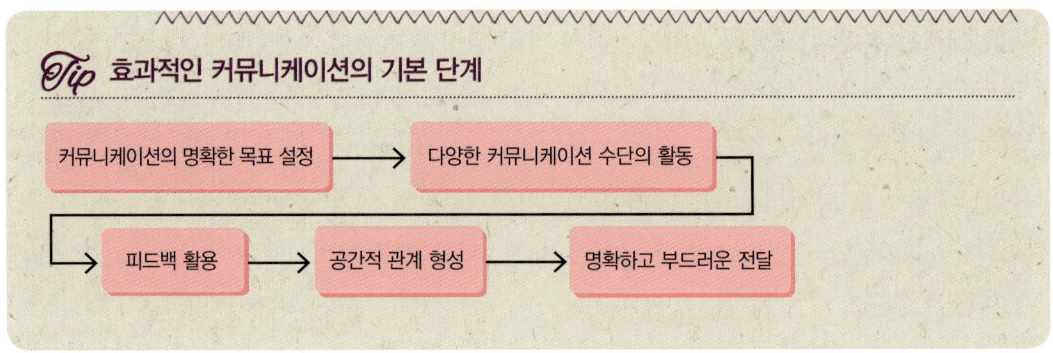

말하지 않아도
통하는
몸짓 언어

몸짓 언어의 의미
바르게 해석하기

　말 못지 않게 몸짓 언어가 주는 의미는 매우 크다. 상대를 쳐다보는 눈빛, 표정, 제스처, 자세 등 공간에 따른 몸짓 언어가 말해주는 의미는 깊게 생각해서 바르게 해석해야 할 부분이다. 본 장에서는 다양한 몸짓 언어와 그 언어에 담긴 의미를 알아봄으로써 상대방이 나를 대하는 자세뿐 아니라 상대를 대하는 나의 자세도 되돌아보고자 한다.

　앞서 설명한 바와 같이 우리는 많은 사람들을 만나면서 얼굴 생김새 만큼이나 다양한 손을 보며 여러 가지 느낌을 받게 된다. 손을 통해 전달되는 아름답고 호감 가는 이미지도 중요하겠지만 그에 못지않게 손으로 이루어지는 다양한 몸짓 언어를 통해서도 상대방에게 전달되는 느낌은 다를 수 있다. 우리가 알면서 혹은 모르면서 무의식적으로 만들게 되는 다양한 몸짓언어의 의미를 새겨보며 멋진 이미지 메이킹을 완성해 보자.

　손과 팔을 이용하여 만들어지는 삼각뿔 첨탑 모양^양 손끝을 모아서 삼각형 모양을 만드는것은 상대에게 권위적인 느낌이나 자신감을 표출하는 의미로 전달될 수 있으며, 엄지와 검지를 구부려서 손가락 첨탑 모양을 만드는 것은 강력한 설득 효과가 있는 것으로 알려져 있다.

▲ [그림 16-1] 삼각뿔 첨탑 제스처

▲ [그림 16-2] 손가락 첨탑 제스처

협상테이블에서 손바닥을 보이게 되면 진실함을 표출하는 효과가 있으나 테이블 위에 손을 올리지 않는 것은 숨기는 듯한 느낌을 주기 때문에 피하는 것이 좋다.

대화중 바르게 서서 두 손을 배꼽 부분에 두는 행위는 공손의 의미를 가지기 때문에 습관화 할 필요가 있으나 팔짱끼는 행위는 자기 방어적이고 상대에 대한 마음의 벽이 있어 보이거나 진실성이 없어 보이므로 피하는 것이 좋다. 또한 망설임이나 거절의 의미를 나타내는 코를 만지는 행동이나 지루하고 짜증남 등의 불신의 의미를 갖는 눈을 비비는 행동, 대화 중단을 원한다는 메시지를 담는 손을 목 뒤로 넘기는 행동은 자제할 필요가 있다.

박수를 칠 때에도 손가락을 벌려서 소리나지 않게 치는 박수는 성의가 없어 보이는데 반해 손바닥을 엇갈리게 잡고 손가락이 벌어지지 않게 상대방을 바라보고 쳐주는 박수는 성의 있고 진심이 느껴지는 박수로 습관화가 필요한 부분이다.

부드러운 표현의 설명이나 가벼운 대화에서는 손과 팔의 움직임이 천천히 움직이는 곡선의 몸짓이 좋고, 강조가 필요하거나 명령을 할 때에는 손과 팔의 움직임이 가급적 빠르게 움직이는 직선형이 좋다.

손짓뿐 아니라 발짓도 매우 중요한 의미를 전달할 수 있는데, 가령 바른 자세의 경쾌한 걸음걸이는 자신감과 당당함을 전달해 주고, 앉은 자세에서 다리를 벌리는 행동은 긴장하지 않은 상태나 편한 마음가짐을 표출해 준다. 그러나 여성의 다리 꼬기는 불안하거나 유혹을 의미하는 자세로 조심할 필요가 있다.

우리가 대화 시 자주 하게 되고 접하게 되는 다양한 몸짓 언어의 예를 해석되는 의미와 함께 정리해 보았다. 의미를 잘 숙지하여 원하는 결과의 협상과 좋은 대화를 이끌어 갈 수 있는 이미지 메이킹이 될 수 있도록 노력하자.

몸짓 언어	해석상의 의미
손과 팔을 이용한 삼각뿔 첨탑 모양	권위적, 자신감
손가락 첨탑엄지와 검지를 구부려서 첨탑 모양을 만드는 것	강력한 설득효과
손바닥 커팅한 손을 앞으로 내밀어 위에서 아래로 강하게 칼질하듯 내리는 동작	강조
바른자세의 경쾌한 걸음	자신감, 당당함
앉은 자세에서 벌린 다리	긴장하지 않은 상태, 편한 마음
팔짱 낀 모습	자기 방어, 상대에 대한 마음의 벽. 진실성 없음
코를 만짐	망설임, 거절
손가락의 중지나 팔뚝 내밀기	모독
눈을 비빔	지루하고 짜증남, 불신
목 뒤로 손을 넘김	대화 중단 희망
손바닥을 보임	진실함, 순종
바르게 서서 두 손을 배꼽 부분에 두기	공손
주먹 쥐기	강한 의지, 강한 존재, 신뢰
공식적인 자리에서 턱받침 동작	지루함
허리에 손 올리기	기선 제압, 언쟁. 지배, 분노
테이블 위에 손 올리지 않는 것	숨기는 듯한 느낌
뒷짐 지기	고민 중, 숨김의 의미
손가락을 벌려서 소리 나지 않게 성의 없이 치는 박수	마음에 없는 박수
손바닥을 엇갈리게 잡고 손가락이 벌어지지 않게 상대방을 모두 바라보고 치는 박수	성의 있고, 진심이 느껴지는 박수
손과 팔의 움직임이 빠르고 직선으로 움직이는 것	강함, 명령, 강조
손과 팔의 움직임이 천천히 곡선으로 움직이는 것	부드러운 표현의 설명이나 가벼운 대화
여성의 다리 꼬기	불안하거나 유혹하기 위함
손바닥으로 입 가리기	속마음을 감출 때

≫ 잘 듣고 있다는 몸짓 언어

- 말하는 상대방과 같은 자세, 눈높이

- 눈 맞춤과 몸의 기울기 정도가 가까운 거리

- 대화를 듣는 방향이 상대방의 방향

- 경청하며 진지한 표정으로 눈을 천천히 깜박이며 뭔가를 깊이 생각하며 같이 고민하는 행동
- 대화 도중 맞장구 언어 "어", "진짜", "와", "대단하다", "잘했다"

》 듣기 싫다는 몸짓 언어

- 머리를 너무 건성으로 계속해서 자주 흔드는 행동
- 의자를 뒤로 빼거나 몸을 뒤로 제치는 행동
- 대화를 듣는 사람의 정면이 아닌 옆쪽 방향
- 다리 꼬기, 팔짱끼기
- 코나 얼굴, 머리를 계속 만지기
- 대화도중 기지개 펴기
- 시선을 옆쪽 보기
- 한숨 쉬기
- 테이블의 밀린 서류를 만지는 행동
- 혐오스러운 것을 본 듯이 가끔 찡그린 표정
- 시선을 아래를 내려다보고 눈썹을 천천히 살짝 올려서 못마땅한 표정
- 시계를 보거나 가방에서 뭔가를 계속 찾는 등의 행동
- 피곤하다는 듯 목을 돌리며 "아" 소리 내는 행동
- 한쪽 팔을 세워서 턱을 괴고 몸을 멀리 하는 행동

Tip 세련된 바디 랭귀지를 위한 관찰

▶ 귀로 듣기 전에 듣는 사람의 자세나 눈빛의 바디 랭귀지를 먼저 보고 느낀다.

▶ 하루 동안 가까이 접해야 하는 사람들의 바디 랭귀지를 자세히 관찰해본다.

PART 8

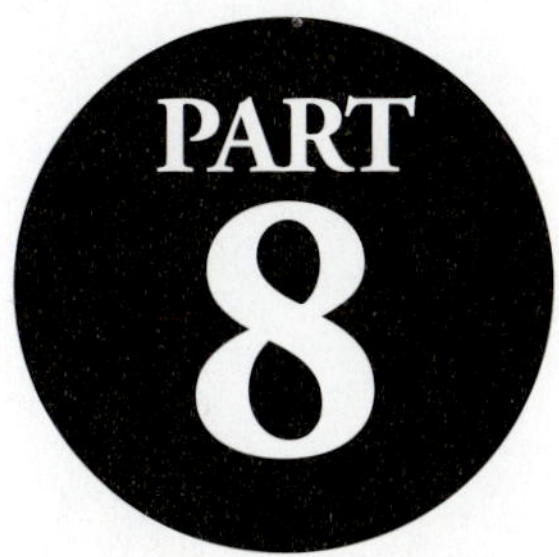

나의 멋진 미래

⑰ 환경 속에 조화되는 나의 이미지 메이킹

주변 정리 정돈(버리기 · 분류하기 · 채우기)
생활 공간별 이미지 메이킹
주변 환경 개운 이미지란?

⑱ 나와의 약속, 미래 이력서

○○년 후의 약속
나와의 약속! 미래 이력서

환경 속에 조화되는 나의 이미지 메이킹

주변 정리 정돈
버리기·분류하기·채우기

　자신이 머무는 주변 환경도 이미지 메이킹의 연속이며 깨끗하게 정리 정돈 하고 정리정돈 잘 하는 것도 이미지 메이킹에서 빠질 수 없는 중요한 부분이다. 자신의 외모를 가꾸고 아름답게 하는 이미지 메이킹 이외에도 자신이 머무는 주변 환경을 잘 정리하는 일은 마음을 정화시키고 일의 효율성을 높여서 행복감을 느낄 수 있도록 해주기도 한다. 한 개인에 대해서 생각할 때 정신적 이미지, 시각적 이미지, 외적 행동이미지 이외에도 직업에 따른 작업장 이미지, 집안 이미지, 타고 다니는 차 안의 정리정돈 상태나 평소 생활 하는 습관 등 다양한 부분이 개인 이미지에 큰 영향을 준다.

　외적으로 이미지 메이킹을 잘 한다는 사람도 집안, 사무실, 연구실, 차 안, 개인이 들고 다니는 가방 속 등이 지저분하고 정리되지 않았다면 이미지 메이킹을 완벽하게 잘 하는 프로라고 하지 않는다.

　그래서 자신의 내·외적인 요소뿐만 아닌 자신이 머무는 주변 환경이나 사용하는 물건 등 전체적으로 버리기, 분류하기, 채우기의 3단계의 깔끔한 정리정돈과 철저한 관리로 이미지 메이킹의 완성도를 더욱 높이도록 하자.

▲ [그림 17-1] 깔끔한 환경 속의 나

▲ [그림 17-2] 지저분한 환경 속의 나

» 행복한 이미지 메이킹을 위한 체크 포인트 5가지

- 1단계 – 의衣: 패션과 메이크업, 헤어 스타일좋아하는 색, 어울리는 스타일, 만족스러운 멋진 외모 가꾸기를 통한 아름다운 이미지 메이킹

- 2단계 – 식食: 하루 세 끼 균형 잡힌 식사좋은 사람과 맛있게 하는 행복한 식사

- 3단계 – 주住: 방의 배치와 정리정돈 및 인테리어정리정돈 및 따뜻한 집안 환경

- 4단계 – 유遊: 취미나 개인이 좋아하는 것하고 싶은 일을 즐기기 위한 행복한 취미 생활, 개인의 취미나 특기도 이미지 메이킹에 크게 좌우

- 5단계 – 심心: 긍정적인 마음가짐험담, 불평불만이 아닌 건설적이고 밝은 마음 유지는 더 많은 성공의 지름길

셀프코칭 | 험담을 잘하는 사람들의 특징

일본이 리슈대학교 심리학부 사이토 이사모 교수는 험담을 잘하는 사람들의 특징을 자신의 자존심을 세우려는 것으로 다른 사람들보다 더 높은 위치에 가고 싶지만 마음처럼 되지 않아 그것을 확인할 기회가 없어서 다른 사람의 험담을 함으로써 다른 사람이 아래로 내려가고 자신이 위로 올라가는 기분이 들기 때문에 만족감을 얻는다고 하였다. 타인이 보기에 존경스럽지 않을뿐더러 미성숙한 어른이 되어서는 안 되겠다.

생활 공간별 이미지 메이킹

>> 생활 공간 체크 포인트

- 바닥에 지저분한 것을 쌓아놓지 않으며 정리정돈을 잘 한다.
- 모든 장식품과 벽 등 먼지 없이 청결을 유지한다.
- 자신이 머무는 집안과 사무실을 깨끗하게 쓸고 물걸레 질을 정기적으로 한다.
- 밖으로 불필요한 것들이 나와 있지 않도록 수납 공간을 활용해서 깔끔하게 정리정돈한다.
- 현관 및 사무실 입구에 통풍이 잘 되도록 하고 꽃이나 관엽 식물을 놓는다.

>> 내가 사는 생활 공간 이미지 메이킹

:: 현관 이미지

기분 좋은 만남의 첫 접점이 시작 되는 곳이 현관이므로 기분 좋게 들어와서 좋은 이미지를 느낄 수 있도록 깨끗하고 정돈이 잘 된 현관 이미지를 유지하기 위한 몇 가지를 소개한다.

- 현관 바닥은 최대한 먼지가 없고 깨끗하게 항상 청결한 상태를 유지한다.
- 현관에 신발은 가능한 신발장에 넣어서 깔끔하게 정리 해서 보관한다.

- 현관매트는 두툼하면서 파스텔 톤의 밝고 고급스러운 매트 선택으로 현관의 이미지를 더욱 좋게 한다.
- 현관 외부 문에 붙은 전단지나 내부의 문에 붙어있는 종이나 액자 등은 지저분한 이미지를 주게 되므로 모두 깔끔하게 뗀다.
- 현관에 생화 꽃이나 관엽식물을 놓아 현관에 이미지를 아름답게 꾸민다.
- 현관문을 열고 들어와서 오른쪽에 신발장 중간에 물건을 올려놓을 수 있는 카운터에 라벤더와 같은 향기나는 방향제를 놓아 후각적으로도 좋은 이미지를 준다.

Tip 현관의 체크 포인트

- 현관은 밝고 잘 정돈되어 있으며 깨끗한가?
- 좁고 답답하지 않고 넓고 여유가 있는 공간인가?
- 통풍이 잘 되는가?
- 살고 있는 사람이 좋아하는 분위기의 장식품과 취미 등으로 잘 꾸며져 있는가?

∷ 거실과 침실, 서재 이미지

- 아침에 일어나면 창문을 활짝 열어서 환기를 시키고 창문이 더럽다면 깨끗이 닦는다.
- 휴지통은 뚜껑이 있는 것을 사용하여 내부 공기의 청결에 신경 쓰며 가득차기 전에 휴지통을 비운다.
- 철 지난 히터나 선풍기 등은 잘 닦아서 보이지 않는 창고에 넣어둔다.
- 거실, 서재 등 오래 머무는 공간에 생화를 놓아두거나 좋은 향이 나도록 방향제를 놓아둔다.
- 커튼과 침대보 혹은 이불의 경우 둘 중 하나는 무늬가 있다면 하나는 무늬가 없는 단색으로 선택하여 안정감 있고 음양의 균형 잡힌 조화로운 실내 이미지로 꾸민다.

:: 주방 이미지

　　예로부터 사람이 집을 지을 때 부엌의 위치를 석양을 피할 수 있는 위치에 만들어서 위생적으로 음식이 부패되지 않도록 하였다. 주방을 깨끗하게 청소하는 것은 마음을 다스려서 차분하고 좋은 마음을 유지하는데 중요한 부분이다.

- 냉장고에 자석이나 스티커 종이 등을 붙이지 않고 깔끔한 상태를 유지한다.
- 가스렌지 상판이 이물질이 많이 묻어 있거나 지저분하지 않도록 한다.
- 씽크대 속 수납공간에 물건이 여유 있고 질서 있게 정리정돈이 잘 되어 있도록 한다.
- 휴지통은 뚜껑이 있는 것을 사용하고 휴지통을 잘 비우도록 한다.
- 식칼은 사용 즉시 바로 닦아서 씽크대 속 칼꽂이에 넣어 보관한다.
- 조리도구는 보이지 않는 수납공간에 넣어서 보관한다.
- 식기를 넣어놓는 선반에 식품을 보관하지 않는다.
- 그릇은 식기건조대에 놓고 그대로 사용하지 않으며 건조된 그릇은 선반에 보관하여 사용한다.
- 문이 없는 벽걸이 찬장보다는 수납형의 찬장을 사용해서 깔끔하게 정리한다. 일반 찬장에 수납할 경우 아래에는 어두운 색 그릇, 위쪽으로 갈수록 밝은 색 그릇을 보관한다.
- 수저, 나이프, 포크 등과 같은 금속으로 만들어진 제품은 서랍 속에 보관한다.

:: 욕실·화장실 이미지

예로부터 사람이 집을 지을 때 화장실을 북쪽에 두었으며, 화장실을 깨끗하게 청소하는 것은 마음을 다스리고 갈고 닦는 것과 같으며, 차분하고 좋은 마음을 유지하는 데 중요한 부분이다.

- 욕실 환기팬을 자주 돌려서 공기 순환을 잘 시켜준다.
- 욕실 창문은 자주 열어서 환기시키고 깨끗하게 닦아준다.
- 욕실 거울에 이물질이 묻지 않고 습기가 차지 않도록 마른수건으로 깨끗하게 닦아준다.
- 욕실에 작은 꽃 화분이나 관엽식물을 놓아둔다.
- 자신이 좋아하는 향의 비누나 바디폼 등을 선택하고 너무 강하지 않은 은은하게 좋은 향이 나도록 화장실에 방향제를 놓아둔다.
- 화장실 들어가는 입구에는 화장실 매트를 놓아둔다.
- 화장실을 들어갈 때는 직접 피부가 바닥에 닿지 않도록 슬리퍼를 신어주고, 슬리퍼 바닥이 곰팡이 피거나 지저분할 경우 깨끗이 닦거나 새 것으로 바꾸도록 한다.
- 화장실에서 사용하는 화장지는 화장실 구석에 쌓아놓지 않도록 하며 가능한 화장실에 휴지를 보관하지 않는다.
- 화장실에는 최소한의 필요한 물품만 꺼내놓고 사용한다.

>> 가구나 소품 선택

- 가구는 가능한 철재소재 보다는 자연소재의 목재를 선택한다.
- 커튼 선택은 집안 분위기에 많은 영향을 미치므로 어두운 단색보다는 밝은 색의 꽃무늬나 줄무늬를 선택한다.
- 화장실에 달력이나 포스터는 붙이지 않으며, 특히 화장실 문에는 아무것도 달지 않는다.

>> 옷장 정리법

- 옷은 잘 개서 정리하는데 길이에 따라서 긴 것부터 짧은 순서대로 정리하고 색상에 따라서 밝은 색부터 어두운 색 순으로 보기 좋게 정리한다.
- 계절이 바뀌면 옷을 드라이 맡기고 입을 옷을 계절에 맞게 교체시키며 입지 않는 옷은 과감하게 버린다.
- 옷은 옷장에 넣어서 가지런히 정리하는데 밖에 걸어놓게 될 경우 깔끔하게 큰 천으로 덮어준다.
- 모자를 포개서 보관할 경우 짙은색이 아래에 밝은색이 위로 가도록 보관한다.

>> 신발장 관리법

- 여름신발은 위쪽에 겨울신발은 아래쪽에 보관한다.
- 현관에 신발은 가능한 신발장에 넣어서 깔끔하게 정리해서 보관한다.
- 흙이나 먼지 등이 묻은 신발은 잘 털어서 보관한다.

>> 청소 꿀팁

- 청소는 맑은 날 걸레, 수세미, 베이킹 소다 등으로 물걸레질을 한다.
- 현관 신발 정리는 가지런히 하고 신발장에 넣는다.
- 현관바닥은 일주일에 한 번씩 물청소한다.
- 현관 문 손잡이, 문패, 인터폰 등을 청결히 닦고 소독한다.
- 사용하지 않는 물건은 과감하게 버린다.
- 신발에 먼지가 묻었을 경우 솔을 이용해서 털어내고 들여온다.
- 거울에 먼지가 쌓이지 않도록 깨끗하게 닦는다.
- 실내화는 겹쳐서 보관하지 않으며 실내화 바닥을 깨끗하게 닦아둔다.

생활 속에서 실천하기 | 생활공간별 이미지 연출법

현관의 따뜻한 이미지	거실, 침실, 서재의 밝은 이미지
• 현관은 밝고, 따뜻한 느낌들게 잘 정돈 할 것 • 좁고 답답하지 않게 입구를 넓게 확보 할 것 • 통풍이 잘 되게 조절할 것 • 장식품 등으로 적절히 따뜻한 분위기로 잘 연출할 것	• 거실과 서재 등에는 밝은 느낌의 생화로 연출 • 침대보와 커튼 및 이불 등은 음양의 균형잡힌 조화를 신경써서 연출할 것 • 철 지난 생활제품들을 잘 치워서 보관할 것
주방/욕실, 화장실의 청결이미지	가구나 소품선택의 친환경적 이미지
• 씽크대 속 수납공간의 적절한 공간 유지 • 조리도구, 식기, 가스렌지 등의 청결 유지 • 냉장고 내부의 위생적 관리 • 화장실, 욕실 내의 늘 깨끗한 청결유지 • 휴지통 자주 비울 것	• 가구는 가능한 철재 소재보다는 자연소재 선택 • 옷장, 신발장 등의 가지런한 정리정돈 • 가구나 소품 선택시 친환경 이미지 또는 파스텔톤의 색감 있는 물품 선택 • 커튼 색깔은 가능한 파스텔톤으로 선정

주변 환경 개운 이미지란?

　3000~4000년 전 중국에서 자연과 사람이 어울려서 어떻게 하는 것이 사람에게 좋은지를 끊임없이 연구한 결과로 만들어진 생활철학이 풍수인데 이와 같은 풍수를 접목시킨 주변 정리정돈 및 운이 열리는 개운 환경 이미지의 핵심 팁을 간략하게 소개하고자 한다.

:: 집의 개운 이미지

• 주변이 어떤 곳이냐에 따라서 집의 이미지도 달라지는데 가장 좋은 주위환경은 공원이 있는 곳이라고 한다. 공원이 클수록 좋고 공원은 어떤 방위이든 좋은 기운을 가져다 준다고 한다. 또한 역에서 가깝거

나 많은 상점가 주변이 좋고, 역이 크면 클수록 좋다
고 한다. 사람들이 밀집한 장소나 맛집 주변은 행운
이 머무는 곳으로 자신의 집 주변에 너무 크고 높은
건물들이 사방으로 둘러싸여 있지 않는 것이 좋으
며, 상점가 주변은 활기있는 생활에는 좋으나 안정
감이 다소 떨어지는 경향이 있다고 한다. 또한 다른
건물의 모서리가 자신의 집을 향해 있지 않도록 하
며 만약, 그렇게 되어 있다면 거울이 건물 모서리를
향하도록 걸어서 반사시키도록 한다.

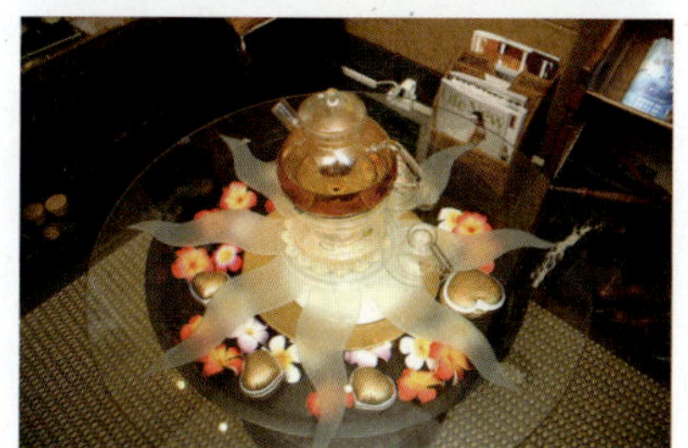

- 방의 모양은 깔끔한 사각형이 가장 좋다.
- 먼지가 없이 깨끗하게 정리정돈을 잘 한다.
- 3년 이상 사용하지 않는 불필요한 물건은 과감하게 버린다.
- 풍수에서 수납공간은 음陰, 생활공간은 양陽으로 음과 양이 조화를 잘 이루도록하며 수
  납공간에 물건을 가득 채우지 않도록 한다.
- 검은색이나 회색 등 음陰기운이 강해서 온기 없는 느낌의 방 보다는 밝고 따뜻하게 꾸
  민다. 바닥의 색깔은 갈색이나 녹색이 좋다.

:: 개운 현관 이미지

- 현관에 빛이 들어오는 창문이 있다.
- 현관문을 열고 들어와서 오른쪽 신발장 중간에 물건을 올려놓을 수 있는 카운터에 화
  사하고 아름다운 꽃 화분을 놓아둔다.
- 현관문을 열고 들어와서 오른쪽 신발장 중간 카운터에 금속으로 된 추시계좋지 않은 기
  운을 완화시켜준다.와 행운을 부르는 천연석을 놓아둔다.
- 현관에 천연석을 놓는다.
- 현관의 벽지 색이 밝은 아이보리색 계열이다.
- 신발 정리 시 신발의 앞 부분은 현관 문을 바라보도록 정리한다.
- 현관문에 금속으로 만든 모빌이나 풍경을 걸어놓는다.
- 현관문을 열고 들어와서 정면에는 거울을 놓지 않으며 들어오는 방향에서 왼쪽에 거울
  은 금전 운을, 오른쪽에 거울은 좋은 인간관계운을 준다. 단 거울 모양이 각지지 않은
  둥근 모양이나 타원형을 선택한다.

- 현관과 베란다가 일직선으로 있을 때는 좋은 운이 바로 빠져 나가지 않도록 중간에 관엽식물을 놓아두거나 발을 달아준다.

- 행운을 부르는 현관에 놓으면 좋은 풍수 물건인 천연석^{강력한 에너지}, 용^{행운/현관문 방향으로}, 거북이^{장수}, 두꺼비^{재물운/방 안쪽 방향을 향하도록}, 기린^{평화, 건강, 자식복/현관문 방향으로}, 봉황^{예능, 예술, 명예} 등을 주변 인테리어와 잘 어울리도록 놓는다.

- 현관에 환한 조명이나 도자기나 목재로 된 인형은 좋은 운을 부른다.

- 아이가 그린 그림은 못 그렸어도 좋은 기운을 가져온다. 이외의 다른 그림을 고를 때는 노란색이나 금색 등이 기를 좋게 해주는 색채이다.

- 현관매트는 두툼한 것이 좋으며 색이 너무 화려하거나 동물그림 등은 피하고, 파스텔 톤의 밝고 고급스러운 매트를 선택해서 현관의 이미지를 더욱 좋게 한다.

- 신발장은 실내에서 현관 쪽을 바라보았을 때 왼쪽에 있는 경우는 괜찮으나 오른쪽에 있는 경우^{현관문을 열고 들어 왔을 때 왼쪽}에는 시계나 수조, 활동적인 물건은 두지 않고 깔끔하게 치우는 것이 좋다.

- 우산은 현관에 펴놓으면 지저분하기도 하지만 가능한 펴서 놓지 않으며 밖에 우산을 놓는 것이 좋다. 어쩔 수 없이 실내에 놔야 한다면 우산꽂이의 소재는 도자기로 만든 둥근 모양이 좋으며 물이 잘 빠지는 것을 사용 한다. 또한 약간이라도 고장나거나 찢어진 우산은 바로 버린다.

- 신발장의 소재는 목재가 좋으며 중간에 물건을 올려놓을 수 있는 카운터 타입이 좋다.

- 구두주걱은 고급스러운 것을 선택해서 도자기 항아리에 보관한다.

- 금전운을 좋게 하고 싶다면 현관문을 열고 들어와서 오른쪽에 폭포나 바다 사진을 눈높이 정도에 걸어놓는다.

- 현관매트는 깨끗한 흰색을 유지한다.

- 사랑을 찾고 싶다면 현관문을 열고 들어와서 오른쪽 눈높이 정도에 분홍색이나 빨간색의 꽃 사진이나 그림을 걸어놓는다. 또한 생화가 꽂힌 꽃병을 놓는다. 현관매트는 분홍색을 깔아놓는다. 애정의 힘을 높여주는 돌 중에서도 홍수정을 놓아두고 아로마 향이 은은하게 나도록 한다.

- 사업운을 좋게 하고 싶다면 도시의 빌딩 그림이나 사진을 눈높이 정도에 걸어둔다. 현관매트는 짙은 파란색 계열이 좋다.

- 건강운을 좋게 하고 싶다면 현관문을 열고 들어와서 오른쪽 눈높이 정도에 울창한 숲 그림이나 사진을 걸어놓는다. 신발장 중간에 물건을 올려놓을 수 있

는 카운터에 숯을 놓거나 천연석을 놓아 치유 효과를 높인다. 허리높이 정도 오는 관엽
식물을 둔다. 현관매트는 녹색계열을 놓는다.

▸ 현관에 뾰족한 식물이나 선인장을 놓지 않는다.

▸ 시든 화분을 놓지 않는다.

▸ 현관에 휴지 봉투를 놓지 않는다.

▸ 현관에서 눈높이보다 높은 인테리어나 너무 큰 식물은 답답하고 압박감을 주어 좋은 운이 머무르지 못한다.

▸ 자전거를 현관 안에 놓지 않으며, 부득이하게 놓아야 할 경우 보이지 않게 커버를 이용해서 덮어놓는다.

▸ 현관 정면으로 화장실이 있는 집은 양기가 화장실로 모두 흡수되어 안 좋은 운기의 집이다. 화장실 앞에 발을
  달아준다.

▸ 침실에 큰 거울을 놓지 않는다.

▸ 가구 배치를 벽면과 평행하게 하지 않게 놓지 않는다.

▸ 옷걸이에 가방, 코트 옷 등이 지저분하게 걸려있지 않도록 한다.

▸ 테이블 선택 시 유리나 철로 된 소재보다는 나무와 같이 자연소재가 좋으며, 이미 구입한 경우에는 따뜻한
  느낌의 테이블보를 깔아준다.

▸ 가스렌지 아래 씽크대나 물 가까이에는 쌀을 보관하지 않는다.

▸ 조리도구가 예쁘다고 해서 보이는 곳에 놓기도 하는데 풍수에서 좋은 운을 주지 못하므로 보이지 않는 수납
  공간에 넣어서 보관한다.

▸ 인간관계운을 좋게 하는 배수구와 환기팬을 얼룩과 악취가 나지 않도록 늘 청결을 유지하여 잘 관리한다.

▸ 화장실 변기 청소용 솔은 관엽식물이 있는 경우 그 뒤쪽에 보이지 않게 놓는다.

 좋은 운을 부르는 노하우

- 소리 나는 TV나 라디오 등은 정보 운을 좋게 해주는 동쪽 방향에 둔다.
- 침대 주변에 지저분하고 조그만 인형을 많이 놓지 않는다.
- 침실의 자는 방향은 머리부분을 동쪽을 향하게 자는 것이 건강운에 좋다.
- 침대나 가구 등은 철제소재 보다는 자연에서 얻어진 원목소재를 선택한다.
- 그릇 디자인은 과일 무늬가 좋다.
- 부엌의 벽의 타일이나 발 패드, 냄비, 후라이팬 등은 금전운을 부르는 노란색을 사용하면 더욱 금전운을 좋게 할 수 있다.
- 노란색이 들어간 꽃무늬 종이냅킨도 좋은 운을 부른다.
- 주방용품을 구입할 때는 금전운을 좋게 해주는 노란색이나 과일무늬를 선택하고 가능한 금전운을 떨어뜨리는 차가운 색은 피하고 밝고 따뜻한 색을 주방의 소품으로 구입한다.
- 창문이 없는 화장실은 풍수적으로 흉운이므로 라벤더 꽃을 놓아두거나 라벤더 향의 방향제를 사용하는 것이 좋다.

생각해 보기 | 주변 환경도 이미지 메이킹의 일부분

자신이 머무는 주변 환경도 나의 이미지 메이킹에 큰 영향을 미치는 매우 중요한 부분이다. 자신의 주변 환경을 둘러보고 좋은 이미지를 위한 실천계획을 세워보자! 나와 관련된 잘 된 주변 정리정돈은 인간 관계, 주변 환경 이미지, 일처리를 하는 개인 스타일 등 모두 깔끔하게 정돈되어 호감가는 매력적인 사람으로 각인될 수 있다. 돼지가 먹고 자는 돼지 우리 같은 곳에 아무리 멋있는 사람이 들어가 있다고 해서 그 사람이 매력적으로 보이지는 않는다.

생활 속에서 실천하기 | 둘러보자 주변을!

- 사무실, 책상, 책꽂이, 서랍, 쇼파, 바닥, 휴지통
- 집안 서재, 책상 서랍, 부엌, 침실, 창고, 베란다, 씽크대 서랍, 화장대, 옷장, 이불장, 신발장, 화장실
- 자동차, 가방, 지갑

버리기	분류하기
• 침대주변에 지저분하고 조그한 인형 • 3년이상 사용안하는 물품 • 철지난 불필요한 물품 • 현관에 뽀족한 식물이나 선인장 • 시든 화분 • 화장실의 달력, 포스터 • 쓰레기봉투 • 냉장고에 붙은 자석 스티커 • 환기펜 얼룩 및 악취 • 침실에 큰 거울	• 책상 서랍 • 씽크대 서랍 • 금속제품(수저, 나이프, 포크 등) • 책꽂이 • 신발장 내부 계절 신발 분류 • 옷장 내 가방, 코트, 옷 • 우산(도자기꽂이)

채우기	기타
• 생화나 관엽식물 • 현관문에 금속이나 모빌 • 향기나는 방향제 • 조리도구는 수납 공간에 • 현관 입구에 매트 • 타원형 거울 • 따뜻한 느낌의 테이블보 • 현관에 환한 조명 • 현관에 도자기나 목재로 된 인형	• 사무실 책상 • 책 꽂이 서랍 • 화상대 • 옷장 • 신발장 • 서재 • 창고 • 자동차 내부 • 가방 및 지갑 속 • 쇼파 • 주방 • 침실 • 베란다 • 화장실

18

나와의 약속,
미래 이력서

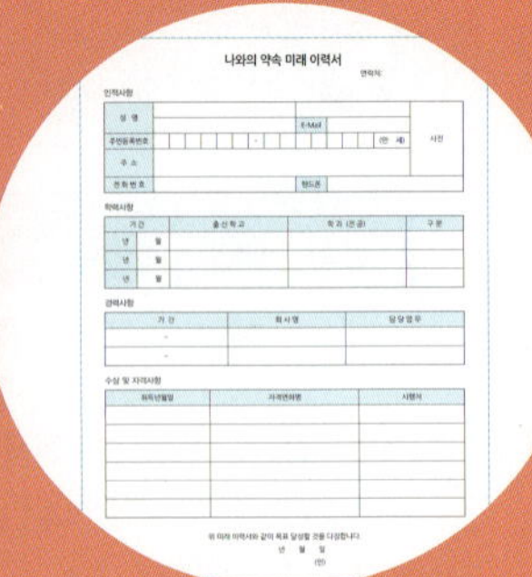

○○년 후의 약속

한남대학교 초대 총장을 역임하셨던 이원설 박사[1930~2007]는 청소년에게 미래이력서를 강조하신 분으로 유명하지만 정작 본인의 미래이력서로 더욱 유명하셨던 분이다. 이원설 박사는 1958년 미국 유학중 자신의 미래이력서를 작성하였다고 전해지고 있으며, 그의 자전적 소설 『50년 후의 약속』에서는 다음과 같이 회고하고 있다.

"나의 미래 이력서에 의하면, 나는 1960년에 박사 학위를 받는 것으로 되어 있었다. 비록 1년 늦었지만 그 비전은 실제로 성취되었다. 나는 34세에 한국 문교부의 고등교육국장이 되었으며, 39세 되던 1969년 이미 단과대학 학장으로 일하기 시작했다. 그리고 51세에 또 대학교 부총장이 되었고, 54세에 다른 종합대학의 총장이 되었다. 꿈의 실현은 내가 글로 적은 비전보다 여러 해 앞당겨진 것이다."

젊은 시절에 적은 미래 이력서가 실제 이력서와 거의 일치했다고….

》 성공의 증표, 미래 이력서를 써보라

미래이력서는 자신과의 약속이며 그 약속을 수행하기 위해 노력하는 자신의 모습을 독려하고 성공에 이르렀을 때 그 성공의 증표가 될 수 있도록 작성되어야 한다. 5년 후, 10년 후, 15년 후, 20년 후 자신이 어떤 모습으로 살아갈지 진지하게 생각해보고 미래를 계획해 보자. 세상 그 무엇과도 바꿀 수 없이 소중한 나! 나와의 약속, 미래 이력서를 작성해보고 성공한 나를 꿈꾸며 노력하자. 지금 잠을 자고 있는 사람은 꿈을 꾸지만, 지금 이 책을 읽고 미래이력서를 만들어 성공을 위해 노력하는 당신은 꿈을 이룰 수 있을 것이다.

이 글을 읽고 계신 모든 분들이 남은 인생에 행복하고 의미있는 삶을 살기 위한 미래 이력서가 멋지게 작성되기를 기대해 본다.

셀프코칭 | 나의 미래 계획

- **건강을 위한 계획**
  1.
  2.
  3.
  4.
  5.

- **원만한 대인 관계를 위한 계획**
  1.
  2.
  3.
  4.
  5.

- **학력을 높이기 위한 공부 계획**
  1.
  2.
  3.
  4.
  5.

- **경험과 경력을 쌓기 위한 계획**
  1.
  2.
  3.
  4.
  5.

- **자격 취득을 위한 계획**
  1.
  2.
  3.
  4.
  5.

- **수입 향상을 위한 계획**
  1.
  2.
  3.
  4.
  5.

- **멋지고 행복한 삶을 위한 자신이 실천해야 할 습관 약속**
  1.
  2.
  3.
  4.
  5.

나와의 약속! 미래 이력서

인적사항

성 명			E-Mail		사진
주민등록번호		-		(만 세)	
주 소					
전 화 번 호		핸드폰			

학력사항

기 간		출신학교	학과 (전공)	구 분
년	월			
년	월			
년	월			

경력사항

기 간	회 사 명	담 당 업 무
~		
~		

수상 및 자격사항

취득년월일	자격면허명	시행처

위 미래 이력서와 같이 목표를 달성할 것을 다짐합니다.

년 월 일

(인)

참고 문헌

1. 『이해하기 쉬운 NCS 기반 전신 피부 관리』, 권혜영 외 1인, 성안당, 2015

2. 『NCS를 기반으로한 기초 에스테틱』, 권혜영외 4인, 메디시언, 2015

3. 『피부 관리실의 고객만족을 위한 성공 가이드』, 권혜영, 성안당, 2009

4. 『피부 디자이너로 거듭나기 피부미용사 필기』, 권혜영, 성안당, 2009

5. 『NEW 피부과학』, 권혜영외 4인, 메디시언, 2012

6. 『미모 천사 피부미용사 실기』, 권혜영, 성안당, 2010

7. 『공중 위생 관리학』, 권혜영 외 10인, 메디시언, 2010

8. 『발 건강 관리』, 권혜영 외 4인, 예림, 2013

9. 『최신 피부 미용학』, 권혜영 외 4인, 훈민사, 2010

10. 『모든 것은 얼굴로 통한다』, 송은영, Book star, 2011

11. 『50년 후의 약속』, 이원설, ㈜헌언, 2001

12. 『스타일리시한 여자와 일하고 싶다』, 황정선, 황금부엉이, 2012

13. 『내 남자를 튜닝하라』, 황정선, 황금부엉이, 2010

14. 『세일즈에 스타일을 더하라』, 황정선, 황금부엉이, 2015

15. 『나는 오늘이 제일 예쁘다』, 황정선, 황금부엉이, 2013

16. 『품격을 높이는 이미지 메이킹』, 김경호 외 52인, 2015

17. 『최신 화장품학』, 김주덕, 광문각, 2011

18. 『품격입는남자』, 황정선, 황금부엉이, 2014

19. 『NEW 뷰티 영양학』, 한정순 외 6인, 메디시언 2011

20. 『명품이미지 3초에 승부하라』, 허정록, 형설출판사, 2015

21. 『최신 화장품학』, 김주덕, 광문각, 2011

22. 『그림 그리기를 위한 얼굴 표정 참고서』, 마크 사이먼 지음, 비즈앤비즈 편집부 옮김, 비즈앤비즈

23. 『매일매일 표정 트레이닝』, 시게타 미유키 지음, 조미량 옮김, 루비박스

24. 『서양의 관상학 그 긴 그림자』, p.48, 설혜심, 2002, 서울(한길사)

25. 『성공적인 얼굴가꾸기』, 박정희, 올리브그린, 2011

26. 『나를 바꾸는 인상학의 지혜– 얼굴경영』, 주선희, 동아일보사, 2014

27. 『인체해부생리학』, 정영태 외 7인, 청구문화사

28. 『운이 열리는 화장법』, 데리다 노리코/김갑선/참행복 나눔터 편역, 학영사, 2005

29. 『이미지컨설턴트과정』, 정연아, 이미지테크 연구소 & 아카데미

30. 『행복한 크리스천에겐 표정이 있다』, 정연아, 두란노서원

31. 『허순득의 인상학과 메이크업』, 허순득, 훈민사, 2007

32. 『에센스 화장품학』, 김경영 외 5인, 메디시언, 2013

33. 『신화장품학』, 김주덕외 5인, 동화기술교역

34. 『아름다움을 창조하는 실용기초 Make–up』, 허정록, 형설출판사, 2004

35. 『패션과이미지 메이킹』, 이경희 외 2인, 교문사, 2013

36. 『Image Making』, 사사키치카 외 6인, 예림, 2007

37. 『귀차니즘이 피부를 망친다』, 이윤경, 성안당, 2012

38. 『KFDA 자외선과 자외선차단화장품에 대하여 알아봅시다』, 이영순, 동원문화사

39. 『글로벌 매너 완전정복』, 오흥철 외 7인, 학현사, 2006

40. 『커뮤니케이션 예절』, 박소연 외 2인, 새로미, 2011

41. 『매너와 이미지 메이킹』, 이동희, 형설출판사, 2010

42. 『국제 매너의 이해』, 손일락 외 2인, 한올출판사, 2007

43. 『매너와 이미지 메이킹』, 최기종, 백산출판사, 2006

44. 『품격 있는 삶을 위한 생활예절과 이미지 메이킹』, 강나경, 공동체, 2014

45. 『현대사회와 예절실무』, 양희옥, 형설출판사, 2006

46. 『성공하는 리더의 글로벌 매너』, 김미자 외 2인, 백산출판사, 2006

47. 『서비스 예절과 매너』, 정주영 외 1인, 대왕사, 2013

48. 『현대인의 생활매너』, 이영희 외 2인, 백산출판사, 2006

49. 『말의 기술』, 김상규, 씽크스마트, 2013

50. 『바디랭귀지 사용설명서』, 김형희, 일리, 2014

51. 『당신은 이미 읽혔다』, 앨런피즈, 바바라피즈 지음, 황혜숙 옮김, 흐름출판, 2014

52. 『매너와 이미지 메이킹』, 최기종, 백산출판사

53. [네이버 지식백과] 옷감 (한국민족문화대백과, 한국학중앙연구원)

54. 아모레퍼시픽 카운슬러 시니어과정 I 카운셀러, 2005

55. 아모레퍼시픽 카운슬러 시니어과정 II 카운셀러, 2005

56. 『생활속 풍수 인테리어』, 고바야시 미호 지음, 김소라 옮김, 황금부엉이, 2008

57. 『현관 풍수 인테리어』, Mr. 류 지음, 김소라 옮김, 황금부엉이, 2009

58. 『후회하지 않는 생을 위하여』, 김동길 외 10인, 민성사, 1988

59. 『SMAT 서비스 경영 능력 시험 module A, sp&s 컨설팅 기획』, 서비스세일즈 가치 향상 연구회, 성안당

60. 『피부관리실의 고객만족을 위한 서비스 선호도 연구』, 권혜영, 숙명여자대학교 대학원 석사학위 논문, 2008

61. 『동 · 서양 인상학 연구 비교 인상관리에 대한 사회학적 고찰』, 경희대학교 대학원 사회학과 박사 학위 논문, 주선희, 2004

62. 『인상학에 따른 이미지 메이크업의 표현 기법(얼굴형 중심으로)』, 한성대학교 예술대학원 석사 학위 논문, 허순득, 2004

63. 『인상학에 대한 동양철학적 고찰』, 대전대학교 대학원 철학과 동양철학 전공 석사 학위 논문, 주선희, 2002

64. 『현대 블랙 메이크업의 이미지 유형과 조형적 특성 분석』, 서경대학교 미용예술대학원 석사학위 논문 p31, 김설리, 2009

65. 『이미지 메이킹의 개념 정립과 프로그램 효과성 분석 연구』, 김경호, 명지대학교 대학원, 박사 학위 논문, 2004

66. 『청소년 이미지 메이킹 프로그램이 객체화신체의식과 자아존중감에 미치는 효과』, 김봉선, 대구한의대학교 대학원 석사 학위 논문, 2012

67. 『색채를 활용한 패션이미지 메이킹 연구』, 권형신, 숙명여자대학교 대학원 석사 학위 논문, 2003

68. 『여성 노인을 위한 이미지 메이킹 프로그램의 개발과 평가』, 구자명, 서울신학대학교 대학원 석사 학위 논문, 2009

69. 『비즈니스 이미지 메이킹이 고객만족도와 재방문 의도에 미치는 영향』, 소은실, 대전대학교 보건스포츠대학원 석사 학위 논문, 2012

70. 『여성리더 힐러리의 뷰티스타일을 통한 이미지 메이킹에 관한 연구』, 최영희, 호서대학교 문화복지상담대학원 석사 학위 논문, 2011

71. 『패션모델 이미지 메이킹에 관한 연구』, 윤은주, 경일대학교 대학원 석사 학위 논문, 2008

72. 『이미지 메이킹과 역할 창조에 관한 연구』, 한혜선, 중앙대학교 예술대학원 석사 학위 논문, 2012

73. 『면접 이미지 메이킹을 위한 사이버 셀프 패션 코디네이션 시스템의 활용 연구』, 이언영, 이화여자대학교 대학원 박사학위 논문, 2008

74. 『보험설계사의 이미지 메이킹 효능감이 자아존중감과 긍정적 사고에 미치는 영향』, 하영선, 국제문화대학원대학교 석사 학위 논문, 2009

75. 『청소년의 이미지 메이킹 효능감과 자아존중감 및 학교생활적응과의 상관관계』, 이현희, 국제문화대학원대학교 교육학 석사 학위 논문, 2009

76. 『패션을 통한 스타 이미지 메이킹에 관한 연구』, 김하정, 동덕여자대학교 패션전문대학원 석사 학위 논문, 2004

77. 『산후관리사의 이미지가 산모의 만족도에 미치는 영향』, 김계화, 국제문화대학원대학교 교육학 석사 학위 논문, 2007

78. 『연기학습을 통한 이미지 메이킹이 자기표현 및 대인관계에 미치는 영향』, 최인숙, 국제문화대학원대학교 석사 학위 논문, 2008

79. 『이미지 메이킹을 위한 컬러코디네이션』, 김희정, 성신여자대학교 융합문화예술대학원 석사 학위 논문, 2012

80. 『이미지 메이킹 프로그램이 성인학습자의 자아존중감에 미치는 영향』, 조외현, 동의대학교 대학원 교육학 석사 학위 논문, 2007

81. 『한국 대통령선거의 이미지 메이킹 연구』, 정한나, 한남대학교 사회문화과학대학원, 석사 학위 논문, 2004

82. 『한국의 이미지 메이킹 시스템에 대한 연구경향 분석』, 김정원, 영산대학교 미용예술대학원 석사 학위 논문, 2012

83. 『소비자 특성에 따른 토탈 코디네이션 행동 및 관련 구매 행동』, 염인경, 경희대학교 대학원 박사 학위 논문, 2004

84. 『TV 진행자들의 이미지 메이킹 연구』, 정하나, 원광대학교대학원 석사 학위 논문, 2003

85. 『토탈 코디네이션을 통한 이미지 변화에 관한 연구』, 진형여, 한성대학교 예술대학원 석사학위 논문, 2008

86. 『얼굴 표정 표현을 위한 얼굴 특징점 추출』, 신동만, 관동대학교 교육대학원 석사 학위 논문, 2005

87. 『객실승무원의 이미지 메이킹에 관한 실증 연구』, 이용덕, 한국항공대학교 경영대학원 석사학위 논문, 2009

88. 『현대 패션에 나타난 팝 아트 스타일의 토탈 코디네이션 연구』, 손미경, 성균관대학교 대학원 석사 학위 논문, 2001

89. 『이미지 메이킹을 위한 메이크업의 효과에 관한 연구』, 정영희, 숙명여자대학교 원격대학원 석사 학위 논문, 2008

90. 『관광서비스 종사원의 이미지 메이킹과 셀프리더십 및 커뮤니케이션이 조직성과에 미치는 영향』, 최인희, 경주대학교 대학원 석사 학위 논문, 2013

91. 『색채심리를 통한 한국 여성의 이미지 메이킹 디자인에 관한 연구』, 장미라, 대불대학교 산업기술대학원 석사 학위 논문, 2003

92. 『20–40대 여성의 대인관계 Ego gram과 이미지 메이킹 – 셀프마케팅의 관계 연구』, 윤두아, 숙명여자대학교 대학원 석사 학위 논문, 2007

93. 『삼차 얼굴 신경 연결과 얼굴 표정 근육의 해부학 및 기능적 고찰』, 양헌무, 허경석, 김희진, 대한체질인류학회지 제26권 제1호

94. 공무원연금강원 소식지

외국서적

95. 『Aristoteles, Physiognomic』. trans. by. Loveday T., & Forster, E. S., 『The Complete Works of Aristotle』, Jonathan Barnes (ed.), Princeton, 1984, p.1239

96. 『Hippocrates, Epidemics, 2.6.1. in : Barton, T. S., Power and Knowledge』, Ann Arbor, 1994, p.101

97. 『Public opinion』, Walter Lippmann, Macmillan, 1992

98. 『The effect of reputation on the decision to joint venture Strategic Management Journal 18』, Dollinger. M and P. Golden, 1997, p.127–140

웹사이트

99. 약손명가 www.beautymade.com

100. 여리한 www.yeorihandiet.com

101. 갯벌장어 http://chdjangeo.com

102. www.whoo.co.kr

103. 식품의약품안전처 http://www.kfda.go.kr

104. http://www.necktiegift.com

105. http://daum.net

106. www.naver.com

107. http://shueshueroom.co.kr

108. http://sbscnbc.sbs.co.kr

109. http://tvpot.daum.net(황금알 팔자주름으로 배우자의 바람기 확인할 수 있다)

110. KBS1 생로병사의 비밀-트랜스 지방

111. LG 생활건강 www.lgcare.com

112. 아모레퍼시픽 www.amorepacific.com

113. www.parisyang.com

114. www.google.co.kr

115. www. tineke.co.kr

116. http://prettica.co.kr

117. 닥스 www.daks.co.kr

118. 메트로시티 www.metrocityworld.com

119. SBS 모닝와이드. http://blog.naver.com

120. www.leaderpia.com

121. 헬스경향 www.k-health.com/news

122. www.radiokorea.,com

123. www.allurekorea.com

124. www.hera.co.kr

125. www.ohui.co.kr

126. www.eosbeaute.com

127. http://hbmicmall.com

128. www.shopmcm.com

교육 전문가를 위한 커리큘럼 제안서
꿈을 실현시켜 주는 성공 이미지 메이킹 과정

과정	강의명	준비 사항
1	오리엔테이션/자기소개/현실에서 이해되지 않는 꿈 이야기 성공적인 이미지 메이킹을 위한 기본 - 예쁜 마음가짐 내가 꿈꾸는 길(간절한 소망) - 나의 행복한 일터, 나의 목표 다짐의 시간	메모지, 펜
2	행운을 부르는 주변 정리정돈 성공을 위한 이미지 메이킹의 이해	
3	복을 부르는 인상학 상호 밝은 표정 연습	개인 손거울
4	똑똑한 피부관리와 화장품의 이해 "나는 화장품이 아니라 성공을 바른다" 라고 한다 모든 것에 의미 부여하기	
5	4가지 얼굴 유형과 이미지/나에게 어울리는 스타일 찾기	컬러 진단 천
6	운을 열어주는 개운메이크업과 얼굴형에 어울리는 헤어 스타일	메이크업 제품
7	체형에 따른 호감주는 패션 이미지 연출과 패션 소재	
8	행복 입기 [여성패션, 남성패션]	
9	패션 액세서리[넥타이, 포켓치프, 보타이, 브토니에, 커프스링크, 타이 바] 향수 매너	
10	소중한 나의 몸을 위한 10대 건강식품과 행복 먹기 성공한 사람은 다르다 [고품격 비즈니스 매너 I]	
11	성공한 사람은 다르다 [고품격 비즈니스 매너 II] 말하는 대로 된다. 보이스 & 성공 다짐 커뮤니케이션	
12	말하지 않아도 통하는 몸짓언어와 스피치 가장 가까운 사람을 행복하게 했던 성공 사례와 실패 사례 공유	발표준비 성공사례 실패사례 써오기
13	소중한 나! 미래 이력서대로 산다. 미래 이력서 써보기 상호 성공을 위한 격려와 칭찬 성공을 위한 행운을 부르는 시간[돌아가면서 소원 말하기]	미래 이력서 양식 준비

 **부록**

포시즌 퍼스널 컬러 카드

쇼핑시 휴대하면 편리한 포시즌 퍼스널 컬러 카드!
화장품, 가방, 의상, 액세서리 선택 시 활용하면 베스트 컬러 선택이 편해집니다!

봄

여름

가을

겨울

여름
봄
겨울
가을